시험장에서 바로 써먹는

실전서 고급

OPIc

Oral Proficiency Interview-computer

시험장에서 바로써먹는 OPIc 실전서 고급

초   판 1쇄 발행 2012년 7월 31일
개 정 판 1쇄 인쇄 2014년 8월 22일
개정 2판 1쇄 인쇄 2016년 8월 17일

저자 멀티캠퍼스 외국어연구소
기획 멀티캠퍼스 외국어연구소

펴낸이 박민우
기획팀 송인성, 김선명, 박종인
편집팀 박우진, 김영주, 김정아, 최미라
관리팀 임선희, 정철호, 김성언, 권주련
펴낸곳 멀티캠퍼스 하우
주소 서울시 중랑구 망우로68길 48
전화 (02)922-7090
팩스 (02)922-7092
홈페이지 http://www.hawoo.co.kr
e-mail hawoo@hawoo.co.kr
등록번호 제2014-18호

값 16,000원
ISBN 979-11-87549-02-4
ISBN 979-11-87549-01-7 (set)

 모범답변 MP3 다운로드 www.opic.co.kr 접속 후 '북&앱북'에서 다운로드

실전서 고급

시험장에서
바로써먹는

OPIc

Oral Proficiency Interview-computer

멀티캠퍼스 외국어연구소

멀티캠퍼스 하우

머리말

국내 유수의 기업들이 신입사원 선발과 인사고과의 주요한 기준으로 OPIc을 채택하고 있습니다. 최근 OPIc 시장이 날로 커짐에 따라 출처 불명의 OPIc 관련 소문 역시 많이 접하게 됩니다. 그 중 몇몇은 소위 OPIc 전문가인 저희의 귀에도 솔깃할 정도로 그럴듯하게 들립니다. 대표적인 것이 OPIc의 고급레벨, 그중에서도 AL에 관한 것입니다. "국내에서 공부해서는 AL 등급을 받을 수 없다"는 소문이 그것입니다.

사실 이것을 소문으로만 치부해버리기에는 일부 맞는 부분이 있습니다. OPIc은 발화시간이 40분이나 되기 때문에 얕은 기교만으로는 좋은 점수를 기대하기 어려운 시험이기 때문입니다.

그렇다면 AL 등급 취득은 어학연수나 유학이 아니라면 불가능한 일일까요? 포기해야 하는 일일까요?
그렇지 않습니다. OPIc 시행기관인 ACTFL 2012 가이드라인에 나온 AL등급을 꼼꼼히 살펴보면 OPIc의 최고등급인 AL에서도 약간의 오류와 모국어의 영향은 인정하고 있음을 알 수 있습니다. 즉, 국내에서 공부하는 것만으로도 충분히 OPIc의 최고등급을 받을 수 있다는 이야기입니다.

Speaking은 매일 오래도록 꾸준히 해야 하는 것이 맞지만, OPIc 역시 시험이기 때문에 시험이 수험자들에게 요구하는 조건들을 파악하여 효율적인 공부법만 터득할 수 있다면 시간은 얼마든지 단축될 수 있습니다. 이 책은 기초 이상의 영어에 대한 기초체력을 가진 수험자가 효율적으로 고급레벨을 획득할 수 있도록 디자인되어 있습니다. 특히 문법적인 설명 등은 과감히 배제하고 즉흥적 발화, 체계적 답변, 원어민이 많이 사용하는 세련된 표현이 세 가지에 초점을 맞추어 다른 수험자들과는 다른, 차별화된 답변을 할 수 있도록 유도하고 있습니다.

먼저, 즉흥적 발화. 면대면 인터뷰와는 달리 OPIc은 컴퓨터 기반의 문제은행 형식의 시험이므로 최대한 많은 기출문제를 다루어 보는 것이 매우 중요합니다. 이 책은 실제 시험에 자신 있게 대처할 수 있도록 10회의 풍부한 모의고사를 제공합니다.

둘째, 체계적 답변. 각 샘플 답변은 '서론-본론-결론'의 구조를 갖춘, 논리적으로 정돈된 답변으로 구성되어 있습니다. 수험자는 본문을 공부한 후, IDEA FLOW를 보고 본문의 답변을 반복하여 익힐 수 있습니다.

셋째, 세련된 표현. 이 책은 원어민들이 자주 사용하는 숙어들을 조합하여, 좀 더 일상에 가까운 표현의 답변으로 구성되어 있습니다.

마지막으로, 고급레벨의 수험자가 알아두어야 할 팁을 제공합니다. Role-play, Combo 등 문제유형을 세분하여 자세한 전략을 제공하고 있기 때문에 수험자들이 구체적인 학습방향을 설정하는 데 도움이 될 것입니다.

OPIc 시험에서 AL 등급을 받기란 쉽지 않습니다. 그래서 이 등급은 매력적인 점수입니다. 여느 수험자와 확실히 구분 지어줄, 차별화된 점수이기 때문입니다. 저희는 이 책을 선택한 여러분의 강점 중 하나가 영어라는 것을 어렵지 않게 짐작할 수 있습니다. 날로 경쟁이 심화하는 요즘과 같은 시대엔, 어쩌면 약점을 보완하는 데 노력하는 대신 장점을 키우는 데 보다 많은 에너지를 집중시키는 것이 현명한 방법일지 모릅니다. 희소성 있는 점수에 도전하여 여러분이 꿈꾸는, 혹은 몸담은 조직에 당신만의 강점을 확실히 보여주십시오.

중국의 대문호 왕명은 그의 저서 "나는 학생이다"에서 언어를 배우는 것보다 더 중요한 배움은 없다고 주장했습니다. 그의 주석으로 이 글을 맺을까 합니다.
"언어와 언어 학습이 당신에게 가져다주는 것은 교류와 의사전달의 편리성뿐만 아니라, 더 넓은 아량, 더 개방적인 두뇌, 새로운 사물에 대한 흥취, 더 넓은 가능성, 비교하고 감별하는 사색의 습관이다."
이 책이 여러분에게 OPIc 고득점을 넘어 여러분 안팎의 경계를 허무는 자유로움까지 선사할 수 있기를 기대합니다.

저자 일동

목차

2 CHAPTER

Actual Test

OPIc 소개

OPIc이란?

OPIc(Oral Proficiency Interview-computer)은 면대면 외국어 인터뷰 OPI를 최대한 Interview와 가깝게 만든 iBT기반의 외국어 말하기 평가로서, 외국어 전문 교육 연구 단체인 ACTFL(American Council on the Teaching of Foreign Languages)에서 개발한 공신력 있는 말하기 평가입니다. OPIc은 단순히 문법이나 어휘 등을 얼마나 많이 알고 있는가 보다는 실제 상황에서 얼마나 효과적이고 적절하게 언어를 구사하는지를 측정하는 객관적인 평가로, 국내에서는 2007년 시작되어 현재 약 1,000여 개 기업 및 기관에서 OPIc을 채용과 인사고과 등에 활발하게 활용하고 있습니다. 현재 OPIc은 영어뿐만 아니라 중국어, 러시아어, 스페인어 등 총 44개의 언어평가를 제공함으로써 다양한 언어를 동일한 기준으로 평가할 수 있는 유일한 외국어 말하기 평가로 자리매김하였습니다.

OPIc 진행과정

ORIENTATION(약 15분)

1 **Background Survey**
인터뷰 문항을 위한 사전 설문

2 **Self Assessment**
시험의 난이도 결정을 위한 자가 평가

3 **Overview of OPIc**
화면 구성, 문항 청취 및 답변 방법 안내

4 **Sample Question**
실제 답변 방법 연습

시험시간(40분)

1 **1st Session**
– 개인 맞춤형 문항   – 질문 청취 2회
– 문항별 답변 시간 제한 無   – 약 7문항 출제

2 **난이도 재조정**
– Self Assessment(2차 시험 난이도 선택)
– 쉬운 질문 / 비슷한 질문 / 어려운 질문 中선택

3 **2nd Session**
– 개인 맞춤형 문항   – 질문 청취 2회
– 문항별 답변 시간 제한 無 – 약 5~8문항 출제

OPIc 등급

OPIc의 등급은 크게 세 가지, 작게는 일곱 가지로 세분화됩니다.

- **Novice**: '초보자'라는 뜻으로 OPIc에서는 '초급' 단계입니다.
- **Intermediate**: '중간'이라는 뜻으로 OPIc에서는 '중급' 단계입니다.
- **Advanced**: '고급의'라는 뜻으로 OPIc에서는 가장 높은 '고급' 단계입니다.

이 세 가지의 등급을 세분화해서 다음과 같이 구분하게 됩니다.

- Novice Low, Novice Mid, Novice High
- Intermediate Low, Intermediate Mid(1~3), Intermediate High
- Advanced Low

OPIc의 모체인 OPI에서는 Advanced도 Low, Mid, High로 구분되지만, 컴퓨터로 시험을 보는 OPIc에서는 Advanced Low라는 등급 하나만 부여됩니다.

AL	Advanced LOW	사건을 서술할 때 일괄적으로 동사 시제를 관리하고, 사람과 사물을 묘사할 때 다양한 형용사를 사용한다. 적절한 위치에서 접속사를 사용하기 때문에 문장 간의 결속력도 높고 문단의 구조를 능숙하게 구성할 수 있다. 익숙하지 않은 복잡한 상황에서도 문제를 설명하고 해결할 수 있는 수준의 능숙도이다.
IH	Intermediate HIGH	개인에게 익숙하지 않거나 예측하지 못한 복잡한 상황을 만날 때, 대부분의 상황에서 사건을 설명하고 문제를 효과적으로 해결한다. 발화량이 많고, 다양한 어휘를 사용한다.
IM	Intermediate MID	일상적인 소재뿐 아니라 개인적으로 익숙한 상황에서는 문장을 나열하며 자연스럽게 말할 수 있다. 다양한 문장 형식이나 어휘를 실험적으로 사용하려고 하며 상대방이 조금만 배려해 주면 오랜 시간 대화가 가능하다.
IL	Intermediate LOW	일상적인 소재에서는 문장으로 말할 수 있다. 대화에 참여하고 선호하는 소재에서는 자신감을 가지고 말할 수 있다.
NH	Novice HIGH	일상적인 대부분의 소재에 대해서 문장으로 말할 수 있다. 개인 정보라면 질문을 하고 응답을 할 수 있다.
NM	Novice MID	이미 암기한 단어나 문장으로 말하기를 할 수 있다.
NL	Novice LOW	제한적인 수준이지만 영어 단어를 나열하며 말할 수 있다.

＊ Intermediate Mid의 경우 Mid 1, Mid 2, Mid 3로 세분화하여 제공합니다.

Background Survey (배경설문)

2015. 11월 변경 반영

OPIc의 개인 맞춤형 문제는 Background Survey에 대한 응답을 기초로 출제됩니다. 나에게는 어떤 맞춤형 문제가 출제될지 미리 생각해 보세요.

1
현재 귀하는 어느 분야에 종사하고 계십니까?
☐ 사업/회사   ☐ 재택근무/재택사업   ☐ 교사/교육자   ☐ 군 복무   ☐ 일 경험 없음

1.1. 현재 귀하는 직업이 있으십니까?
☐ 네   ☐ 아니요

1.1.1. 귀하의 근무 기간은 얼마나 되십니까?
☐ 첫 직장 – 2개월 미만   ☐ 첫 직장 – 2개월 이상   ☐ 첫 직장 아님 – 경험 많음

1.1.1.1. 당신은 부하 직원을 관리하는 관리직을 맡고 있습니까?
☐ 네   ☐ 아니요

문항 1에서 교사/교육자로 답변했을 경우

1.1. 당신은 어디에서 학생을 가르치십니까?
☐ 대학 이상   ☐ 초등/중/고등학교   ☐ 평생교육

1.1.1. 귀하의 근무 기간은 얼마나 되십니까?
☐ 2개월 미만 – 첫 직장
☐ 2개월 미만 – 교직은 처음이지만 이전에 다른 직업을 가진 적이 있음
☐ 2개월 이상

2
현재 귀하는 학생이십니까?
☐ 네   ☐ 아니요

2.1. 현재 어떤 강의를 듣고 있습니까?
☐ 학위 과정 수업   ☐ 전문 기술 향상을 위한 평생 학습   ☐ 어학 수업

2.2. 최근 어떤 강의를 수강했습니까?
☐ 학위 과정 수업
☐ 전문 기술 향상을 위한 평생 학습
☐ 어학 수업
☐ 수업 등록 후 5년 이상 지남

3 현재 귀하는 어디에 살고 계십니까?
- ☐ 개인주택이나 아파트에 홀로 거주
- ☐ 친구나 룸메이트와 함께 주택이나 아파트에 거주
- ☐ 가족(배우자/자녀/기타 가족 일원)과 함께 주택이나 아파트에 거주
- ☐ 학교 기숙사   ☐ 군대 막사

아래의 4~7번 문항에서 12개 이상을 선택해 주시기 바랍니다.

4 귀하는 여가 활동으로 주로 무엇을 하십니까? (두 개 이상 선택)
- ☐ 영화 보기   ☐ 클럽/나이트클럽 가기   ☐ 공연 보기   ☐ 콘서트 보기
- ☐ 박물관 가기   ☐ 공원 가기   ☐ 캠핑하기   ☐ 해변 가기
- ☐ 스포츠 관람   ☐ 주거 개선   ☐ 술집/바에 가기   ☐ 카페/커피전문점 가기
- ☐ 게임하기(비디오, 카드, 보드, 휴대폰 등)   ☐ 당구 치기   ☐ 체스하기
- ☐ SNS에 글 올리기   ☐ 친구들과 문자대화하기   ☐ 시험 대비 과정 수강하기
- ☐ TV보기   ☐ 리얼리티쇼 시청하기   ☐ 뉴스를 보거나 듣기
- ☐ 요리 관련 프로그램 시청하기   ☐ 쇼핑하기
- ☐ 차로 드라이브하기   ☐ 스파/마사지샵 가기   ☐ 구직활동하기   ☐ 자원봉사하기

5 귀하의 취미나 관심사는 무엇입니까? (한 개 이상 선택)
- ☐ 아이에게 책 읽어 주기   ☐ 음악 감상하기   ☐ 악기 연주하기   ☐ 춤추기
- ☐ 글쓰기(편지, 단문, 시 등)   ☐ 그림그리기   ☐ 요리하기   ☐ 애완동물 기르기
- ☐ 독서   ☐ 주식 투자하기   ☐ 신문 읽기   ☐ 여행 관련 잡지나 블로그 읽기
- ☐ 사진 촬영하기   ☐ 혼자 노래 부르거나 합창하기

6 귀하는 주로 어떤 운동을 즐기십니까? (한 개 이상 선택)
- ☐ 농구   ☐ 야구/소프트볼   ☐ 축구   ☐ 미식축구
- ☐ 하키   ☐ 크리켓   ☐ 골프   ☐ 배구
- ☐ 테니스   ☐ 배드민턴   ☐ 탁구   ☐ 수영
- ☐ 자전거   ☐ 스키/스노보드   ☐ 아이스 스케이트   ☐ 조깅
- ☐ 걷기   ☐ 요가   ☐ 하이킹/트레킹   ☐ 낚시
- ☐ 헬스   ☐ 태권도   ☐ 운동 수업 수강하기   ☐ 운동을 전혀 하지 않음

7 당신은 어떤 휴가나 출장을 다녀온 경험이 있습니까? (한 개 이상 선택)
- ☐ 국내 출장   ☐ 해외 출장   ☐ 집에서 보내는 휴가   ☐ 국내 여행   ☐ 해외여행

OPIc FAQ

OPIc 시험 중 필기구를 사용하여 답변을 준비해도 되나요?

OPIc 응시자는 필기구를 가지고 시험장에 입실할 수 없습니다. 따라서 시험 중에 필기구를 이용하여 메모 등을 하실 수 없으며, 적발 시 부정행위로 처리되어 OPIc 시험 규정에 따라 향후 시험 응시 기회에 제한을 받습니다.

무조건 길게 말하는 것이 도움이 되나요?

짜임새 없는 내용으로 길게만 말하는 것보다는 질문이 요구하는 내용에 충실한 답변을 정확한 문법과 표현을 사용하여 논리적으로 표현할 때 좋은 평가를 받을 수 있습니다. 또한 기-승-전-결 혹은 서론-본론-결론의 짜임새 있는 구성으로 답변해야 합니다. 공식적인 수치는 아니지만, 주어진 시간 내 모든 문제에 풍부한 내용으로 답변을 하려면 한 문항당 짧으면 1분, 일반적으로 2분에서 2분 30초 이상 말할 수 있도록 준비하는 것이 좋습니다.

Background Survey 응답 내용대로만 출제되나요?

아닙니다. 시험 전에 체크한 Background Survey 결과는 나에게 맞는 맞춤형 문항이 출제되는 데 영향을 주지만, 그 외 시스템으로 선별된 문항도 출제됩니다. 즉, 여러분이 선택하지 않은 내용에서도 문제가 출제됩니다. 일반적으로 여러분의 일상생활에서 일어나는 일들을 위주로 문제가 출제되며 전문적인 내용이 출제되더라도 일상생활과 연결되어 있는 질문들이 출제됩니다. OPIc 등급 향상을 위해서는 Background Survey 항목에 관련된 답변만을 무조건 외우기보다는 평소에 다양한 말하기 연습을 하는 것이 도움이 될 것입니다.

OPIc 문제 중 Background Survey 내용과 관련이 없는 내용이 나오면 답변하지 않아도 되나요?

아닙니다. 수험자는 주어진 문항에 대해서 모두 답변을 진행해야 합니다. OPIc은 Background Survey를 통해 수험자의 개인 맞춤형 문항의 출제가 가능하지만 다른 영역의 질문 또한 출제되어 수험자가 예상하지 못한 문제에 대한 상황 대처능력 및 순발력 또한 평가합니다. 따라서, 질문에 대한 답변이 진행되지 않는 경우 감점의 요인이 될 수 있습니다. 그러므로 답변할 때 모르는 문제가 나왔다고 해서 당황해서는 안 됩니다. 설령, 여러분이 Background Survey에서 선택한 내용과 다른 문제가 출제되더라도 최선을 다해 성실하게 답변하는 것이 좋습니다.

시험 보는 중간에 Self Assessment로 레벨을 변경하는 것이 성적에 영향이 있나요?

처음에 높은 레벨로 시작했다가 중간에 낮은 레벨로 바꾸거나, 그 반대로 낮은 레벨에서 시작해서 높은 레벨로 바꾸는 그 자체로 성적이 바뀌지는 않습니다. 철저히 주어진 답변에 얼마나 충실하게 답변했는지가 성적을 좌우한다고 보면 됩니다. 그러나, 나의 영어실력과 너무 동떨어진 레벨을 선택하는 것은 바람직하지 않습니다.

06 문제를 반복해서 들으면 성적이 좋지 않게 나오는 것이 사실인가요?

문제 풀기 전략 중 하나로 문제를 습관적으로 반복해서 듣는 사람들이 있습니다. 문제를 반복 청취하는 것이 성적에 직접적으로 영향을 미치는 것은 아니지만, 문제를 반복 청취했을 때 답변 시간이 줄어들 수밖에 없으므로, 시간 관리에 어려움을 느낄 수도 있습니다. OPIc 문제의 답변 시간은 질문 청취 시간을 제외하고 약 35분 가량입니다. 따라서 주어진 시간 내 모든 문제에 효율적으로 답변할 수 있도록 시간을 활용해야 합니다.

07 발음이 안 좋거나 더듬거리면 성적에 나쁜 영향을 주게 되나요?

발음은 이해가 가능한 수준일 경우 크게 영향을 미치지 않는 것으로 알려져 있습니다. 그러나 메시지 전달이 안 될 정도로 말을 매끄럽지 못하게 할 경우에는 당연히 채점이 어려울 수밖에 없습니다.

08 OPIc 시험은 현장에서 결과를 직접 확인할 수 있나요?

OPIc 정기 시험은 시험 응시일로부터 7일 후 자정부터 OPIc 홈페이지(www.opic.or.kr)에서 성적 확인이 가능합니다. 예) 8월 6일 시험 응시 → 8월 12일에서 8월 13일로 넘어가는 00:00부터 성적 확인 가능
※성적 확인 및 인증서 출력은 회원 전용 서비스이므로 회원 가입 필요

09 OPIc 시험 일정은 1년에 몇 번 정도 있나요?

OPIc 시험은 일반적으로 월 6회(수요일, 일요일) 있으며 채용 시즌에는 매일 정기 시험을 진행 합니다. 또한 강남 오픽스퀘어 센터에서는 채용 시즌 외에도 주중에 3일 이상 시험이 시행되고 있습니다. 자세한 내용은 OPIc 홈페이지(www.opic.or.kr)를 확인해주시기 바랍니다.

10 성적이 UR이라고 나오는 것은 무엇을 의미하나요?

"UR"은 unable to rate를 의미합니다. UR이 나오는 경우는 녹음 불량, 녹음 음량이 너무 작은 경우, 수험자가 자신이 없어 답변을 하지 않은 경우입니다. 수험자의 과실인 경우 응시료 환불은 없으며 재시험의 기회도 없습니다. 시스템적인 오류로 UR이 나왔을 경우 한 번의 재시험 기회를 드립니다.

11 시험에 필요한 규정 신분증이 무엇인가요?

OPIc 시험에서 인정되는 규정 신분증은 주민등록증, 운전면허증, 기간만료 전 여권 등이며, 사원증 및 학생증, 기타 자격증은 신분증으로 인정되지 않습니다.

준비가 반, 예상 문제는 미리 준비하기

OPIc은 소위 '족집게식' 대비가 힘든 시험입니다. 그렇다고 방법이 아예 없는 것은 아닙니다. 자기 자신에 대한 질문들은 충분히 답변을 미리 준비해 갈 수 있는 문제들입니다. 자기소개, 학교 소개, 하는 일, 사는 곳, 취미 및 관심사 등에 관한 문제들은 출제될 가능성도 높을 뿐더러 시험 전에 말할 내용을 준비할 수 있습니다. 따라서 이 같은 문제들의 답변을 미리 준비해서 평소에 연습해 두면 실전에서 긴장을 풀고 좋은 결과를 얻을 수 있을 것입니다.

답변을 말할 때는 결론부터 말하기

우리말에서는 서론에서 배경 설명을 하고 본론으로 들어간 후, 마지막에 가서야 결론을 짓게 되는 경우가 많습니다. 하지만 영어로 말할 때는 그 순서가 달라집니다. 주제와 결론을 먼저 이야기하고, 그 다음에 결론을 보강해줄 수 있는 부연 설명(supporting sentences)을 추가하는 경우가 많기 때문입니다. 따라서 OPIc에서도 질문에 대한 직접적인 답변을 먼저 말한 후에 그에 대한 보충 설명을 이어서 말하는 것이 좋습니다.

의견에는 언제나 이유나 사례 덧붙이기

질문의 내용이 간단한 문제들이 있습니다. 예를 들어, Describe your favorite vacation spot.이라는 문제가 나왔다고 해볼까요? 수험자들은 '제주도', '부산', '동남아' 등 휴가 장소만을 언급한 후, 간단한 문장들로 답변을 마무리 짓는 경우가 많습니다. 여기서 기억해야 할 것은 OPIc은 설문 조사가 아니라는 것입니다. OPIc은 응시자에 대한 개인 정보를 조사하는 것이 아닌, 응시자가 질문에 대해 얼마나 자세한 내용들을 영어로 이야기할 수 있는지를 평가하는 시험입니다. 따라서 좋아하는 여행지에 대한 문제가 출제되었다면 그 여행지가 어디인지를 이야기한 후, 그곳을 좋아하는 이유, 그곳의 모습, 그곳의 방문 경험 등 자세한 내용을 담아주는 것이 좋습니다.

마침표를 아껴라! 간단한 문장도 적절히 이어주기

OPIc에서 높은 등급을 받으려면 답변 하나하나가 이야기(story) 구조를 갖는 것이 좋습니다. 그러려면 짧고 간단한 문장들을 단순히 열거하는 습관에서 벗어나, 적절한 연결어(transitional devices)를 사용해서 이들을 유기적으로 연결시켜 주어야 합니다. 처음에는 문맥에 따라 문장과 문장 사이를 and나 but, so와 같은 간단한 접속사로 이어주는 연습부터 시작해봅니다. 익숙해지면 관계대명사를 사용해 문장들을 연결하거나 문장 앞에 쓰는 연결어들(although, meanwhile, on the other hand 등)을 사용해서 말하는 연습을 합니다.

현재, 과거시제 사용에서 벗어나라

OPIc에서 등급을 높이기 위해서는 여러 가지 시제를 자유롭게 구사할 수 있어야 합니다. 특히 완료시제를 정확하게 쓸 줄 안다면 금상첨화! 자신의 경험이나 추억에 대해 말할 때는 과거의 특정한 시점에 벌어진 사건(과거), 과거에 시작되어 현재까지 이어지는 일(현재완료), 과거 시점보다 이전에 일어난 일(과거완료)들에 대해 시제에 주의하면서 이야기하는 습관을 길러보기 바랍니다.

....

나와 관련 없는 질문에도 답변은 충실하게!

배경 설문에서는 좋아하는 스포츠로 축구를 선택했는데 수영에 대한 문제가 출제되었다면 당황할 수밖에 없습니다. 그러나 '수영은 잘 모른다'라고 간단하게 답해서는 높은 등급을 받기 힘듭니다. 예상치 못한 상황에 어떻게 대처하는지를 보는 것도 평가 기준에 들어가기 때문입니다. 개인적으로 답변할 내용이 부족하더라도 '나는 수영을 잘 못하지만 내 동생은 잘 한다'라든지 '나는 수영을 별로 안 좋아하지만 한국 선수의 올림픽 금메달 덕에 전국적으로 수영에 대한 관심이 높아지고 있다'와 같은 문장들을 만들어주는 것이 좋은 결과를 얻는 데 도움이 됩니다.

....

충분히 생각하고 말하기

급한 마음에 생각이 정리되지 않은 상태에서 답변을 시작하는 것은 좋지 않습니다. OPIc은 문항별 답변 제한 시간이 없습니다. 수험자가 주어진 전체 시험 시간 40분을 적절히 조절하며 사용할 수 있습니다. 때문에 녹음이 시작됐다 하더라도 몇 초 동안 여유를 갖고 생각을 정리한 후에 답변을 시작하는 것이 좋은 결과를 얻는 데는 훨씬 도움이 됩니다. 특히 난이도가 높은 후반부 문제의 경우에는 빠른 문제 해결력과 상황 판단력이 필요한 만큼 이야기를 어떻게 구성할지 생각을 정리하는 훈련을 충분히 하는 것이 필요합니다.

....

신경향 OPIc의 열쇠는 연계형 문제

OPIc은 문제 은행식 시험이지만 질문의 데이터베이스가 한정되어 있지만은 않습니다. 그러나 안타깝게도(?) OPIc 시험 문제들은 계속해서 업데이트되고 있어 시험을 많이 본다고 문제들을 다 알 수 있는 것은 아닙니다. 따라서 수험자들은 질문들이 업데이트되는 만큼 이에 빠르게 적응하고 대비하는 노력을 해야 합니다. 이렇게 진화하는 신경향 OPIc의 가장 큰 특징은 연계형 문제(combination questions)입니다. 기존 OPIc과 가장 큰 차이는 모든 문항들이 주제별로 2~4개씩 특정 주제로 묶여 있다는 것입니다. 예전에도 이러한 형태의 연계형 문제가 출제되기도 했으나, 시험 전체가 이러한 구성을 띄게 된 것은 작지 않은 변화가 아닐 수 없습니다. 자기소개가 끝난 2번 문항부터 곧장 영화에 관한 질문 3가지가 나올 수 있고, 바로 다음에 여행에 관한 질문 2개, 바로 이어 회사 업무에 관한 질문 3개가 연속해서 나올 수 있다는 의미입니다. 이러한 주제 연계형 문제들에 대응을 하기 위해서는 한 주제에 대해 다각적인 내용을 전달하는 연습을 해야 합니다. 같은 이야기라도 전달하는 초점을 바꿔서 다르게 전달하는 연습도 좋습니다. 무엇보다 〈Hello! OPIc 실전 TEST 개정판〉에 나오는 연계형 문제들을 철저히 분석하고 활용하셔서 신경향 OPIc에 대비하시기 바랍니다.

OPIc

ANALYSIS

Oral Proficiency Interview-computer

Unit 01

Descriptive Speaking

Person

📖 유/형/설/명/

인물 묘사에는 OPIc의 첫 번째 질문인 자기소개부터, 가족, 이웃, 친구, 동료 소개 등 주변인물이나 좋아하는 연예인에 대해 말하기가 출제됩니다.

- **Tell me about your neighbors. What are they like? How often do you meet them?**
- **Who is your favorite musician or composer? Tell me about that person.**
- **I would like to know about your favorite actor or actress. Describe him or her in as much detail as you can.**

🎤 답/변/전/략/

첫인상에 대해 묘사

- 이웃: I first met my neighbor, Jung-soo, when he stopped by to visit and provide me with some rice cakes as a housewarming gift.
  저는 제 이웃 정수가 집들이 선물로 떡을 주기 위해 잠시 들렀을 때 그를 처음 만났습니다.

- 상사: I first saw him when he gave a speech at the corporate orientation for new employees. He was such a dynamic speaker that I was deeply motivated by his passion.
  저는 신입 직원 오리엔테이션에서 그가 연설했을 때 그를 처음 봤습니다. 그가 아주 활발한 연설가여서 저는 그의 열정에 깊이 감동하였습니다.

유명인의 근황에 대해 설명

- 김연아: Yuna Kim has participated in various events that are related to the Pyungchang Winter Olympics. 김연아는 평창 동계 올림픽과 관련된 다양한 행사에 참여했습니다.

- Wayne Rooney: This year's PFA roster for England was released last night. I am thrilled that my favorite player, Wayne Rooney, was on the list.
  영국의 올해 PFA 명단이 어젯밤에 발표되었습니다. 제가 좋아하는 선수인 Wayne Rooney가 목록에 있어서 흥분됩니다.

좋아하는 구체적인 이유나 에피소드 설명

- My professor always provides honest feedback. He does not hesitate to point out mistakes or problems in my presentations.
  제 교수님은 항상 제게 정직한 피드백을 주십니다. 그는 제 발표에서 실수나 문제를 지적하기를 주저하지 않습니다.

▶ **사람 성격을 나타내는 형용사**

outgoing 외향적인	easygoing 느긋한	friendly 친근한	cheerful 쾌활한
hard-working 열심히 일하는	laid-back 느긋한	stuck-up 거만한	energetic 에너지 넘치는
bright 밝은 stubborn 완고한	moody 침울한	shy 수줍은	mature 성숙한
considerate 배려심 있는	understanding 이해심 있는	creative 창의적인	

Q

Tell me about the co-worker you remember the most. Describe how you met him/her. Why is he/she so memorable?

가장 기억에 남는 동료에 대해 말해주세요. 그/그녀를 어떻게 만났는지 설명하세요. 왜 그/그녀가 기억이 납니까?

🔒 **How to Answer**

| 직장 동료의 이름 | • 많은 공통점
• 서로의 생활에 관해 이야기함
• 서로 도움을 주고받음
• 남자친구가 있었는데 헤어지고 난 후에도 데이트를 신청 못 함
• 친구 관계 유지를 원하고, 사내 연애에 대한 위험 부담 | 그녀가 가끔 궁금함 |

도입 One of the co-workers I remember the most is a female I had a crush on. Her name was Kim Min-ji. 설명 She was always very nice to me. We seemed to have a lot in common and would often talk about our lives. If I needed help with something, she would always be willing to help. 단점 The only downside was that she was already **going out with** someone. 관심 Even after they **broke up**, I never had the courage to ask her out because we were good friends. I didn't want to ruin the friendship **in case** things didn't work out between us. 의견 Office romances can have their risks. 마무리 I now work at another company and wonder how she is doing.

제 기억에 가장 남은 직장 동료 중 하나는 제가 한 때 좋아하던 여성입니다. 그녀의 이름은 김민지였고 항상 저에게 잘 해주었습니다. 공통점이 많아 보였고 서로의 생활에 대해 자주 이야기하곤 했습니다. 도움이 필요할 때면 언제라도 도와주려고 하기도 했습니다. 불행히도 민지 씨는 이미 만나고 있는 사람이 있었습니다. 그녀가 이별한 후에도 우리는 친한 친구 사이라 전 그녀에게 데이트 신청을 할 용기가 나지 않았습니다. 우리 사이에 일이 잘 풀리지 않게 되어 친구 관계조차 망치고 싶지 않았습니다. 사내연애에는 위험이 따릅니다. 지금은 회사를 옮겼지만 그녀가 무엇을 하고 있을지 궁금합니다.

🔑 **Key Expressions**

go out with ~와 사귀다
- I have been **going out with** Max for 5 years.
  저는 Max와 5년째 사귀고 있습니다.

break up 헤어지다
- Sarah's boyfriend **broke up** with her right before Valentine's Day.
  Sarah는 남자친구와 발렌타인데이 바로 전에 헤어졌습니다.

in case ~의 경우에
- Take the umbrella **in case** it rains.
  비가 올지도 모르니 우산을 챙기세요.

Descriptiue Speaking

Place

🔖 유/형/설/명/

장소 묘사에는 주거 공간, 사는 동네, 사무실, 학교, 공원, 음식점 묘사 등이 속합니다.

- **I would like to now talk about where you live. Can you tell me about your home? What is your favorite room?**

- **Tell me about your neighborhood. What does it look like? What is it like to live there?**

- **Describe the restaurant you go to most often. How is the atmosphere there?**

🎙 답/변/전/략/

장소의 주요 특징을 상세히 서술

- 교외 주거지역: 붐비지 않고 느긋한 분위기

  I live in the suburbs of Seoul. It's a residential city south of the capital. Compared to downtown Seoul, it's much less crowded and people are more easy-going and more relaxed. I think it's the best place to live.

  저는 서울 교외에 살고 있습니다. 시의 중심에서 남쪽에 있는 주거지역이에요. 서울 시내와 비교하면 훨씬 덜 붐비고 사람들은 더 느긋하고 편안하죠. 살기에 최고의 장소라고 생각합니다.

- 도시생활: 풍부한 시설

  There are many facilities that make life comfortable and enjoyable in my city. There are department stores, large discount stores, movie theaters, and tons of places to eat and drink.

  제가 사는 도시에는 삶을 편안하고 즐겁게 해주는 시설들이 많이 있습니다. 백화점, 대형 할인매장, 영화관, 다양한 먹거리와 마실 거리가 있는 상점들도 있습니다.

장소의 전치사: in, on, out, near, beside, at, under

- My favorite restaurant, IMA Sushi, is located **in** Myungdong. It has a 50-year history.

  제가 가장 좋아하는 음식점인 이마스시는 명동에 있습니다. 50년 역사를 갖고 있죠.

- I usually take a nap **on** a bench which is **under** a bridge. It is my favorite spot since it is cool even in the middle of the summer.

  저는 다리 아래 벤치에서 낮잠을 주로 자요. 이곳은 한여름에도 시원하므로 제가 제일 좋아하는 장소에요.

Q

What do you see outside your office window? What are the things you see outside?

회사 창문 밖으로 무엇을 볼 수 있습니까? 밖으로 무엇이 보입니까?

🔒 How to Answer

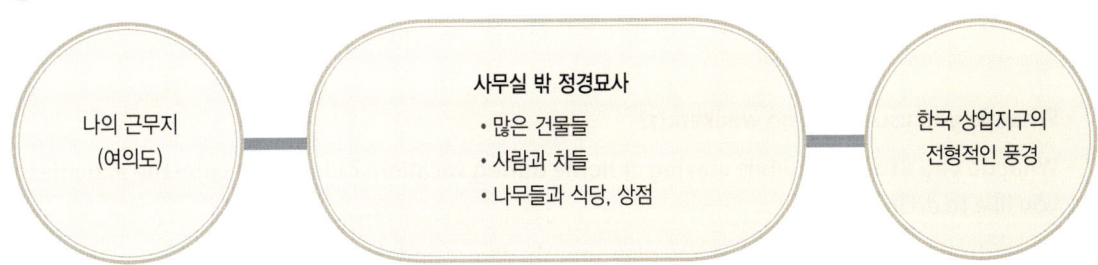

나의 근무지
(여의도)

사무실 밖 정경묘사
• 많은 건물들
• 사람과 차들
• 나무들과 식당, 상점

한국 상업지구의
전형적인 풍경

전체 Since I work in **a financial district** called Yeoido, there are lots of high-rises around. **세부** When I look outside my office window, all I can see are buildings, buildings and buildings. When I look down, I can see **busy streets** with tons of people and cars passing by. The streets get incredibly packed with cars during rush hours and the sidewalks are crowded with people all day long. There are trees along each side of the road. There are also many places to eat and stores that sell things as well.

느낌 Overall, the view from my office building is a typical view you would probably get when working in a business district in Korea.

저는 여의도라고 불리는 금융가에서 근무하고 여의도에는 고층건물이 많이 있습니다. 사무실 밖을 내다보면 보이는 것이라곤 건물 밖에 없습니다. 아래를 내다보면 붐비는 거리에 분주히 움직이는 사람들과 지나다니는 차들이 보입니다. 러시아워 때는 도로는 차로 가득 차고 인도는 항상 사람들로 가득 차 있습니다. 도로의 각 편에는 나무들이 있습니다. 식사할 수 있는 가게가 많고 물건을 파는 상점도 많습니다. 전체적으로 제 사무실에서 본 광경은 한국의 상업지역에서 일하고 있으면 볼 수 있는 전형적인 광경일 것입니다.

🔑 Key Expressions

a financial district 금융지구
- I wish I could live closer to my office in **the financial district**, but I just can't afford the rent.
  금융지구에 있는 제 회사에 더 가까이 살았으면 좋겠지만, 세를 감당할 수가 없습니다.

busy streets 붐비는 거리들
- I chose to study English in a small town outside of Seattle because I wanted to get away from the **busy streets** and crowded sidewalks of Seoul.
  나는 시애틀 외곽의 작은 마을에서 영어공부를 하기로 결심했습니다. 서울의 바쁜 거리와 붐비는 도보를 벗어나고 싶었기 때문입니다.

overall 전반적으로
- Every coach has pros and cons, but **overall**, my previous soccer coach did a pretty good job.
  모든 코치에게는 장단점이 있지만, 전체적으로 제 전 축구 코치는 꽤 잘하셨습니다.

Unit 01

Descriptive Speaking

Action

📖 유/형/설/명/

학교 프로젝트나 회사의 업무, 회사에서 아침에 무엇을 하는지, 여행 중 하는 활동이나 여가를 보내는 방법 등에 대해 묘사하는 유형입니다.

- **What do you usually do on weekends?**

- **What do you usually do while staying at home during vacations? Please describe the activities you like to do in detail.**

- **You indicated in the survey that you play squash. Where and when do you usually play that sport? How often do you enjoy the activity?**

🎤 답/변/전/략/

활동을 어떻게 영어로 표현하는지 조사

- going to the library, hiking with friends, doing yoga, reading books, chatting with friends, taking classes

주요 활동을 정하고, 함께 묶을 수 있는 활동들을 정리

※ such as, because, but, which, whom와 같은 연결어를 사용하면 Text type에서 좋은 점수를 딸 수 있습니다.

- I have my weekly yoga sessions at the studio that my friend recommended, but I plan to switch classes soon because I will be moving to a new house in a few days.
저는 친구가 추천한 스튜디오에서 매주 요가를 듣지만, 며칠 후에 새집으로 이사를 하여서 수업을 바꿀 계획입니다.

- My friends and I regularly hang out at a café where we enjoy eating and drinking.
제 친구들과 저는 먹고 마시기 좋아하는 카페에서 정기적으로 어울립니다.

언제, 얼마나 자주 그 활동을 하는지 설명

- In my free time, I tend to do a lot of reading. 여가에 저는 독서를 많이 합니다.

- I take English classes at school a few times a week.
저는 한 주에 몇 번 학교에서 영어수업을 듣습니다.

활동을 하는 장소에 대해 언급하며 구체적으로 답변

- There is a small mountain where we can go hiking.
우리가 종종 등산갈 수 있는 작은 산이 있어요.

- There are more than enough retail stores in ABC mall where I can stop by.
들릴 수 있는 소매점들이 ABC 몰에 많이 있습니다.

Q Describe the first project you participated in at work. What was it about and what did you have to do? How was it different from the work you are doing currently?

직장에서 처음 참여했던 프로젝트에 대해 묘사하세요. 무엇에 대한 것이었고, 무엇을 해야 했습니까? 최근에 하는 일과 어떻게 다른가요?

🔒 **How to Answer**

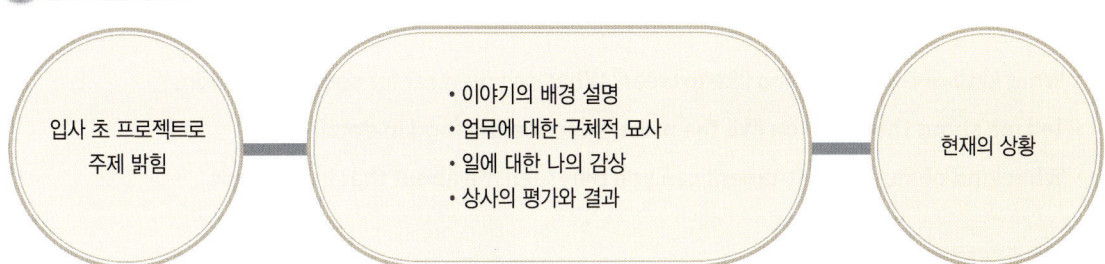

입사 초 프로젝트로 주제 밝힘

• 이야기의 배경 설명
• 업무에 대한 구체적 묘사
• 일에 대한 나의 감상
• 상사의 평가와 결과

현재의 상황

소개 I can't exactly remember my very first project at work, but I do remember one of the earlier ones I had to do. 설명 Since I **was** still **new to the company**, I had all the really boring jobs that no one wanted to do. 업무 My boss needed to give a presentation to the executives in two weeks time, and he put me in charge of collecting data for it. I spent the next few days collecting budget reports and putting together profit projections for the next quarter. 느낀점 It was the most boring thing I ever had to do. But I learned a lot from it, and my boss **was impressed with** my hard work. 현재 When he **got promoted**, I was also promoted to his old job. The funny thing is, now I have someone else collecting data for me when I have to give a presentation.

직장에서 맡은 제일 처음 프로젝트가 무엇이었는지 기억이 나지 않지만 입사 초에 했던 것들은 기억하고 있습니다. 제가 신입일 때는 아무도 하기 싫은 재미 없는 업무만 했었습니다. 제 상사가 임원진용 발표를 2주 안에 준비해야 해서 저에게 정보 수집의 역할을 맡겼습니다. 며칠간 다음 분기의 예산보고를 수집하고 예상수익을 맞춰보았습니다. 이 일은 제가 해본 일 중 가장 지루했습니다. 하지만 많은 것들을 배울 수 있었습니다. 그리고 제 상사는 제가 열심히 일해낸 것을 보고 감명받았습니다. 상사가 승진을 했을 때 제가 상사의 자리를 물려받게 되었습니다. 재미있는 점은 이제는 제가 발표를 해야 할 때 다른 사람이 정보 수집을 대신해 준다는 것입니다.

🔑 **Key Expressions**

be new to the company 신입직원이다
• Johnny ate lunch by himself for a while because he **was new to the company**.
Johnny는 신입이라 한동안 혼자 점심을 먹었습니다.

be impressed with ~에 깊은 인상을 받다
• The manager **was impressed with** candidate B's professional experience.
관리자는 후보 B의 전문 경험에 깊은 인상을 받았습니다.

get promoted 승진하다
• Kelly was unable to **get promoted** last year, so she is considering transferring to another department. Kelly는 작년에 승진을 못 해서 다른 부서로 옮기는 것을 고려하고 있습니다.

Descriptive Speaking

Things

📖 유/형/설/명/

유형의 대상(가구, 빌딩, 전자기기)이나 무형의 대상(음악이나 영화 장르, 계절) 등에 대해 자세히 묘사하는 유형입니다.

- **What kind of clothes do you like to wear? What do you wear for special occasions?**

- **Tell me about the food you like the most. Describe the food in detail.**

- **What kind of musical instrument can you play? Tell me about that instrument.**

🎙 답/변/전/략/

명사의 단 · 복수 형태를 정확히 사용

- fish는 단 · 복수 형태가 같음:

  - I gave my son **a new fish** in a big tank as his birthday present.
    저는 아들에게 생일 선물로 어항에 새로운 물고기를 주었습니다.

  - Because of the worsening water pollution, **all the fish** in the ocean have become in danger of dying.
    심각해진 수질 오염으로 물고기들이 죽을 위험에 처해 있습니다.

- glasses는 항상 복수 형태임: My boss always wears **glasses**, which makes him look serious and intellectual.
  제 상사는 항상 안경을 끼고 있는데, 그것은 그를 진지하고 지적으로 보이게 합니다.

- flour는 불가산 명사임: I rushed to the grocery store since I needed some more **flour** for the cookies.
  쿠키에 밀가루가 더 필요해서 식료품점으로 급히 갔습니다.

특정단위를 표현하는 형용사 익힘

- The pool is eight feet **deep**, but there are other shallow pools there for children.
  수영장은 8피트 정도 깊은데, 어린이들을 위한 얕은 수영장도 있습니다.

- The building is 10 years **old**, but I like its antique atmosphere.
  건물은 10년이 되었지만, 저는 그 고풍스러운 분위기가 좋습니다.

- My office is almost ninety feet **wide** and is spacious enough for ten employees.
  우리 사무실은 폭이 90피트인데, 10명 직원에게는 넓습니다.

Q Tell me about the food you like the most. Why do you like it and how often do you eat it?

가장 좋아하는 음식을 말해주세요. 왜 좋아하고 얼마나 자주 드시나요?

🔒 How to Answer

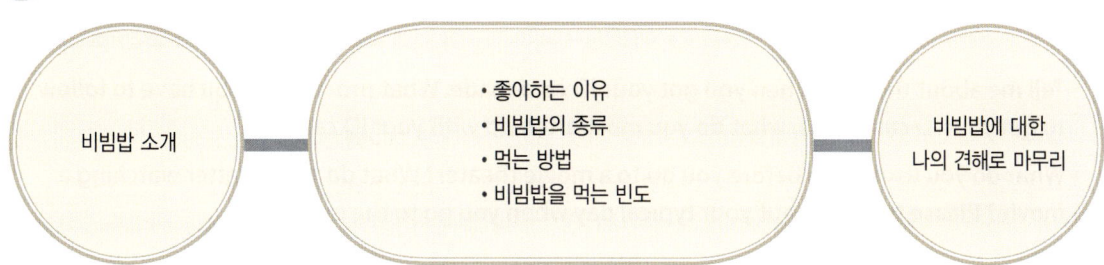

비빔밥 소개

• 좋아하는 이유
• 비빔밥의 종류
• 먹는 방법
• 비빔밥을 먹는 빈도

비빔밥에 대한
나의 견해로 마무리

[이름] My favorite food is bibimbab, which is a Korean dish with rice, various **veggies**, and red pepper paste mixed together. [이유] I like it because it **tastes very good**. It's one of the most representative Korean foods out there. [방법] There are various ways to make bibimbab. You can add beef or even raw fish as ingredients. If you feel like eating it spicier, you can simply add more red pepper paste. [빈도] I think I have bibimbab at least three or four times a month. [느낌] As it is one of the most common dishes you can get at a restaurant, **I wouldn't mind** having it almost every day.

제가 가장 좋아하는 음식은 비빔밥입니다. 비빔밥은 한국 음식인데 밥과 여러 가지 채소, 고추장을 한데 넣고 섞은 것입니다. 맛있어서 이 음식을 좋아합니다. 한식을 대표하는 음식이기도 합니다. 비빔밥을 만드는 방법에는 여러 가지가 있습니다. 소고기나 회를 넣어서 만들기도 합니다. 더 맵게 먹고 싶으면 고추장을 더 많이 넣기만 하면 됩니다. 제 경우에는 비빔밥을 한 달에 서너 번은 먹는 것 같습니다. 식당에서 가장 보편적으로 판매하는 음식이기 때문에 거의 매일 먹는 것도 나쁘지 않을 것 같습니다.

🔑 Key Expressions

veggies 채소
• As a kid, I hated eating fresh **veggies**.
아이일 때, 저는 신선한 채소를 먹는 것을 싫어했습니다.

taste very good 맛이 좋다
• Even though hamburgers **taste very good**, I cannot afford to eat them more than once a week.
햄버거가 맛있지만 일주일에 한 번 이상 먹는 건 재정적으로 감당할 수 없습니다.

I wouldn't mind ~를 꺼려하지 않다, 나쁘지 않게 생각한다
• **I wouldn't mind** if I got fired because I have been thinking about going back to school recently.
학교로 다시 돌아가는 것을 고려하고 있어서 해고당해도 괜찮습니다.

Unit 02

Narrative Speaking

Process

🔲 유/형/설/명/

어떤 일의 과정을 순서대로 이야기하는 유형입니다. 신분증이나 요리하는 과정, 은행 업무를 순서대로 설명하는 것이 속합니다.

- Tell me about the time when you got your ID card made. What process did you have to follow to get your ID card? Also, what do you most often do with your ID card?

- What do you usually do before you go to a movie theater? What do you do after watching a movie? Please tell me about your typical day when you go to the movies.

🎤 답/변/전/략/

관련 아이디어를 브레인스토밍함

Getting an ID card	Making bank transactions
to fill out the form	to go to the bank
to submit it to the clerk	to get the number then wait for your turn
to wait for the clerk to process the document	to drink coffee or browse the Internet
to go back to get your ID after two weeks	to thank the clerk and leave

시간의 순서를 나타내는 표현을 덧붙여 문장을 완성

- **Then**, you should submit it to the clerk together with the other forms.
  그런 후, 당신은 직원에게 다른 서식들과 같이 제출해야 합니다.

- **After that**, you go to the counter to talk to the bank teller.
  그 후에, 당신은 은행원과 이야기하기 위해 카운터로 갑니다.

- **Once** you hand in the application form, you will be receiving your ID after two weeks.
  일단 당신이 지원 서류를 내고 나면, 당신은 2주 후에 신분증을 받을 것입니다.

전체과정을 끝낸 감상으로 마무리

- Accomplishing everything made me feel proud of myself for being a true adult.
  모든 프로세스를 마쳐 저는 진정한 성인이 된 것 같아 자랑스러웠습니다.

- I think the bank is one of the kindest and most convenient places.
  은행은 가장 친절하며 편리한 곳 중의 하나라고 생각합니다.

Tell me about the time when you got your ID card made. What process did you have to follow to get your ID card? Also, what do you most often do with your ID card?

당신이 신분증을 만들었던 때를 말해주세요. 신분증을 얻기 위해서 어떤 과정을 따라야 했습니까? 또한, 신분증으로 당신이 가장 자주 하는 일은 무엇인가요?

How to Answer

신분증의 유용성과 용도에 대한 설명

발급 순서 설명
• 서식을 채워 넣음
• 제출 후 기다림
• 2~3일 내에 발급

신분증을 항상 지니고 있어야 함을 강조

소개 IDs are the most useful tool that we use in making different transactions. For example, you need it to **open your bank account** or to do business at government offices. It is also what we use as our most basic **form of identification**. 주제 In this regard I'd like to give you the different steps in order to secure your own card. 과정 The first thing you have to do is fill out a form, depending on the kind of ID you're getting. Second, submit the fully filled form with your signature. And then you just have to wait for the clerk to finish processing your document. After a couple of days, you can pick up your ID. 의견 As you can see, getting a valid ID card is simple as long as you have the necessary requirements. You also have to make sure to **carry** it **around** with you at all times.

신분증은 여러 가지 거래를 할 때 사용할 수 있는 가장 유용한 수단입니다. 예를 들면 은행계좌를 열 수 있고, 관공서에서 일을 볼 수 있습니다. 또한, 신분 확인의 가장 기본적인 방법으로 사용됩니다. 이 점과 관련하여 신분증을 가지려고 밟는 순서를 설명하겠습니다. 먼저 해야 할 것은 받고자 하는 신분증의 종류에 따라 서식을 채워 넣는 것입니다. 둘째는 완전히 채워진 서식에 서명해서 제출하고 나서 직원이 당신의 문서를 진행하는 동안 그저 기다리는 것입니다. 며칠 후에 신분증을 받을 수 있습니다. 보시다시피, 유효한 신분증을 받는 것은 요구사항들을 충족시키면 매우 간단합니다. 항상 신분증을 갖고 다니는 것도 명심하세요.

Key Expressions

open a bank account 은행 계좌를 개설하다
• I **opened a** new **bank account** today with BBB Bank. 나는 오늘 BBB 은행에서 계좌를 개설했습니다.

a form of identification 신원 확인의 수단
• If you look young, you must show **a form of identification** to buy things like cigarettes.
당신이 어려 보인다면 담배 같은 것을 살 때 신원 확인의 수단을 보여주어야 합니다.

carry around 갖고 다니다
• Tory has a fear of losing her wallet because she **carries around** ten credit cards.
Tory는 10개의 신용카드를 가지고 다니기 때문에 지갑을 분실하는 것에 대한 공포가 있습니다.

Unit 02

Narratiue Speaking

Cause and Effect

유/형/설/명/

어떤 일의 원인과 결과를 분석하고 설명하는 유형입니다. 기후 변화에 따른 사람들의 삶 변화, 전공을 선택한 이유, 집에 있는 물건이 고장 났을 때 그 원인을 설명하는 것 등이 해당합니다.

- **How has the weather changed over the years? What do you think causes climate change? How has it affected people's lives?**

- **Why did you choose to study your major? Are you satisfied with your decision?**

- **Was there ever a time when you needed to get something fixed in your house? What was the problem and what caused it?**

답/변/전/략/

문제 및 상황을 정의

- a busted light bulb, getting lost on the road 등

가능한 이유 브레인스토밍

- cause: a broken navigation system ———— effect: getting lost on the road
  원인: 망가진 내비게이션   결과: 길을 잃어버림
- cause: sudden surge in electricity ———— effect: a busted light bulb
  원인: 전압이 순간적으로 갑자기 높아짐   결과: 망가진 전구

원인과 파급 효과 설명

- My navigation system got busted last week, so I had a hard time getting to my destination today.
  내비게이션이 지난주에 망가져서 오늘 목적지에 도착하는데 어려움을 겪었습니다.
- We've been having several power outages, and the last sudden surge of electricity busted our living room light bulb.
  수차례 전기가 끊겼고 마지막에 전압이 순간적으로 높아져 거실 전구가 망가졌습니다.

문제에 대한 가능한 해결책으로 마무리

- We decided to turn everything off and waited until the power became stable.
  우리는 모든 전원을 껐다가 전압이 안정될 때까지 기다렸습니다.

Q **The traditional family structure has changed a lot. Tell me what kind of change you can see these days compared to the past and discuss the reasons why it happened.**

전통적인 가족구성은 크게 변했습니다. 과거와 비교하여 어떤 변화를 볼 수 있으며, 왜 이런 일이 생기게 되었는지 이유를 논의하세요.

How to Answer

가족 형태의 많은 변화와 그 예	• 아이가 없는 부부의 증가 원인 1 : 높은 물가 원인 2 : 교육비의 증가	정부의 조처를 촉구하며 마무리

[주의환기] There are many changes in the family structure from the decreasing size of the nuclear family to the increase of single parent families. [주제] Among them, what caught my eye is the phenomenon that the number of couples who opt not to have children is increasing at an alarming rate. [원인] There might be two major factors for this. First, the cost of living has become **sky high** but the economic situation of the family has hit rock bottom, which is why people find it hard to **make ends meet**. Another thing that contributes to this fact is the growing expense of education. [결론] I think the government should **take action** to solve this issue such as subsidizing kids' education or cutting back on taxes for families with more than three children.

핵가족의 크기가 줄어드는 것부터 단일 부모 가족들의 증가까지 가족의 형태에 많은 변화가 있습니다. 그중에 제 눈길을 사로잡은 것은 아이를 갖지 않기로 선택한 부부의 수가 놀라운 비율로 늘어난 현상입니다. 두 가지 요인이 있을 텐데요. 첫째는 물가가 천정부지이지만, 가정의 경제적 상황은 바닥이라 수입과 지출의 균형을 맞추기 어렵기 때문입니다. 이 현상에 이바지한 다른 것은 교육비의 증가입니다. 제 생각에는 정부는 자녀 교육비 지원, 세 자녀 이상의 가정에 세금을 줄여주는 등의 조처를 해야 합니다.

Key Expressions

sky high 하늘을 찌를 듯한
- The typhoon made the price of vegetables go **sky high**. 태풍은 채솟값을 천정부지로 치솟게 하였습니다.

make ends meet 수입과 지출 사이 균형을 맞추다, 겨우 살아가다
- I need to take on two part-time jobs to **make ends meet**.
  수입과 지출의 균형을 맞추기 위해 두 가지 아르바이트를 해야 합니다.

take action 조처를 하다
- I need to **take action** to make my neighbor not play music so loudly.
  이웃이 음악을 너무 크게 듣지 않도록 조처를 해야 합니다.

Narrative Speaking

Comparison and Contrast

🔖 유/형/설/명/

조깅과 골프의 차이, 도시와 시골의 차이 등 서로 다른 두 가지 대상을 비교하라는 문제부터 시간의 흐름에 따른 한 대상의 변화를 묘사하라는 문제가 이 유형에 속합니다.

- **Please tell me the difference between jogging and golf. How do they differ from each other?**
- **What are some of the differences between living in the country and living in the city?**
- **Compare and contrast your current neighborhood to your old neighborhood.**

🎤 답/변/전/략/

비교급 형용사, 대조를 나타내는 접속사 사용

- 시골과 도시의 삶 비교: Not to mention, country living is very healthy. People are relaxed and life is slow-paced. **In contrast**, life in the city is too busy and competitive.
  더 말할 것도 없이 시골의 삶은 매우 건강합니다. 사람들은 더 편안하고 천천히 삽니다. 반대로 도시에서의 삶은 너무 바쁘고 경쟁적입니다.

개인적 선호로 답변 마무리

- Given the choice between country living and city living, I would choose to live in a rural area since I want to escape from the noise and crowdedness of the city.
  시골과 도시의 삶 중에 선택하라면, 저는 시골에서 사는 것을 택할 것입니다. 왜냐하면, 저는 도시의 소음과 붐비는 것에서 벗어나고 싶거든요.

시간의 흐름에 따른 비교 시 과거, 현재 등을 나타내는 부사구 사용

- I remember watching cartoons **as a child**.
  어릴 때 만화를 보던 기억이 납니다.

- **At that time**, I would watch a lot of cartoons from Japan that were dubbed in Korean.
  그 당시에는 한국어 더빙이 된 일본 만화를 많이 보았습니다.

- **Once** I was in college, I began watching more American sitcoms to learn English.
  대학에 들어가서는 영어를 배우기 위해 미국 시트콤들을 보기 시작했습니다.

- **Now** as an adult, I more often watch news programs or documentaries.
  이제는 성인으로서, 뉴스나 다큐멘터리들을 더 많이 봅니다.

How did you first get interested in watching TV? How has your interest in TV changed over the years?

TV 보는 것에 어떻게 흥미를 갖게 되었나요? TV에 대한 흥미가 어떻게 바뀌어 왔습니까?

How to Answer

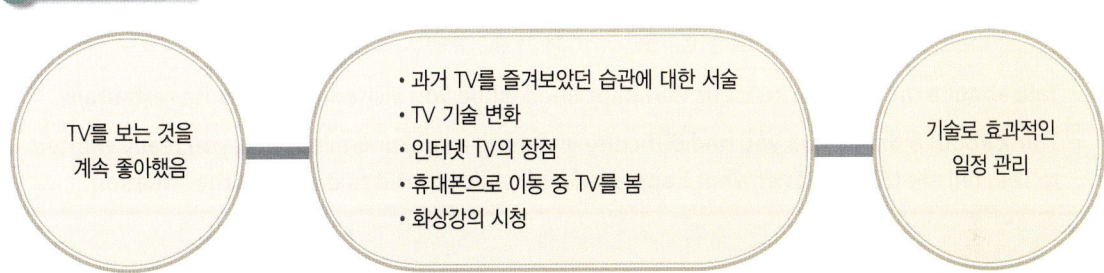

TV를 보는 것을 계속 좋아했음

• 과거 TV를 즐겨보았던 습관에 대한 서술
• TV 기술 변화
• 인터넷 TV의 장점
• 휴대폰으로 이동 중 TV를 봄
• 화상강의 시청

기술로 효과적인 일정 관리

[도입] I have always been into watching TV just like everyone else. [과거] I **used to** come home after school and watch TV until my parents came home, and we would continue doing so while we were having dinner. [이유] I loved watching TV because there were so many good shows to watch. [현재] But as I got older, I started watching TV less and less. [오늘날 기술] Now we have Internet TVs and websites where you can download shows, so instead of waiting for my favorite show to **come on**, I can just go online and watch them whenever I want. Even if the show is very old, I can still find them on the Internet. The most convenient thing about technology these days is the fact that I can watch TV on my cell phone, which I constantly do when I'm **on the move**. [달라진 점] This technology also lets me watch my video lecture anytime I want. With this device, I can optimize my schedule better than before.

여느 사람들과 같이 저는 TV 보는 것을 좋아합니다. 학교에서 집에 오면 부모님께서 귀가하실 때까지 TV를 보고 저녁 먹을 때도 계속 TV를 보곤 했습니다. 훌륭한 프로그램들이 많아 TV 보는 것이 좋았습니다. 하지만 나이가 들면서 TV 방송은 점점 덜 보기 시작했습니다. 이제 우리는 인터넷 TV나 프로그램들을 내려받을 수 있는 웹사이트가 있어서 좋아하는 프로그램이 방영하기를 기다리는 대신에, 온라인에 가서 원할 때마다 볼 수가 있어요. 오래된 프로그램이라도 인터넷에서는 여전히 찾을 수 있습니다. 사실상 요즘 이 기술과 관련해 가장 편리한 것은 휴대전화로도 TV를 볼 수 있다는 것인데, 저는 이동 중에 휴대전화로 TV를 계속 봅니다. 이 기술은 또한 언제나 원할 때마다 화상강의를 보는 것을 가능하게 합니다. 이 기기로 저는 예전보다 일정을 알차게 활용할 수 있습니다.

Key Expressions

used to ~하곤 했다
• I **used to** be into baseball when I was a kid. 저는 어렸을 때 야구에 푹 심취해있었습니다.

come on 상영하다
• The show was supposed to **come on** at 8, but it got canceled.
그 쇼는 저녁 8시에 방영되기로 하였으나 취소되었습니다.

on the move 이동 중에
• As a salesman, Sean is always **on the move** to meet with clients.
영업자로 Sean은 고객을 만나기 위해 항상 이동 중입니다.

Unit **02**

Narratiue Speaking
Experience

🔖 유/형/설/명

가장 기억에 남는 일, 혹은 최근에 했던 일 등 경험했던 일에 대해서 묻는 유형입니다.

- **Talk about a memorable incident that happened while you visited your favorite restaurant.**

- **Think about a time when you had difficulty watching a sporting event that you really wanted to see. Tell me the details of what happened and what you did to deal with the situation.**

🎙 답/변/전/략

이야기의 배경 제공

- 스승의 날: Last Teacher's Day, my high school friends and I met up with our old teacher. We had dinner at Sky Steak House.
  지난 스승의 날에, 고등학교 친구들과 저는 예전 선생님을 뵙고 Sky Steak House에서 저녁을 먹었습니다.

- 생일: I will never forget my first cooking experience three years ago. It was my roommate's birthday. I wanted to give her a special present, so I decided to make her a birthday cake.
  3년 전에 한 제 첫 요리경험을 절대 잊지 못할 거에요. 제 룸메이트 생일이었는데요. 특별한 선물을 하고 싶어서 생일 케이크를 만들기로 결심했어요.

과거시제를 사용하여 구체적으로 일에 대해 서술

- While we **were eating**, the staff suddenly **came** to our table and **started singing** a Teacher's Day song.
  우리가 음식을 먹고 있을 때 직원들이 갑자기 우리 테이블로 와서 스승의 날 노래를 부르기 시작했습니다.

- When I almost **finished cooking**, my roommate **woke up** and she **was** really **moved** by my efforts.
  거의 요리를 끝낼 때쯤에 룸메이트가 일어났는데, 그녀는 제 노력에 정말 감동하였어요.

감상으로 마무리

- Every Teacher's Day, I recall that time when we had dinner with her.
  스승의 날마다, 선생님과 맛있는 저녁을 함께한 그때가 생각이 납니다.

- Unfortunately, the cake tasted terrible. That was really sad, but funny at the same time.
  불행히도, 케이크 맛이 형편없었어요. 정말 슬펐지만 동시에 웃겼습니다.

Q Tell me about the responsibilities you had at home when you were a child regarding chores. What were you expected to do? And how did you handle those responsibilities?

당신이 어렸을 때 집에서 진 책임들에 대해 말해주세요. 무엇을 하기로 기대되었습니까? 그 책임들을 어떻게 다루었나요?

How to Answer

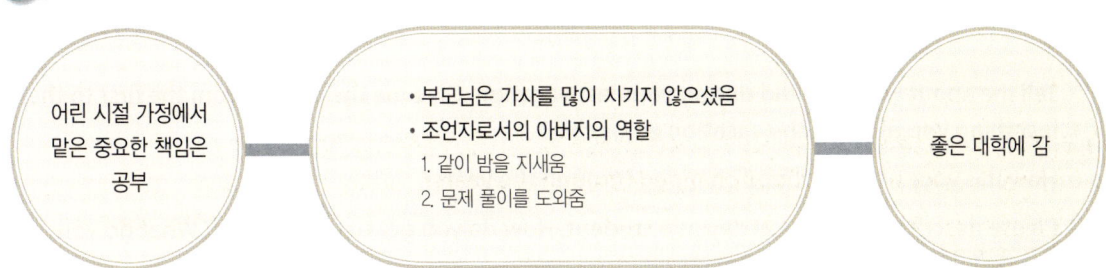

어린 시절 가정에서 맡은 중요한 책임은 공부

• 부모님은 가사를 많이 시키지 않으셨음
• 조언자로서의 아버지의 역할
  1. 같이 밤을 지새움
  2. 문제 풀이를 도와줌

좋은 대학에 감

책임 When I was in my early teens, my most important responsibility was to study hard and **get good grades** in school. 강조 I would help around the house occasionally, but my parents did not give me many **household chores**. They mostly wanted me to concentrate on my studies. 세부내용 Of course, there were times when I didn't want to study, but my father was a great mentor. He always helped me regain my focus on my school work. He would regularly **stay up late** with me, especially when exam time was near. He would also check notes and help me answer whenever I had a hard time understanding some things. 마무리 In the end, I handled my responsibility quite well, since I went to one of the top universities in Korea.

어렸을 때 제가 해야 했던 가장 중요한 일은 열심히 공부하여 좋은 성적을 받는 것이었습니다. 가끔 집안일을 돕기도 했지만, 부모님께서 가사를 많이 시키시진 않았습니다. 대부분 제가 공부하는 데 더 집중하길 바라셨습니다. 물론 공부하기 싫었던 적도 있었습니다. 하지만 아버지가 훌륭한 조언자가 되어 주셨습니다. 아버지는 학교 공부에 다시 집중할 수 있도록 도와주셨습니다. 특히 시험이 가까워져 오면 정기적으로 밤늦게까지 주무시지 않았습니다. 그는 제 필기를 확인하고, 무언가 이해하기 어려울 때마다 저를 도와주셨습니다. 결국, 저는 제 책임을 잘 다루었다고 봅니다. 한국 상위권 대학에 들어갔으니까요.

Key Expressions

get good grades 좋은 성적을 거두다
• Even though I **got good grades** in college, I should have focused some more time on networking skills. 비록 제가 대학에서 좋은 성적을 거뒀지만, 네트워킹 기술에 좀 더 시간을 들였어야 했습니다.

household chores 집안일
• The **household chore** that I hate doing the most is laundry because it takes such a long time to wash and dry. 제가 가장 싫어하는 집안일은 빨래입니다. 왜냐하면, 빨래하고 말리는데 시간이 너무 오래 걸리기 때문입니다.

stay up late 늦게까지 깨어있다
• I **stayed up late** last night, so I slept in. 어제 늦게까지 안 자서 늦잠을 잤습니다.

Narratiue Speaking
Chronological Order

📕 유/형/설/명/

여행을 갔을 때 처음부터 끝까지 묘사하거나, 일과에 대해 설명하라는 문제와 같이 시간의 순서대로 묘사하는 유형입니다.

- **Tell me about what you did during your last vacation. Give me the details from the first to the last thing you did. Was the vacation enjoyable?**

- **How has your neighborhood changed through the years?**

- **Please describe your typical day as a student. How do you get to your school? What do you normally do at school and after class?**

🎤 답/변/전/략/

이야기의 중심 맥을 짚음

- a story about our trip to New York and LA last summer 지난여름 뉴욕과 LA 여행
- a typical day as a student 학생으로서의 일과

해당 활동에 대한 자세한 정보를 순서대로 정렬

- 여행

  - My wife and I had to take on temporary jobs to save some money for our trip.
    아내와 저는 여행을 위한 자금 마련을 위해 단기 직업을 가져야 했습니다.

  - We took a stroll through Central Park then capped the night off by watching a musical on Broadway.
    우리는 센트럴 파크를 걷고 브로드웨이에서 뮤지컬을 보는 것으로 그날 밤을 마감했습니다.

  - We encountered some difficulties when trying to buy some souvenirs.
    우리는 기념품을 사려고 할 때 어려움을 겪었습니다.

- 학생으로의 일과

  - I wake up around 7:30 and get dressed for school. 7시 30분에 일어나서 학교 가려고 옷을 갈아입습니다.

  - I usually grab a bagel or any bread at the bakery in front of the bus stop.
    보통 버스정류장 앞에 있는 빵집에서 베이글이나 빵을 먹습니다.

  - I take notes in class and try not to miss a single word that the professor says.
    수업시간에 필기하고 교수님의 말씀을 놓치지 않으려고 합니다.

순서를 나타내는 표현

first 처음	second 두 번째로	third 세 번째로	last 마지막으로
as soon as ~하자마자	on the first day 첫째 날에	on the second day 둘째 날에	in the end 결국
then 그 다음	before ~전에	after ~후에	

Q

Tell me about what you did during your last vacation. Give me details from the first to the last thing you did. Was the vacation enjoyable?

지난 휴가에 한 일을 말해주세요. 처음부터 마지막까지 했던 일에 대해 자세히 말해주세요. 즐거웠나요?

🔒 How to Answer

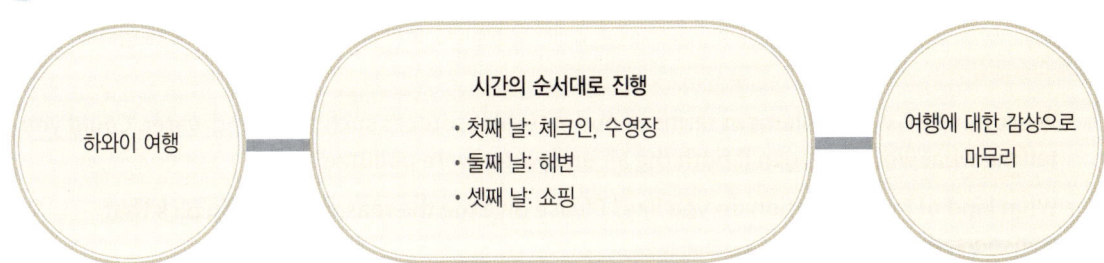

하와이 여행

시간의 순서대로 진행
• 첫째 날: 체크인, 수영장
• 둘째 날: 해변
• 셋째 날: 쇼핑

여행에 대한 감상으로 마무리

[휴가지] My wife and I went to Hawaii for our last vacation. [첫째 날] **As soon as** we got there, we checked in at our hotel. We spent most of the first day relaxing. We went down to the outdoor swimming pool. We drank cocktails at a bar there. [둘째 날] The next day, we **spent some time** on Waikiki beach and went snorkeling at another bay area. We were able to see many beautiful tropical fish. [셋째 날] On our third day in Hawaii, we went shopping. We bought some souvenirs and gifts for friends and family. In the evening, we had a romantic candlelight dinner at a beachside restaurant. [마지막 날] **On the way back** on the plane, I felt really good about our trip to Hawaii. I will never forget the vacation I took there.

제 아내와 저는 지난 휴가를 하와이로 갔습니다. 그곳에 도착하자마자 호텔에 체크인 하고 첫날은 쉬었습니다. 야외 수영장에 가서 거기 있는 바에서 칵테일을 마셨습니다. 다음날 우리는 와이키키 해변에서 시간을 좀 보내고 다른 해변에서 스노클링을 하며 아름다운 열대어들을 볼 수 있었습니다. 하와이에서의 세 번째 날에 우리는 쇼핑을 했습니다. 친구들과 가족들에게 줄 기념품과 선물을 사고 저녁에는 해변 식당에서 촛불을 켜고 로맨틱한 저녁 식사를 하였습니다. 집으로 돌아오는 비행기에서 하와이 여행이 정말 좋았다는 생각을 했습니다. 그곳에서 보낸 휴가를 잊지 못할 것입니다.

🔑 Key Expressions

as soon as ~하자마자
• I went right to the meeting room **as soon as** I got there.
저는 거기에 도착하자마자 회의실로 곧장 갔습니다.

spend some time 시간을 좀 보내다
• I **spent some time** doing household chores yesterday morning.
어제 아침에 집안일 하는데 시간을 좀 보냈습니다.

on the way back 돌아오는 길에
• **On the way back** home from the grocery store, we also stopped by the bakery.
식료품점에서 집으로 돌아오는 길에 우리는 빵집에도 들렀습니다.

Narratiue Speaking

Opinion

🔲 유/형/설/명/

선호, 선호하지 않거나 주어진 주제에 대한 자신의 의견을 밝히는 유형입니다. 오리엔테이션에 대한 의견, 환경오염이 각 나라에 미친 영향 등이 해당합니다.

- **We currently have problems in terms of our natural resources such as air and water. Could you tell me what would happen if both the air and water were polluted?**

- **What kind of transportation do you like? Please give me the reasons why you pick that transportation.**

🎤 답/변/전/략/

주제 문장 제시

- 교통수단: There are many means of transportation, but as for me, flying by plane is the most convenient mode of transportation.
  여러 가지 교통수단이 있지만, 저는 비행기가 가장 편리한 수단이라고 생각합니다.

의견을 뒷받침하는 구체적인 예 제시

- As I work in the sales department, timing is very important when selling products. Even though the fare is expensive, I fly to persuade my customer fast and supply the product in time for their needs.
  영업자로서, 물건을 팔 때 타이밍이 중요해요. 비용은 비싸지만, 고객의 필요에 맞추어 빨리 그들을 설득하고 물건을 공급하기 위해 비행기를 탑니다.

결과, 행동, 영향, 해결책 등으로 마무리

- ased on my previous experience, I can say that the airplane is the best form of transportation, which saves my time and energy.
  제 경험에 의하면 시간과 에너지를 절약하는 비행기가 최고의 교통수단이라고 말할 수 있겠네요.

의견을 말할 때 사용할 수 있는 표현

I think, in my opinion,
as far as I am concerned,
it is generally accepted that, speaking for myself

Q Talk about the orientation you went through when you first started to work at your company. What kinds of things did you learn? How were the things you learned useful? Give me all the details about the orientation.

회사에서 일하기 시작했을 때 받았던 오리엔테이션에 대해 말해주세요. 무엇을 배웠죠? 배운 것들이 어떻게 쓸모가 있었습니까? 오리엔테이션에 대해 자세히 설명해주세요.

🔒 **How to Answer**

- 광고회사에서 근무

- 오리엔테이션를 자세히 서술
  1. 사장님 연설
  2. 조별활동
  3. 멘토와 미팅
- 각 단계에 따른 느낀 점 부연

- 오리엔테이션에 대한 나의 의견

근무회사 I work for a large advertising agency. I was hired along with 100 other people three years ago. I remember having several orientations when I first started to work here. **전체** First, there was a general orientation session for everyone. The president of the company came and gave us a speech about the history and the goals of the company, which was very informative. **조별** When the speech was over, we were split into smaller groups. We were told of our specific tasks at the company and what kind of work was expected of us from department heads. I think this gave us a clearer perspective on the kind of career we would have in the company. **부서별** After that, we went to our individual departments. We were each assigned to a mentor, who would help us **get our feet wet**. **의견** Overall, I believe the orientation was very useful in that it helped me **adjust to** my work faster and more easily.

저는 큰 광고회사에서 일합니다. 3년 전 100명의 동기와 함께 고용되었습니다. 처음 일하기 시작했을 때 오리엔테이션을 몇 번 받았던 기억이 납니다. 처음에는 모두를 위한 일반적인 오리엔테이션이 있었습니다. 사장님께서 회사의 역사와 목표에 대해 말씀하셨는데, 매우 유익했습니다. 연설이 끝나고 우리는 작은 그룹으로 나뉘었습니다. 회사에서의 구체적인 집중 분야와 회사가 우리에게 기대하는 것이 무엇인가에 대해 부서장들이 설명해 주었습니다. 이 회사에서 갖게 될 경력의 종류에 대해 더욱 명확한 시각을 갖게 되었습니다. 그 이후에는 각자의 부서로 갔습니다. 우리 조언자를 배정받았는데, 그는 우리가 시작하는데 도움을 줄 것이었습니다. 전체적으로 오리엔테이션은 제가 일에 더 빠르고 쉽게 적응하는데 도움을 주었다고 믿습니다.

🔑 **Key Expressions**

get one's feet wet 시작하다, 처음 해보다
- If you've never invested money in the stock market, now is the time to **get your feet wet**.
  주식 투자를 해보지 않았다면 지금이 시작해 볼 시기입니다.

adjust to ~에 적응하다
- Ju-hee was unable to **adjust to** her new environment in India.
  주희는 인도의 새로운 환경에 적응하지 못했습니다.

Role-play

Asking

유/형/설/명/

주어진 상황 안에서 상대방에게 정보를 얻기 위해, 혹은 문제를 해결하기 위해 3~4가지의 질문을 하는 유형입니다.

- I'd like to give you a situation and ask you to act it out. A family member is going away on a vacation and has asked you to take care of the house while s/he is gone. Leave a message asking three or four questions to find out what to do while s/he is away.

- I'd like to give you a situation and ask you to act it out. You want to buy tickets for you and a friend to go to a sporting event. Ask the person at the ticket counter three or four questions to find out everything you need to know about the event.

- I'd like to give you a situation and ask you to act it out. You are being interviewed for a new part time job. Leave a message to the manager asking three or four questions about the job.

답/변/전/략/

음성 메시지를 남기듯이 발화

- 시작:
  - Hi, this is [이름]. I'm calling about ~.
  - Hello, this is [이름]. I got your message regarding ~.

- 끝맺음:
  - Call me back when you get this.
  - Please get back to me as soon as you can.

what, where, when, how, do, can 등 여러 가지 질문형태를 사용하여 질문

- **What** are the exact screening times for today? 오늘 정확한 상영시간이 어떻게 됩니까?
- **Where** should I go for the interview? 인터뷰를 위해서 어디로 가야 합니까?
- **How often** do you go jogging? 얼마나 자주 조깅을 가십니까?

구체적인 예를 들어 질문

- Do you like to watch horror movies, action movies, romantic movies, or sci-fi movies? 공포영화, 액션영화, 로맨스영화, 혹은 공상과학영화를 좋아하십니까?
- What are my working hours? Do I have to work the morning shift, night shift, or afternoon shift? 제 근무시간은 어떻게 되지요? 아침 당번, 저녁 당번, 아니면 오후 당번인지요?

Your friend has just been to Canada. Please call her/him and ask three or four questions about the trip.

당신의 친구가 최근에 캐나다를 다녀왔습니다. 전화해서 여행에 대해 3~4가지 질문을 하세요.

How to Answer

시차를 언급하며
안부인사

• 귀국일
• 머무른 곳
• 공항으로 배웅 나온 사람이 있는지 여부
• 여행사 연락처 요구와 나의 캐나다 여행 계획 언급
• 함께 여행한 사람

전화 달라는
메시지로 마무리

인사 Hey, Eva. This is Angelina. I think you are sleeping due to the jet lag, right? I just heard from Joe that you have been to Montreal. 일정 When did you **get back to** Korea? 숙박 Where did you stay? Did you stay in a hotel or a cheap bed and breakfast? I am assuming this was your first trip to Canada, so did anyone pick you up at the airport? 여행방법 Did you join a tour, or **explore on your own**? If you went there through a travel agency, please give me their contact information because I have plans to go there this winter. 동반자 Who did you go there with? I remember that your sister is studying in the US, so your family probably **got together**. Please call me when you have time. Take care!

안녕, Eva. Angelina야. 시차 때문에 자고 있겠구나. Joe한테 네가 몬트리올에 다녀왔다고 방금 들었어. 언제 한국에 왔니? 어디 머물렀어? 호텔에 있었니, 아니면 싼 민박집에 있었니? 이번 여행이 네 첫 번째 캐나다 여행인 것 같은데, 누가 공항에 마중 나왔니? 여행상품으로 간 거니, 아니면 혼자 다녔어? 만약 여행사를 통해 갔다면 나한테 연락처 좀 줄래? 나도 이번 겨울에 캐나다에 갈 계획이 있거든. 누구랑 같이 갔니? 네 여동생이 미국에서 공부한다는 것이 기억나는데, 가족이 아마도 모였겠구나. 시간 있으면 전화 줘. 잘 있어.

Key Expressions

get back to ~로 돌아오다
• My boss just **got back to** Korea from his business trip yesterday.
제 상사가 출장 갔다가 어제 한국에 돌아왔습니다.

explore on one's own 독립적으로 돌아다니다
• Whenever I am in a new city, I love to **explore on my own** because I like to make my own unique memories.
독특한 추억을 만드는 것을 좋아해서 전 새로운 도시에 있을 때마다 독립적으로 돌아다니는 것을 좋아합니다.

get together 모이다
• We **get together** once a week to play a friendly game of poker.
우리는 포커를 치러 일주일에 한 번 모입니다.

Explaining

📖 유/형/설/명/

문제가 발생한 상황이 제시되고 상대방에게 전화하여 상황 설명을 해야 하는 유형입니다.

- **I'd like to give you a situation and ask you to act it out. The movie that you plan to see ends after midnight. You think that is too late, but you really want to see the movie. Call one of your family members or friends and ask whether someone can pick you up after the movie. Leave a message explaining the situation in detail.**

- **I'll give you a situation and ask you to act it out. Last week you borrowed an MP3 player from one of your friends and accidently broke it. Call your friend and explain the situation.**

🎙️ 답/변/전/략/

주어진 상황을 정확히 파악하고 전달

- I have been waiting for this movie for ages; however, the last screening time is too late. Therefore, I think I have to consider some other options.
  이 영화를 보려고 한참 기다렸는데 마지막 영화 시간이 너무 늦네요. 그래서 몇 가지 선택사항들을 생각해봐야 할 것 같네요.

- I don't know how to say this, but I accidently broke the MP3 player that I borrowed from you last week.
  어떻게 얘기해야 할지 모르겠는데, 지난주에 너한테 빌린 MP3 플레이어를 우연히 망가뜨렸어.

호의를 요구하거나, 발생한 상황에 대해 변명할 때에는, 상대의 입장에서 이득이 될 만한 것을 포함함

- Mom, are you available to watch the movie with me? Then you don't need to worry about me going back home alone late at night.
  엄마, 저랑 영화 볼 수 있으세요? 그러면 제가 늦은 밤에 집에 혼자 가는 것에 대해 걱정 안 하셔도 되잖아요.

- I will be buying you a new MP3 player and fill it with all your favorite songs.
  새 MP3 플레이어를 사서 네가 좋아하는 음악들로 채워줄게.

고맙다거나, 미안하다거나, 행운을 빈다는 식으로 마무리

- Mom, thank you so much for coming here to pick me up.
  엄마, 여기로 데리러 오신다니 정말 고마워요.

- I'm really sorry about this and I promise to be more careful next time.
  정말 미안해. 다음번엔 더 주의할게.

Q I'd like to give you a situation and ask you to act it out. The movie that you plan to see ends after midnight. You think that is too late, but you really want to see the movie. Call one of your family members or friends and ask whether someone can pick you up after the movie. Leave a message explaining the situation in detail.

상황을 하나 드릴 테니 그것에 맞게 과제 수행을 해보세요. 당신이 보기로 한 영화가 자정이 지나서 끝납니다. 너무 늦다고 생각이 되지만 영화가 보고 싶습니다. 가족 구성원이나 친구에게 전화해서 영화가 끝나면 누군가가 당신을 데리러 올 수 있는지 물어보세요. 이 상황을 자세히 설명하는 메시지를 남기세요.

🔒 How to Answer

- 상황 설명
- • 끝나는 시간에 대한 보고
  • 영화를 꼭 보고 싶다는 의지
  • 어머니께 데리러 와주시라고 부탁함
  • 가까운 거리 강조
- 전화 달라는 부탁으로 마무리

[용건] Mom, this is Ji-seok. I want to see a new movie that **was released** today. The only tickets that are left are for the last showing, which starts at 10 pm and ends at midnight. [이유] I've been waiting for this movie for a long time, and I really want to see it today. [상황설명] The problem is that I don't have a ride to get back home if I catch the 10 o'clock showing. [일정] Can you possibly come and **pick me up** at the theater at midnight? I'm going to watch it at Credu Cinema, which is not far away from our house. [마무리] Mom, **I'm sorry to bother you like this**, but I really want to see this movie today. Give me a call as soon as you get this.

엄마, 저 지석이예요. 오늘 새로 나온 영화를 보고 싶은데 남은 표가 마지막 회 상영하는 것밖에 없어요. 밤 10시에 시작해서 12시에 끝나네요. 이 영화가 나오기를 오랫동안 기다려와서 오늘 꼭 보고 싶어요. 문제는 제가 10시 영화를 보면 집으로 돌아올 차편이 없어요. 12시에 영화가 끝나면 영화관으로 데리러 와 주실 수 있나요? 크레듀 영화관에서 영화를 볼 거라 집에서 별로 멀지 않아요. 엄마, 귀찮게 해 드려 죄송하지만, 오늘 꼭 이 영화를 보고 싶어요. 메시지 받는 대로 전화 주세요.

🔑 Key Expressions

be released 배포되다
- ABC Band's new album that **was released** yesterday is already sold out.
  어제 배포된 ABC 밴드의 새로운 앨범은 이미 다 팔렸습니다.

pick someone up ~를 데리러 오다
- I was very impressed when my business partner came to **pick me up** in a limousine.
  사업 상대가 리무진으로 절 데리러 나왔을 때 매우 감명받았습니다.

I'm sorry to bother you like this 이렇게 귀찮게 해서 유감이다
- Mickey, **I'm sorry to bother you like this**, but could you bring the document on my desk to my office? Mickey, 이렇게 귀찮게 해서 미안한데, 책상 위에 있는 서류를 사무실로 가져다줄 수 있어요?

Unit 03
Persuading and Suggesting

유/형/설/명/

문제상황을 준 후 상황을 해결하기 위한 몇 가지 제안 및 대안을 제시하는 유형입니다.

- I'd like to give you a situation and ask you to act it out. You are at the airport and your flight has been delayed. You have to be at a meeting, but will not be able to make it. Call your client and leave a message about the situation. Give several suggestions to resolve the situation.

- I'm sorry, but there is a problem I'll need you to resolve. You have just found out you will not be able to meet one of your friends. Call your friend and give a detailed explanation of what has happened that prevents you from going. Then offer two or three alternatives to resolve the problem.

답/변/전/략/

문제상황을 설명

- Hi, this is Sejin Kim. I'm calling to inform you that I won't be able to meet you today. My flight got delayed which is why I am still stuck here in spite of the fact that I need to attend today's meeting.
  안녕하세요. 김세진입니다. 오늘 회의에 못 갈 것 같아 전화 드립니다. 오늘 미팅에 참석해야 하지만 비행편이 늦춰져서 여기에 여전히 갇혀있습니다.

구체적인 해결책 언급 전에 운을 떼는 표현 사용

- Here are some options. 여기 몇 가지 선택 사항들이 있습니다.

- I'll give you several choices. 몇 가지 선택 사항들을 줄게요.

- Here are some possible alternatives. 여기 몇 가지 가능한 대안들이 있습니다.

다양한 각도에서 해결방식 제시

- I think it would be best to just cancel the meeting or at least postpone it to a later time.
  회의를 그냥 취소하거나 다음으로 미루는 것이 좋겠습니다.

- I am wondering if you could stop by my office if you are not too busy, so that we can keep going with our plans.
  당신이 너무 바쁘지 않다면 제 사무실에 들러서 우리 계획을 지속할 수 있는지 궁금합니다.

- What about beer and pizza at my place tonight?
  오늘 밤 우리 집에서 맥주하고 피자 어떠세요?

I'd like to give you a situation and ask you to act it out. You are at the airport and your flight has been delayed. You have to be at a meeting, but will not be able to make it. Call your client and leave a message about the situation. Give several suggestions to resolve the situation.

상황을 하나 드릴 테니 그것에 맞게 과제 수행을 해보세요. 당신은 지금 공항에 있는데 비행기가 연착되었습니다. 미팅에 가야 하는데, 갈 수 없을 것 같습니다. 고객에게 전화해서 상황에 대한 메시지를 남기세요. 이 상황을 해결하기 위한 몇 가지 제안을 하세요.

🔒 How to Answer

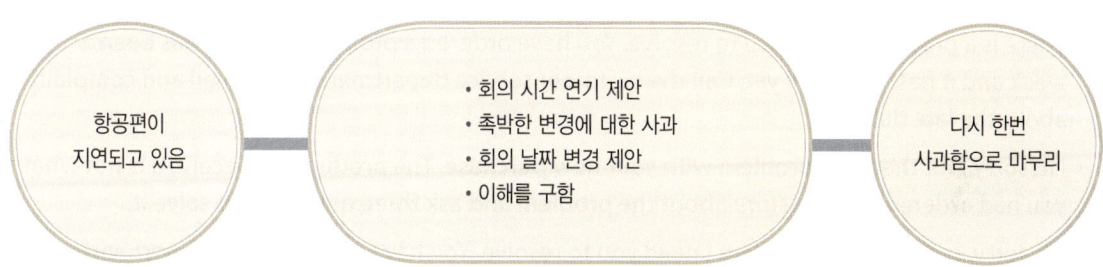

항공편이 지연되고 있음	• 회의 시간 연기 제안 • 촉박한 변경에 대한 사과 • 회의 날짜 변경 제안 • 이해를 구함	다시 한번 사과함으로 마무리

[상황설명] Good morning, sir. This is Jin-hee calling from the airport in Hong Kong. I'm leaving this message because my flight has been delayed. It's going to be at least three hours late. [시간연기] I was wondering whether we could **push back** our meeting several hours, perhaps to around 6 o'clock. [양해부탁] I'm sorry to do this **on such short notice**. I know that our meeting today is very important, but I ask for your understanding. [날짜변경] If it's not possible to have our meeting today, we can reschedule it for tomorrow. I'll be available all day **at your convenience**. If tomorrow is not good either, then I'm sure we can work out another time later this week. [사과] I would like to apologize once again about the situation. Please let me know what works best for you.

안녕하세요. 진희입니다. 홍콩 공항에서 전화를 드립니다. 지금 제 항공편이 지연되고 있어 연락을 드려요. 최소 3시간은 늦을 것 같습니다. 회의 시간을 6시 정도까지 몇 시간쯤 늦출 수 있을까요? 급하게 알려 드려 죄송합니다. 오늘 회의가 정말 중요한 걸 알고 있지만 이해해주시기 바랍니다. 오늘 시간을 늦추는 것이 안 된다면 내일로 일정을 옮겨도 됩니다. 편한 시간에 제가 맞출 수 있습니다. 내일도 안 된다면 이번 주 중으로 괜찮은 시간을 맞춰보면 좋겠네요. 다시 한 번 상황이 이렇게 된 것에 대해 사과 드리고 어떻게 하는 것이 제일 좋을지 알려주십시오.

🔑 Key Expressions

push back 미루다
- Due to some legal complications, the product launch was **pushed back** two weeks from the original release date. 복잡한 법적 문제 때문에 제품 출시가 원래 배포날짜보다 2주 미뤄졌습니다.

on such short notice 시간상 여유 없이, 급한 공지로
- I had to refuse the request from the client because the order was given to me **on such short notice**. 주문이 급하게 들어와서 고객에게서 받은 요청을 거절해야만 했습니다.

at your convenience 당신이 가장 편한 때
- Please call me back **at your convenience**. I have some new information for you. 편하실 때 연락해 주세요. 당신에게 줄 새로운 정보가 있어요.

Complaining

유/형/설/명/

쇼핑 주제에 있어 잘못된 물품이 도착하였을 때 상점에 전화해서 불만을 이야기하거나, 여행 주제에 있어 호텔 예약 관련 항의하는 상황 등이 이 유형에 포함됩니다.

- **There is a problem I need you to resolve. You have ordered a product online. It has been a week and it hasn't arrived yet. Call the customer service department of the mall and complain about the late delivery.**

- **I'm sorry, but there is a problem with your new purchase. The product you received is not what you had ordered. Tell the store about the problem and ask three questions to solve it.**

- **I'm sorry, but there is a problem I need you to resolve. You have arrived at the airport and found out that one of your bags is missing. Call the airline and ask what has happened.**

답/변/전/략/

문제를 정의하면서 용건을 밝힘

- I called to inform you about the late delivery of the product I ordered from your store.
  당신의 가게에서 주문한 상품의 늦은 배송 건으로 연락 드렸습니다.

- I am calling you to ask about the product that I purchased from your store.
  당신의 가게에서 산 상품 건으로 전화 드렸어요.

구체적으로 불만사항 전달

- I ordered a pair of jogging shoes from your online store last week. According to your website, I should have received them by now.
  조깅화를 지난주에 당신의 온라인매장에서 주문했는데요. 웹사이트에 의하면, 오늘까지 받았어야 했는데요.

- The product that I bought is Hope 100; however, I received Hope 201 today, which is an older model.
  제가 산 상품은 Hope 100인데, 예전 모델인 Hope 201을 받았어요.

신뢰를 주는 표현을 사용하여 정중하게 말함

- I think there must have been an error in the system. If you would be so kind as to look into it for me, I would greatly appreciate it.
  틀림없이 시스템상 오류가 있었다고 생각합니다. 오류를 살펴보는 친절을 베풀어주시면 매우 감사하겠습니다.

**Q** There is a problem I need you to resolve. You have ordered a product online. It has been a week and it hasn't arrived yet. Call the customer service department of the mall and complain about the late delivery.

문제가 발생해서 해결해주셔야 하겠습니다. 온라인으로 물건을 주문했어요. 일주일이 지났는데 아직 물건이 도착하지 않았습니다. 쇼핑몰 고객관리 부서에 전화해서 늦은 배송에 대해 항의하세요.

How to Answer

- 배송 지연에 대한 용건임을 밝힘

- 프린터 잉크를 주문했지만 도착하지 않음
- 5~6영업일이 걸릴 것이라고 했음
- 주문 확인번호
- 불편상황에 대한 설명

- 전화를 주길 바란다고 마무리

[전화용건] Hello, I'm **calling to make a complaint** about a late shipment. [주문물품] I ordered some cartridges for my printer from your website almost two weeks ago, but they haven't arrived yet. [배송조건] I was told that it was supposed to take 5 to 6 business days. My confirmation number for my order is 5534-1203. [불만표출] If I had known that it was going to take this long, I would have just bought the cartridges from an offline store. I hope you have **a good excuse** for **the major inconvenience** you have caused me. [마무리] Please get back to me as soon as you can.

여보세요. 배송 지연에 대해 항의하려고 전화했습니다. 당신의 웹사이트에서 프린터 잉크를 거의 2주 전에 주문했는데 아직도 도착을 하지 않았네요. 5~6영업일이 걸릴 거라고 들었는데 말이죠. 주문 확인번호는 5534-1203입니다. 이렇게 늦을 줄 알았으면 잉크를 그냥 오프라인 가게에서 샀을 거에요. 이렇게 큰 불편을 겪게 한 것에 대해 좋은 변명거리가 있어야 할 겁니다. 최대한 빨리 연락 주시길 바랍니다.

Key Expressions

call to make a complaint 항의하러 전화하다
- I had to **call** the supplier **to make a complaint** about the damaged goods.
  나는 손상된 상품에 대해 항의하러 공급자에게 전화해야 했습니다.

a good excuse 좋은 핑계, 합당한 이유
- Sam could not provide **a good excuse** for being 30 minutes late to the meeting.
  Sam은 회의에 30분 늦은 것에 대한 합당한 이유를 주지 못했습니다.

a major inconvenience 주요한 불편
- Not having a car in California was **a major inconvenience**.
  캘리포니아에서 차가 없는 것은 무척 불편했습니다.

Unit 04 Combo

이 유형은 한 주제에 대해 여러 문제가 연속적으로 출제되는 형태입니다. 서술형 문제만으로 조합되기도 하고, 롤 플레이와 서술형 문제가 섞여 출제되기도 합니다.

- 악기
  1 You indicated that you like to play musical instruments. Tell me about the instrument you like to play.

  2 When did you first learn how to play that instrument and how often do you play it today?

  3 Tell me about a memorable or unexpected incident related to playing that instrument.

- 식당
  1 Tell me about your favorite restaurant. What is it like?

  2 Why do you like going to that restaurant? Tell me who you often go with and when you go there.

  3 Tell us about your favorite food at that restaurant. Why do you like that dish?

🎤 답/변/전/략/

전체 주제 하에 질문의 요지 파악

- Topic: Retirement (주제:은퇴)

  1. What is the retirement age in your country? 질문: 은퇴 시기

  2. Do you know anyone who is enjoying their retirement? 질문: 은퇴를 즐기는 주변인

  3. Is it better to just quit working altogether or continue doing lesser jobs?
     질문: 일을 그만 두거나 줄이는 것 중 무엇이 더 좋은지

각 질문에 대한 명확한 답변 제공

1. The normal retirement age in my country is 60 years old. 우리나라의 보통 퇴직 나이는 60살입니다.

2. I think my grandfather is someone who is really enjoying his retirement. He used to work as a high school teacher. Now he teaches poor kids at the local community center and also he takes cooking classes there, too.
   저는 할아버지가 퇴직을 정말 즐기는 분 같아요. 고등학교 선생님이셨는데 현재 지역 주민센터에서 가난한 아이들을 가르치고 거기서 요리 수업도 들으세요.

3. In my opinion, this kind of decision would depend on the person. If s/he is used to doing something, an abrupt stop would make him/her feel bored. However, if the person has thought about quitting, taking up a hobby would be a much better thing to do.

이런 종류의 결정은 사람마다 다른 것 같습니다. 무언가를 하는 것에 익숙하다면 갑자기 그만두면 지루해질 수 있지만 일을 그만두는 것을 생각해 왔다면 취미활동을 하는 것이 더 좋을 것입니다.

부연설명 덧붙이기

- According to research done by the National Workforce Institute, people nearing their retirement are preparing themselves more by buying insurance policies or setting up small businesses.

국가인력기구의 조사에 의하면, 퇴직을 앞둔 사람들은 더 많은 보험에 가입하거나 작은 사업을 시작함으로써 퇴직을 대비합니다.

개인적 경험이나 의견 덧붙이기

- To cap it all off I personally would opt to just set up a small farm, which I can manage with my wife.

마지막으로, 저는 아내와 같이 운영할 수 있는 작은 농장을 만들 것입니다.

What does the countryside look like in your country? Tell me about the countryside in as much detail as possible.

당신 나라의 시골은 어떻게 생겼나요? 시골에 대해 가능한 한 자세히 이야기해주세요.

🔒 **How to Answer**

`분위기` The countryside in Korea is quite peaceful. There are rows upon rows of various crops growing on the farmland. `벼농사` One major characteristic of the countryside in Korea is that there are many rice paddies. This is because rice is the main staple of Korea. `과수원` You can also **come across** many orchards in the countryside of Korea. They grow a wide range of fruits, such as apples, grapes, peaches, and pears. `축산농가` There are also farms that raise livestock, such as cows, pigs, goats, chickens, and ducks. `건물` **When it comes to** buildings, there aren't that many tall buildings in the countryside. Most buildings are small and the houses are rather older than the ones in cities.

한국의 시골은 굉장히 평화롭습니다. 여러 가지 작물이 길러지는 농지가 줄을 이어 펼쳐집니다. 한국 시골지역의 가장 두드러지는 특징 중 하나는 논이 많다는 사실입니다. 이는 한국인의 주식이 쌀이기 때문입니다. 한국의 시골에서는 과수원도 많이 볼 수 있고 사과, 포도, 복숭아, 배와 같은 다양한 과일을 기릅니다. 소, 돼지, 염소, 닭, 오리 같이 가축을 기르는 농장도 있습니다. 하지만 높은 건물은 많이 없습니다. 건물 대부분이 작고 집들은 도시의 집들보다 낡았습니다.

come across 마주치다
- I **came across** many Koreans when I was in NY. 뉴욕에 있을 때 많은 한국 사람들과 마주쳤어요.

when it comes to ~에 관해서
- **When it comes to** technology, nobody does it better than XYZ Company.
  기술에 관해서는 XYZ 회사가 최고입니다.

Talk about people who live in the countryside. What do the farmers look like? How do they dress differently from the people who live in the cities?

시골 사람들에 대해 말해주세요. 농부들은 어떻게 생겼나요? 도시 사람들의 옷차림과는 어떻게 다른가요?

🔒 **How to Answer**

분위기 That's a good question. I've never thought about that **in detail**, but I guess farmers in Korea look like typical farmers in other countries. 차림새 I think they wear clothes suitable for farming most of the time because they are out in the fields working. 비교 You know, fashion isn't **a big deal** for farmers. I'm sure the clothes city people wear are more fashionable than those worn by people living in the countryside.

좋은 질문이군요. 자세히 생각해 본적은 없지만 한국 농부들도 다른 나라 농부들과 다를 것 같지 않습니다. 나가서 일해야 하기 때문에 대부분 농사에 알맞은 옷을 입는 것 같고요. 아시다시피 농부들에게 패션이 중요하지는 않을 겁니다. 도시 사람들이 입는 옷이 시골 사람들이 있는 옷보다 더 유행에 맞는 옷 일 거라고 확신합니다.

🔑 **Key Expressions**

in detail 자세하게
- Give me a description of the man **in detail**.
  그 남자에 대해 자세히 설명해 주세요.

a big deal 중요한 것
- Baseball is just not **a big deal** to me, so I don't care which team wins the championship.
  야구는 나한테 별로 중요하지 않아서, 어떤 팀이 챔피언십을 따든지 관심 없어요.

Q 03 **What do people who live in the countryside do on the weekends?**
How is that different from what people do in the city?

시골 사람들은 주말에 무엇을 하나요? 도시 사람들이 하는 일과 어떻게 다릅니까?

How to Answer

[농사일] Well, as I mentioned earlier, farmers spend most of their time in the fields. [주말일과] Their **top priority** is to grow crops and raise farm animals, so they probably don't have weekends. I'm certain that they go out less often on the weekends than people living in the city. [평일일과] I think their weekends would be the same as weekdays - working in the fields or rice paddies. [바쁜시기] The busiest season would be when farmers sow the seeds and harvest the crops. I **bet** they have to work seven days a week when these seasons come around.

음, 제가 앞서 말했듯이 농부들은 나가서 일 하는데 많은 시간을 보냅니다. 가장 우선순위가 작물과 농장의 가축들을 잘 기르는 것이라 주말도 없을 것 입니다. 도시에 사는 사람들 보다 주말에 덜 놀러 가겠지요. 논밭에서 일 하는 것이 주말이나 주중이나 같을 것 같습니다. 가장 바쁜 기간은 씨를 뿌릴 때와 농작물을 수확할 때일 것입니다. 이 기간이 오면 일주일 내내 일해야 할 것이 틀림없죠.

Key Expressions

top priority 최우선순위
- My **top priority** is to save money to pay off all my student loans.
  제 최고 우선순위는 학자금 융자를 갚기 위해 돈을 모으는 것입니다.

bet 틀림없다
- I **bet** they have to work nonstop for a couple of weeks to handle all the orders.
  주문을 처리하기 위해서 그들은 2~3주간 쉬지 않고 일해야 할 거라고 확신합니다.

CHAPTER 2

ACTUAL TEST

Oral Proficiency Interview-computer

TEST**1**

Oral Proficiency Interview-computer

Let's start the interview. Tell me a little about yourself.

인터뷰를 시작합니다. 당신에 대해 말해주세요.

My name is Park Seong-woo. I'm in my mid-30s and I **work for** a large stock brokerage firm in the financial district of Seoul. It takes around 45 minutes to get there from my apartment, which is in the northern part of the city. I live with my wife and our two very **adorable** children. My son is 4 years old and my daughter just had her 2nd birthday last week. Many people say that it is very challenging to raise two children, but I can't think of any point in my life that I have been happier. My wife is **a full-time mother**. She cooks, cleans, and raises the children. She used to work as a flight attendant for several years but quit after we had children. Even though I'm quite busy at work all the time, I try my best to spend as much time as I can with my family.

Key Expressions

work for ~에 근무하다
- I **work for** a commercial bank in Seoul. 저는 서울에 있는 시중 은행에 근무합니다.

adorable 귀여운
- Kids are especially **adorable** when they are 2 to 3 years old.
  아이들은 두 살에서 세 살일 때 특히 귀엽습니다.

a full-time mother (housewife) 전업주부
- I don't want to be **a full-time mother** even if I have children.
  저는 아이가 생긴다고 해도 전업주부가 되고 싶지는 않습니다.

Idea Flow

서론	본론	결론
기본 인적 사항 소개: 이름, 나이, 직업, 거주지와 직장	자기소개 1. 가족관계: 아내와 아들, 딸 2. 아이들 소개 3. 아내에 대한 소개: 전직 승무원, 현 가정주부	가족과 많은 시간을 함께 하고자 함

Translation

제 이름은 박성우입니다. 30대 중반이고, 서울 금융가에 있는 큰 증권회사에서 일하고 있습니다. 저는 서울 강북 지역에 사는데, 집을 나서서 회사까지 가는데 45분 정도 걸립니다. 저는 아내와 예쁜 아이들 둘과 함께 살고 있습니다. 아들은 4살이고, 딸 아이는 지난주에 두 돌이 되었습니다. 아이 둘을 키우는 게 힘들다고들 하지만, 저는 살면서 지금만큼 행복했던 시기도 없었던 것 같습니다. 제 아내는 전업주부입니다. 집에서 요리하고, 청소하고, 아이들을 키우고 있지요. 아내는 몇 년간 승무원으로 일했지만, 아이가 생기고 나서 일을 그만두었습니다. 저는 일 때문에 항상 바쁘지만 가능한 한 많은 시간을 가족과 함께 보내려고 노력합니다.

Q 02

I would like to talk about where you live. Talk about your favorite room in your home. Why do you like that room? What do you normally do there?

사는 곳에 대해서 말해보세요. 집에서 가장 좋아하는 공간에 관해서 이야기해보세요. 왜 그 공간을 좋아하나요? 거기서 보통 무엇을 하나요?

As I've mentioned, my family lives in an apartment in the northern part of Seoul, in an area called Seong-buk gu. We live on the 12th floor of a 15-story building. We are fortunate enough to have a view of the city **on one side** of the apartment and **a breathtaking view** of the mountains **on the other**. My favorite room in my home has got to be my study. It has a large window that takes in the view of the mountains perfectly. My desk faces the window, so when I'm a bit stressed I can just look out at the **stunning** landscape and take a deep breath. This feature of the study helps me stay productive, even on days when I don't feel like working. It's also the room I go to when I need to have some time of my own after playing with the kids.

🔑 Key Expressions

a breathtaking view 멋진 전경
- You can enjoy **a breathtaking view** from the rooftop.
  옥상에서 멋진 전경을 즐길 수 있습니다.

on one side… on the other 한쪽에는… 다른 한쪽에는…
- There's the main entrance **on one side** and an emergency exit **on the other**.
  한쪽에는 정문이 있고, 다른 한쪽에는 비상구가 있습니다.

stunning 대단히 아름다운
- The night view from the tower was **stunning**. I could see all of downtown Seoul.
  타워에서 내려다보는 경치는 정말 아름다웠습니다. 나는 서울의 모든 시내를 볼 수 있었어요.

🔍 Idea Flow

서론	본론	결론
집의 위치 및 전경	1. 서재를 가장 좋아함 2. 큰 창이 있어서 자연경관을 감상하기 좋음 3. 서재에서 일하면 일의 능률이 오름	혼자서 시간을 보내고 싶을 때에도 서재를 찾게 됨

✏️ Translation

앞서 말했듯이, 우리 가족은 서울 강북에 위치한 성북동이라는 지역에 있는 한 아파트에 살고 있습니다. 15층 아파트인데 우리 가족은 12층에서 삽니다. 저희가 사는 집 한쪽으로는 도시 전경이 내려다보이고, 다른 한쪽으로는 아름다운 산이 펼쳐져 보입니다. 집에서 제가 가장 좋아하는 공간은 서재입니다. 큰 창이 있어서 산이 한눈에 내려다 보입니다. 책상은 창문을 마주하고 있어서 스트레스를 받을 때에는 멋진 자연 경관을 내다보며 심호흡을 할 수 있지요. 서재의 이런 장점 덕분에 의욕이 나지 않는 날에도 힘을 낼 수 있습니다. 아이들과 놀아준 후에 혼자만의 시간을 가지고 싶을 때 찾는 공간이 서재이기도 합니다.

Q 03

Tell me about some activities you do at home. What do you do in the morning and what do you do in the evening? Tell me all about what you do at home.

집에서 하는 일에 대해서 말해보세요. 아침에는 무엇을 하고 저녁에는 무엇을 하나요? 집에 있을 때의 일과에 대해 전부 말해보세요.

I have to say that I'm a morning person. I have a lot of energy when I wake up, so I like to go on the treadmill for about 20 minutes before doing some light weight training for about 15 minutes. Although doing this in the morning means that I have to get up earlier than I would otherwise need to, I think it's worth **keeping in shape**. After I finish my workout, I don't have time to do anything but take a quick shower, **grab a bite**, and leave for work. Evening times are a bit unpredictable. Depending on what time I get home from the office, the kids are either wide awake or fast asleep. If they're awake I play with them for a while. If not, my wife and I just talk about how the day went and go to sleep. I normally **go to bed** at midnight.

🔑 Key Expressions

keep in shape 건강을 유지하다, 체력을 유지하다
- I have to **keep in shape** because I am a member of several different local sports leagues.
  저는 몇몇 다른 지역 스포츠 리그의 구성원이기 때문에 체력 관리를 잘해야 합니다.

grab a bite 간단히 요기하다
- I sometimes don't even have time to **grab a bite**. 간단히 먹을 시간조차 없을 때가 있습니다.

go to bed 잠자리에 들다
- I am a night owl. I don't **go to bed** until 2 or 3 in the morning.
  나는 올빼미형 인간입니다. 저는 새벽 두세 시 정도가 되어야 잠자리에 듭니다.

🔍 Idea Flow

서론	본론	결론
아침형 인간이기 때문에 출근하기 전 아침 운동을 함	1. 아침 운동을 하는 이유 2. 출근 준비 및 과정 3. 퇴근 후 저녁 시간을 보내는 방법 3-1 아이들이 깨어있는 경우 아이들과 시간을 보냄 3-2 아이들이 잠들어 있는 경우 아내와 대화하다 잠자리에 듦	자정 무렵 잠자리에 듦

✏️ Translation

저는 아침형 인간입니다. 잠에서 깨면 의욕이 넘칩니다. 그래서 러닝 머신에서 20분간 운동을 하고, 근력 운동을 15분 정도 합니다. 운동하려면 그렇지 않을 때와 비교해서 아침에 더 일찍 일어나야 하지만, 저는 건강 관리가 중요하다고 생각합니다. 운동을 마친 후에는 샤워를 빨리하고 간단히 아침을 먹고 출근을 합니다. 저녁 시간 일정은 그때그때 다릅니다. 퇴근에서 집에 도착하는 시간이 이르면 아이들이 깨어있지만 그렇지 않으면 이미 곤히 잠들어 있지요. 아이들이 깨어있는 경우 저는 잠시라도 아이들과 시간을 보냅니다. 그렇지 않을 때는 아내와 그날 있었던 일에 대해서 이야기하다가 잠자리에 듭니다. 보통 저는 자정에 잠자리에 듭니다.

Q 04

Tell me about the house you used to live in when you were young. It could have been quite different from the one you live in now. What are the differences and the similarities? Give me all the details.

어렸을 때 살았던 집에 관해서 이야기해보세요. 지금 사는 집과는 아주 다를 수 있습니다. 어떤 점이 비슷하고, 어떤 점이 다른가요? 자세하게 말해주세요.

When I was a child, my family used to live in a house with a large yard. The house had two floors, with the kitchen, the living room, and the master bedroom on the first floor, and some extra bedrooms on the second floor. I really liked living there because it was very **spacious** and **was close to** my school. The house was completely different from the apartment I live in now. We were the only ones living in that house, whereas the apartment I live in now has hundreds of people living on top of each other. Sometimes the neighbors upstairs can **make a lot of noise**. That's something that I didn't have to deal with in my old house. The only similarity I can think of between my old house and my current apartment is that they are pretty much the same size.

🔑 **Key Expressions**

spacious 넓은
- I've always wanted to live in a more **spacious** house. 저는 항상 더 넓은 집에서 살고 싶었습니다.

be close to ~에 가깝다
- I want my house to **be close to** my parents' home. 우리 집이 부모님 댁에서 가까우면 좋겠습니다.

make a lot of noise 시끄럽게 굴다
- I hate it when people **make a lot of noise** at the library. 저는 도서관에서 사람들이 시끄럽게 구는 것을 싫어합니다.

🔍 **Idea Flow**

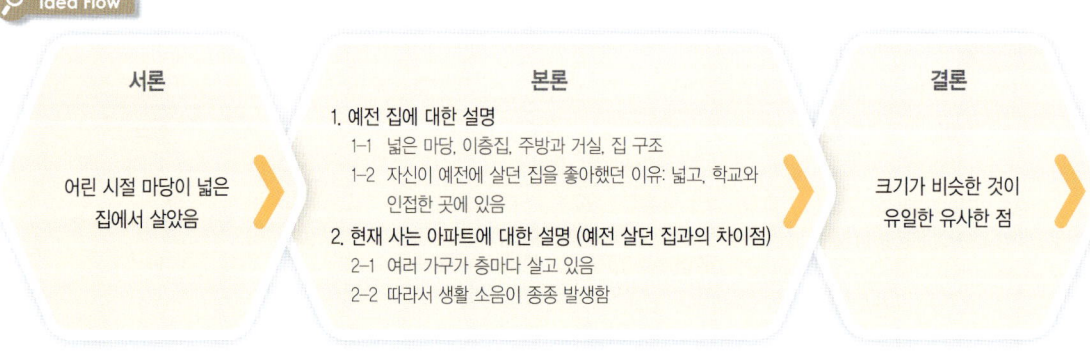

서론	본론	결론
어린 시절 마당이 넓은 집에서 살았음	1. 예전 집에 대한 설명 　1-1 넓은 마당, 이층집, 주방과 거실, 집 구조 　1-2 자신이 예전에 살던 집을 좋아했던 이유: 넓고, 학교와 인접한 곳에 있음 2. 현재 사는 아파트에 대한 설명 (예전 살던 집과의 차이점) 　2-1 여러 가구가 층마다 살고 있음 　2-2 따라서 생활 소음이 종종 발생함	크기가 비슷한 것이 유일한 유사한 점

✏️ **Translation**

제가 어렸을 때 우리 가족은 넓은 마당이 있는 집에서 살았습니다. 이층집이었는데, 일층에는 주방과 거실, 안방이 있었고 이 층에 작은 방이 몇 개 있었습니다. 집이 넓고 학교와 가까워서 그 집에 사는 것을 아주 좋아했습니다. 그 집은 지금 제가 사는 아파트와는 완전히 다릅니다. 어린 시절 살던 집은 단독주택이어서 우리 가족만 살았지만 지금 사는 아파트에는 많은 가구가 층마다 살고 있습니다. 살다 보면 위층에 사는 집에서 시끄럽게 굴 때가 있기도 합니다. 예전에 살던 집이라면 신경 쓰지 않아도 될 부분이었겠지요. 예전 집과 지금의 아파트의 크기가 거의 비슷하다는 점 외에는 다른 유사점은 없는 것 같습니다.

Q 05 What kinds of people or places do you like to take pictures of?

당신은 어떤 종류의 사람 혹은 장소를 사진 찍기 좋아하나요?

The thing that I like about taking pictures is being able to reinterpret beauty or moments through my own vision. My lens becomes a window **so that** others can see my world the way that I see and interpret it. I like to **take candid shots** of people who love each other in order to capture natural emotions and expressions. It doesn't matter if they are a couple, family, or friends. Capturing the deep affections and facial expressions of people who love each other is very remarkable. I feel warm and connected while I am taking their photos. I feel like I understand the core of human beauty with these types of photos, even if the subjects are on heaps of garbage **dressed in rags**. In addition, I like to shoot bridges, stairways, and railroad tracks because they represent transition to me. I also like to take black and white photos that show light and dark contrasts. While taking photographs of bridges, stairs, and railroad tracks in black and white, I can recall my carefree early childhood, think back on my school days, face my present life, and imagine my future. I love to take pictures and re-examine life and the world.

🔑 Key Expressions

so that –하기 위하여
- All those concerned must work together **so that** agreement can be reached on this issue.
  이 사안에 대해 합의를 볼 수 있도록 모든 관계자들이 함께 노력해야 합니다.

take a candid shot 몰래카메라로 찍다
- **Taking a candid shot** is one of my favourites, but I must get permission to publish them.
  몰래카메라 촬영은 제가 가장 좋아하는 일 중에 하나이지만, 방송을 위해서는 허락을 받아야 합니다.

dressed in rags 누더기를 입은
- The orphans were **dressed in rags**. 그 고아들은 누더기를 입고 있었습니다.

🔍 Idea Flow

서론	본론	결론
사진 찍기 좋아하는 대상 설명: 재해석 가능한 대상	1. 서로 사랑하는 사람들을 몰래카메라로 촬영하는 것을 좋아함 2. 흑백사진으로 다리, 계단, 철로 촬영을 좋아함	사진 촬영과 대상 재평가를 좋아함

✏️ Translation

제가 사진 찍기 좋아하는 대상은 제 시각을 통해 아름다움이나 순간을 재해석할 수 있는 것입니다. 제가 세상을 보고 해석하는 방식으로 다른 사람들도 제 세상을 볼 수 있도록 카메라 렌즈는 창문이 됩니다. 저는 자연스러운 감정과 표현을 잡아내기 위하여 서로 사랑하는 사람들을 몰래카메라로 찍는 것을 좋아합니다. 그들이 커플, 가족, 혹은 친구 사이인지는 상관이 없습니다. 서로 사랑하는 사람들의 깊은 애정이나 얼굴 표정을 잡아내는 것은 정말 굉장합니다. 저는 그들의 사진을 찍으면서 가슴이 따뜻하고 소통하는 느낌을 받습니다. 사진에 찍힌 대상들이 누더기를 입고 쓰레기 더미 위에 있을지라도, 사랑하는 사람들의 사진을 보면 인간 아름다움의 정수를 이해하는 것 같은 기분이 듭니다. 또한, 다리, 계단, 철로 사진을 찍는 것을 좋아하는데, 이것들이 저에게는 변환을 의미하기 때문입니다. 저는 또 빛과 어둠의 대비를 보여주는 흑백사진 찍는 것을 좋아합니다. 흑백으로 다리, 계단, 철로 사진을 찍으면서, 걱정 없었던 제 유년기를 회상할 수 있고, 학창시절을 되돌아 볼 수 있으며, 현재의 제 삶을 직시하고, 제 미래를 상상할 수 있습니다. 저는 사진 찍기를 좋아하고, 인생과 세상을 재평가하는 것이 좋습니다.

Q 06

I'd like to know the process of how you take pictures. Please tell me what you do before and after you take pictures.

당신이 사진 찍는 과정을 알고 싶습니다. 사진 찍기 전, 후에 무엇을 하는지 말씀해 주세요.

I'd like to share my underlying foundation of taking good photographs with you. Before you **click the shutter** of a camera, the first thing you have to do is to identify a point of interest. It is important to try to focus on only one subject of interest. For example, in a crowded street, try to find a portrait, a building, a car, or an activity. Too many details will confuse viewers **as to** what you want to convey to them. After finding an appropriate subject, check the quality and direction of light. These factors set the tone for your image. After that, arrange your subject in a way that makes the composition interesting. If you are unsure, try a variety of positions until you get something you like. Now, it is time to press your shutter, keeping timing in mind. If you take candid shots, timing is important in your picture, so you need to practice patience so that you can capture the peak moment as it appears. After taking pictures, you can check your photos **on the spot** if you use a digital camera. If you are satisfied with the result, your shooting is finished. If you are not, delete any undesired or unnecessary photographs and reshoot until you are pleased.

 **Key Expressions**

click/press the shutter 셔터를 누르다
- They cannot help **clicking the shutter** at the stunning landscape.
  멋진 풍경에 그들은 연신 카메라 셔터를 눌러 댔습니다

as to -에 관해서
- The movie is positive **as to** the existence of God. 그 영화는 신의 존재에 관해서 긍정적입니다.

on the spot 현장에서, 즉각, 즉석에서
- David answered the question **on the spot** even though he couldn't be sure the result of the research. David는 연구 결과에 확신할 수 없었으나, 그 질문에 즉각 대답했습니다.

Idea Flow

서론	본론	결론
좋은 사진을 찍는 기본 과정에 대한 공유	1. 사진 촬영 전 활동 1-1 하나의 대상 발견 1-2 빛의 질과 방향 체크 1-3 대상 배치 2. 사진 촬영: 타이밍을 염두 3. 사진 촬영 후 활동 3-1 사진 확인	1. 사진에 만족하면 촬영 끝 2. 사진에 만족하지 못하면 만족할 때까지 재촬영

Translation

당신과 좋은 사진을 찍는 근본적인 기초에 대해 공유하고 싶습니다. 카메라의 셔터를 누르기 전에, 당신이 제일 처음 해야 하는 일은 흥미로운 대상을 발견하는 것입니다. 단 하나의 흥미로운 대상에 집중하기 위해 노력하는 것이 중요합니다. 예를 들어, 북적거리는 거리에서, 인물 한 명이나 빌딩 하나, 차 한 대, 혹은 활동 하나를 찾기 위해 노력하세요. 당신이 시청자들에게 전달하고자 하는 것에 관해서 너무 많은 세부정보는 그들을 혼란스럽게 할 것입니다. 적합한 대상을 발견한 후, 빛의 질과 방향을 체크하세요. 이 요소들이 당신 사진의 톤을 결정합니다. 그 후에, 구성이 흥미로워지는 방향으로 대상을 배치하세요. 만일 당신이 확신할 수 없다면, 당신이 좋아하는 구성이 나올 때까지 다양한 위치를 시도해 보세요. 이제, 타이밍을 염두에 두고 셔터를 누를 때입니다. 만일 당신이 몰래 카메라를 찍는다면, 당신 사진에서 타이밍이 중요하고, 그래서 대상이 나타나는 절정의 순간을 잡아내기 위해 참을성을 연습해야 합니다. 사진을 찍은 후, 당신이 디지털 카메라를 사용한다면 그 자리에서 당신의 사진을 확인할 수 있습니다. 만일 사진 결과물에 만족한다면 촬영은 끝입니다. 만일 만족하지 않는다면, 원하지 않는 혹은 불필요한 사진은 삭제하고 당신이 만족할 때까지 다시 촬영하세요.

Q 07

I'd like to know what kind of equipment you used to use to take photos. What devices did you use to take, print, and store pictures?

당신이 사진 찍기 위해 사용했던 장비에 대해 알고 싶습니다. 당신은 사진을 찍고, 인화하고, 저장하기 위해서 무슨 장비를 사용했었나요?

I love taking pictures, especially when I find interesting subjects or wonderful scenery. I have been taking photographs for a long time and used several kinds of cameras. I want to talk about my film camera and digital camera I used to use. I got my first camera as a gift from my aunt who was returning from Japan, when I was 11 years old. That film camera required batteries to operate, and photographic film to store pictures. I used to go to a photo studio to **have the film developed**. Then I started using a digital camera. Just 10 years ago, digital cameras **were all the rage** because of their convenience and portability. All the pictures taken with a digital camera are stored in digital file format on memory cards or internal storage. Pictures can be printed by ordinary printers or photo printers at home. Digital cameras now include wireless communication capabilities such as Wi-Fi or Bluetooth to transfer, print, or share photos. Nowadays, I use my mobile phone camera, which is the ultimate **all-in-one** device. I bring it with me everywhere I go.

 Key Expressions

have the film developed 필름을 현상하다
- The man **had the film developed** and returned the pictures to Sally later that day, acknowledging that they were awesome.
  그 남자는 필름을 현상했고, 사진들이 굉장히 멋지다는 것을 인정하면서 그 사진들을 Sally에게 그 날 늦게 되돌려 주었습니다.

be all the rage 폭발적인 인기를 끌다, 대유행이다
- Low fat diets **are** currently **all the rage**, but a new culinary trend could be just around the corner for adventurous eaters.
  현재 저지방 다이어트 열풍이 불고 있지만, 새로운 음식에 도전하는 사람들 앞에 새로운 요리 경향이 곧 등장할 예정입니다.

all-in-one 일체형의
- My grandmother used to buy an **all-in-one** shampoo and conditioner to save money.
  우리 할머니는 돈을 절약하기 위해 샴푸와 컨디셔너가 하나로 된 일체형을 구입하고는 하셨습니다.

 **Idea Flow**

서론	본론	결론
과거에 사용했던 사진촬영 장비: 필름 카메라와 디지털 카메라	1. 필름 카메라 2. 디지털 카메라	1-1 배터리, 사진 필름 필요 1-2 필름을 현상하기 위해서 사진관에 감 2-1 메모리 카드나 내부 저장 장치 필요 2-2 보통 프린터나 포토 프린터로 인쇄 2-3 무선 통신 기능 포함	요즘에는 일체형 장비인 핸드폰 카메라 사용

 **Translation**

저는 사진 찍는 것을 좋아하고, 특히 흥미로운 대상이나 멋진 광경을 보았을 때 사진 찍는 것을 좋아합니다. 오랫동안 사진을 찍어왔고 다양한 종류의 카메라를 사용했습니다. 제가 사용했었던 필름 카메라와 디지털 카메라에 대해 이야기하고 싶습니다. 첫 번째 카메라를 제가 11살 때 일본에서 돌아오신 이모께 선물 받았습니다. 그 필름 카메라는 작동하기 위해 배터리를 필요로 했고, 사진을 저장하기 위해서 사진 필름을 필요로 했습니다. 필름을 현상하기 위해서 사진관에 가고는 했습니다. 그리고 나서 디지털 카메라를 사용하기 시작했습니다. 단지 10년 전에, 디지털 카메라는 편리성과 휴대성 때문에 폭발적인 인기를 끌었습니다. 디지털 카메라로 찍은 모든 필름은 메모리 카드나 내부 저장장치에 디지털 파일 형식으로 저장됩니다. 사진은 가정에 있는 보통 프린터나 포토 프린터로 인쇄할 수 있습니다. 현재 디지털 카메라는 사진을 전송, 인쇄, 혹은 공유하기 위해 와이파이나 블루투스와 같은 무선 통신 기능을 포함하고 있습니다. 요즘에 저는 궁극적인 일체형 장치인 핸드폰 카메라를 사용합니다. 제가 가는 곳마다 핸드폰 카메라를 들고 다닙니다.

Q 08

There are many ways people move from place to place: using cars, buses, or the subway. Tell me about how people move around in your country.

교통 수단에는 여러 가지가 있습니다. 자동차, 버스, 지하철 등을 이용할 수 있습니다. 당신 국가에서는 주로 어떤 교통수단을 이용하는지 말해보세요.

Korea's economy has developed very rapidly. Only 30 years ago, it was difficult to **come across** a family that had a car. But the country has changed beyond all recognition and cars have become very common. More often than not, one family will have 2 or 3 cars. In fact, there are now so many cars on the roads that traffic is often **bumper to bumper** all over cities during rush hour. This is one of the main reasons improved public transportation systems have come about. Public transportation is a cheaper and often quicker way to travel. Personally, I use the subway and bus to **commute** to work every day. For longer distances across Korea, there are planes, bullet trains, and express buses that are all very easy and convenient to use. Overall, Korea is a country where public transportation is well-developed.

 **Key Expressions**

come across 우연히 마주치다
- I **came across** a familiar-looking neighborhood. 저는 낯익은 동네에 우연히 들어서게 되었습니다.

bumper to bumper (교통이) 정체된
- Traffic was **bumper to bumper** throughout the holiday. 휴일 내내 차량 정체가 심각했습니다.

commute 통근하다
- I usually take a nap when I **commute** to work because the subway ride from Gimpo to Wangsimni is quite long.
  김포에서 왕십리까지 전철 탑승이 꽤 오래 걸리기 때문에 저는 출퇴근할 때 보통 잠시 눈을 붙입니다.

 **Idea Flow**

서론	본론	결론
한국의 급속한 경제 발전	1. 한국 경제가 급속히 발전하면서 도로 위 자동차가 많아짐 2. 심각한 교통 체증 발생 3. 대중교통 수단의 발달 및 장점 4. 먼 거리 이동 시 항공기, 고속 열차, 고속버스 이용	한국은 대중교통 수단이 잘 발달해 있음

Translation

한국은 급속한 경제 발전을 했습니다. 30년 전만 해도 자동차를 가지고 있는 가정을 찾아 보기 어려웠습니다. 그러나 한국은 몰라보게 발전을 했고, 이제 자동차는 흔히 볼 수 있게 되었습니다. 한 가정에 보통 2~3대의 자동차를 가진 경우도 그리 드문 일은 아닙니다. 이미 자동차가 너무 많아서 어느 도시에서나 출퇴근 시간에는 교통 체증이 심각합니다. 더 개선된 대중교통 수단이 생겨난 이유 중의 하나가 이러한 차량 정체 때문입니다. 대중교통을 이용하면 더 저렴하게 더 빨리 목적지까지 갈 수 있습니다. 저 또한 지하철과 버스를 타고 매일 출근합니다. 한국에서 먼 거리를 이동할 때는 항공기나 고속 열차, 고속버스로 아주 쉽고 편리하게 이용할 수 있습니다. 전반에 걸쳐 한국은 대중교통 수단이 잘 발달하여 있는 국가입니다.

Q 09 The way people move from place to place changes over time. How are the means of transportation today different from those of the past? What are the biggest differences?

사람들의 이동 방법은 시간이 지나면서 변합니다. 오늘날 이용하는 교통수단은 예전에 비해 어떻게 바뀌었나요? 가장 큰 차이점은 무엇인가요?

The means of transportation today are more technologically advanced than ever before. In the old days, all means of transportation were powered by animals. People used to ride horses or use animals to pull carts around, which meant that long-distance journeys would take a long time. Nowadays it is hard to imagine **getting by without** cars, trains, or airplanes. The main difference from transportation in the past is that modern vehicles all use some kind of engine or turbine, which makes them move a lot faster. We can now travel to far-off places that we couldn't have dreamed of visiting hundreds of years ago. But the biggest drawback is the increased pollution that these new means of transportation have caused. We need to come up with more **environmentally friendly** vehicles that can **run on** solar power or other renewable energy sources.

🔑 Key Expressions

get by without ~없이 살다
- I don't think I can **get by without** cell phones anymore. 이제는 휴대전화 없이 지내기가 어렵습니다.

environmentally friendly 환경친화적인
- Hybrid cars are more **environmentally friendly** than typical gasoline cars.
  혼합형 자동차는 기존의 휘발유 자동차보다 훨씬 환경친화적입니다.

run on ~으로 움직이다
- Hybrid cars **run on** both gasoline and electricity, so you can save quite a bit of money on fuel costs.
  혼합형 자동차는 휘발유와 전기 모두에서 운행되기 때문에 연료 비용을 줄일 수 있습니다.

🔍 Idea Flow

서론	본론	결론
교통수단의 발전	1. 과거의 교통수단: 동물의 힘을 동력 원천으로 사용함 2. 오늘날의 교통수단: 자동차, 기차, 비행기가 일상화됨 3. 차이점: 오늘날의 교통수단은 속도가 빠름 4. 장단점: 먼 거리를 갈 수 있으나 오염이 발생함	친환경 교통수단의 개발 필요

✏️ Translation

오늘날의 교통수단들은 그 어느 때보다도 기술적으로 많이 발전했습니다. 과거의 모든 교통수단들은 동물들을 이용했습니다. 말을 타거나 동물의 힘을 이용해서 수레를 끌었기 때문에 먼 거리를 이동할 때는 오랜 시간이 걸렸습니다. 이제는 자동차나 기차, 항공기 없이 사는 것은 상상하기 쉽지 않습니다. 오늘날의 교통수단은 모두 엔진이나 터빈 같은 것들이 장착되어 있어서 빠른 속도를 낼 수 있다는 점이 예전과 가장 큰 차이점입니다. 따라서 수백 년 전에는 감히 생각지도 못했던 먼 거리를 이제는 갈 수 있습니다. 그러나 새로운 교통수단으로 인해 오염이 발생한다는 것이 가장 큰 단점입니다. 태양열이나 기타 재생 가능한 에너지원을 사용하는 친환경 교통수단을 개발해야 합니다.

Q 10

What are some problems with transportation in your country? Why do you think it is a problem? What are some things that occur because of the difficulty? Give me all the details.

당신의 나라에서는 교통과 관련해서 어떤 문제가 있나요? 그것이 왜 문제라고 생각하나요? 이런 문제로 어떤 결과가 발생하나요? 자세하게 말해보세요.

I think that every country has its own problems with transportation and Korea **is no exception**. Korea, and Seoul in particular, has a big problem with rush hour traffic. The congested roads cause many problems. Because it takes so much longer to get somewhere in gridlocked traffic, there is a lot of loss economically. People waste their precious time on the roads, which can otherwise be used more productively. And as I mentioned previously, congestion on the roads generates an enormous amount of pollution. The problem isn't just confined to roads, but also the subway systems that **are packed with** commuters in the morning and evening peak hours. It can **be next to impossible to** move in the subway cars at these times. It is a big problem because so many people have to deal with the stress of getting to work and back home every single day.

🔑 Key Expressions

be no exception 예외가 아니다
- Korea **is no exception** when it comes to pollution issues. 한국도 오염 문제에는 예외가 아닙니다.

be packed with ~으로 가득 차다
- The icy road conditions caused subways to **be packed with** people yesterday.
  어제 빙판길 도로 상황으로 전철은 사람들로 붐볐습니다.

be next to impossible to ~하는 것은 거의 불가능하다
- It **was next to impossible to** get tickets for the concert.
  그 콘서트 표를 구하는 것은 거의 불가능했습니다.

🔍 Idea Flow

서론	본론	결론
교통 문제는 어느 곳에서나 존재하며 한국도 예외는 아님	1. 한국의 교통 문제: 출퇴근 시간의 도로 정체가 심각함 2. 심각한 도로 정체로 시간적, 경제적 낭비와 환경 오염 발생 3. 지하철 혼잡도 심각한 수준	사람들이 받는 스트레스도 큰 문제

✏️ Translation

어느 나라에서든지 교통 관련 문제는 존재하고 한국 역시 예외는 아니라고 생각합니다. 한국 특히 서울에서는 출퇴근 시간 교통 정체가 심각합니다. 도로 정체는 많은 문제들을 유발합니다. 교통 체증으로 이동하는 시간이 길어지기 때문에 이 때문에 발생하는 경제적인 손실이 큽니다. 더 생산적으로 활용할 수 있는 귀한 시간을 길 위에서 낭비하게 되는 것입니다. 아울러 앞서 말했듯이, 차량 정체로 인해 발생하는 오염도 엄청납니다. 이러한 문제는 단지 도로 상황에만 국한된 것이 아닙니다. 아침저녁 시민의 출퇴근으로 혼잡한 지하철에서도 상황은 마찬가지입니다. 이 시간대에 지하철을 타는 것은 정말 힘이 듭니다. 매일 많은 사람이 출퇴근을 하면서 스트레스에 시달려야 하는 것은 큰 문제입니다.

Q 11

I'd like to give you a situation and ask you to act it out. You want to take a class. Call and leave a message asking three to four questions about the class. Ask what the curriculum is like, who teaches the class, and what kind of work is required from the students. Get as much information as you can on the message.

상황을 하나 드릴 테니 그것에 맞게 과제 수행을 해보세요. 당신은 한 수업을 듣고 싶어요. 전화해서 수업에 대한 3~4개 질문을 하는 메시지를 남기세요. 교육과정은 어떤지, 누가 가르치는지, 학생들에게 요구되는 것은 무엇인지 메시지를 남겨 당신이 할 수 있는 만큼 많은 정보를 얻으세요.

Hi, I'm calling about the English conversation class I saw advertised on the Internet. I'd like to know a few more details about it before I enroll. Firstly, I'd like to know what level the class is because I'm only interested in something that is targeted towards advanced learners. I think it would **be in my best interest** to have a foreign teacher as well, so could you please confirm the nationality of the teacher? **I'm** usually **tied up with** a lot of work when I'm not at the office, so could you also tell me whether there is any homework required from students of the class? Also I definitely think **the more the merrier** for conversation classes, so how many people are in each class? I once had a conversation class with just 2 people in it and our lessons got tired and old very quickly.

🔍 Idea Flow

서론	본론	결론
인사와 전화 목적 언급	1. 영어회화 수업의 난이도 2. 강사의 국적 3. 과제 유무 4. 수강생 인원	수강생이 적으면 지루함을 언급하며 마무리

✏️ Translation

안녕하세요, 인터넷 광고에서 본 영어회화수업에 대해 전화합니다. 등록하기 전에 몇 가지 더 자세한 사항들을 알고 싶어서요. 첫째로 이 수업의 난이도가 어떤지 알고 싶어요. 전 고급 학습자들을 대상으로 한 것에만 관심이 있거든요. 외국인 강사가 수업을 하는지가 제 첫째 관심사로 생각되는데요, 강사의 국적을 확인해주실 수 있을까요? 전 사무실 밖에 있을 때 보통 많은 업무에 얽매이기 때문에, 수업에서 학생들이 해야 하는 과제가 있는지 알려주시면 좋겠어요. 또한 확실히 회화 수업은 더 많으면 더 좋을 것 같은데, 각 반에는 몇 명이나 있나요? 언젠가 단 2명만 있는 회화 수업을 들은 적이 있는데, 수업이 너무 빨리 지루해지고 진부해졌어요.

I'm sorry, but there is a problem I need you to resolve. You find out that you will not be able to attend the first class of a course you signed up for. Call the teacher and leave a message about your situation. Give two to three alternatives to solve the problem.

문제가 발생해서 해결해주셔야 하겠습니다. 당신은 등록한 과정의 첫 수업을 들어가지 못할 것을 알았습니다. 선생님께 전화해서 당신의 상황에 대해 메시지를 남기세요. 문제 해결을 위한 2~3가지 대안들을 제시하세요.

Hi, this is Park seong-woo calling about tonight's class. Unfortunately, I've been caught up in a traffic accident on the other side of the city and there is no way I will make it to the class on time. I'm really sorry, but is there any way that we can reschedule? I've got a presentation to give to foreign clients next week and I wanted you to **point out** any errors in my speech I have prepared. It would mean the world to me if you could make some time for me later on this week, perhaps on Thursday or Friday evening. If that's not possible then I'd appreciate it if you could check over my speech. I'll send it to you via email. I will **make it up** for this next time by treating everyone to coffee on me. I'm sorry about tonight as I feel I'm **letting down** the rest of the class.

🔑 **Key Expressions**

point out 지적하다
- I don't mind when my professor **points out** my mistakes.
  저는 교수님께서 실수를 지적하시는 것에 신경 쓰지 않습니다.

make it up 보충하다, 보상하다, 화해하다
- I will **make it up** to my girlfriend by taking her shopping today.
  오늘 여자친구와 쇼핑하면서 그녀와 화해할 것입니다.

let down 실망하게 하다, 기대를 저버리다
- My parents mean the world to me, so I will do my best not to **let** them **down**.
  제 부모님은 제게 있어 무엇과도 바꿀 수 없는 존재이기 때문에 저는 그들을 실망하게 하지 않기 위해 온 힘을 다할 것입니다.

🔍 **Idea Flow**

서론	본론	결론
인사, 전화하는 목적 언급	1. 교통사고로 수업에 참석할 수 없음 2. 발표 대본 확인을 요청함 (일정 변경 또는 이메일로) 3. 다른 학생들에게 커피로 보상하겠음	일정 조정에 대해 사과하며 마무리

 **Translation**

안녕하세요, 저는 오늘 저녁 수업에 대해 전화하는 박성우입니다. 안타깝게도 도시 반대편에서 교통사고로 꼼짝 못하게 되는 바람에 제시간에 수업에 갈 수 없을 것 같습니다. 정말 죄송하지만, 수업 일정을 조정할 수 있을까요? 다음 주에 제가 외국인 고객들을 상대로 하는 발표가 있어서요, 제가 준비한 대본에 오류가 있는지 지적해 주시면 좋겠어요. 이번 주 후반, 아마 목요일이나 금요일 저녁에 혹시 절 위해 시간을 내 주시면 정말 감사드리겠습니다. 만약 불가능하면, 제가 이메일로 보낼 테니 대본을 확인해주시면 감사하겠습니다. 다음에 보상으로 모든 사람에게 커피를 살게요. 수업생들을 실망하게 하는 것 같아 정말 죄송합니다.

Q13

That's the end of the situation. There can be some difficulties we can face when we are taking classes. Tell me about a difficulty you personally experienced. What was the nature of the problem and why did it occur in the first place? How did you deal with the problem? Give me all the details.

앞의 상황은 이제 종료되었습니다. 우리가 수업을 듣는 중에 마주칠 수 있는 문제들이 있을 수 있습니다. 당신이 개인적으로 경험했던 어려움에 관해 이야기해주세요. 문제는 무엇이었으며, 왜 일어났습니까? 어떻게 그 문제를 해결했습니까? 자세하게 설명해주세요.

The biggest problem I've had in a class was with an English teacher I had when I was a university student. I took extra classes to improve my English conversation skills with a native teacher, but I found it **did more harm than good**. I couldn't understand most of what he was saying because it was the first time I'd come across a foreign teacher and his pronunciation was completely different to what I'd become accustomed to. It felt like I was taking one step forward and two steps back because for every sentence I understood, there would be two that I'd get completely **mixed up**. Even though I felt like packing in the classes, I stuck to them and **slowly but surely** began to understand with greater clarity each lesson. Unbelievably within just 6 months, I had turned into a competent speaker of English.

Key Expressions

do more harm than good 유익은커녕 해롭다, 백해무익하다
- I upgraded my computer OS, but it **did more harm than good**.
  컴퓨터 운영 체제를 업그레이드했지만, 그것은 백해무익했습니다.

mix up 혼동하다
- I am good at remembering faces, but I always **mix up** people's names.
  저는 얼굴들을 기억하는 일은 잘하지만, 사람들의 이름은 항상 혼동합니다.

slowly but surely 더디지만 확실하게
- Golf is quite challenging, but I keep on improving **slowly but surely**.
  골프는 꽤 어려운 운동임에도, 저는 더디지만 확실하게 계속 개선되고 있습니다.

Idea Flow

서론	본론	결론
대학생 때 영어회화 수업을 들음	1. 원어민 강사의 발음을 이해하기 어려웠음 2. 영어 실력이 떨어진다고 생각함	포기하지 않아 결국 실력을 향상함

 **Translation**

제가 수업에서 겪었던 가장 큰 문제는 대학생 때 영어 선생님과 있었던 일입니다. 영어회화 실력을 향상하기 위해 원어민 선생님께 가외의 수업들을 들었는데 좋기는커녕 해로웠습니다. 외국인 선생님께 수업을 들은 적이 없었기 때문에 그가 무슨 말을 하는지 거의 이해하지 못했고, 그의 발음은 제가 익숙했던 것과 완전히 달랐어요. 이해하는 문장마다 의미들이 달라서 마치 일 보 전진을 위해 이 보 후퇴하는 것 같았어요. 수업을 그만두고 싶었지만, 어려움을 참고 계속 노력하여 더디긴 했지만, 확실히 수업을 더 명확하게 이해하기 시작했어요. 믿기 힘들지만, 6개월 안에 저는 자신감 있게 영어로 말하는 사람이 되었답니다.

Q 14

You indicated that you go to parks. Compare two different parks you have been to. How are they different? How are they similar? Which one do you like better and why? What do people normally do there?

사전 설문에서 공원에 간다고 하셨습니다. 지금까지 가본 공원 중에 두 곳을 비교해 주세요. 어떤 점이 다르고, 어떤 점이 비슷한가요? 어느 곳을 더 좋아하고, 그 이유는 무엇인가요? 공원에 가면 사람들은 보통 무엇을 하나요?

I'd like to compare the Hangang riverside park and the local park in my neighborhood. **For starters**, the main attraction of the riverside park is the river itself, while my local park's most obvious draw is the **well-equipped** children's playground. One of the things that these two parks **have in common** is that they both have walking trails. The atmosphere in the two parks is completely different though. Many parents come out to the local park with their children to exercise. On the other hand, at the Hangang riverside park, you can see many couples out on dates or people playing sports. I like the Hangang riverside park better because there is more to do there. There is an open-air swimming pool for the summer and even restaurants and coffee shops floating on the water.

🔑 Key Expressions

for starters 첫째로, 우선
- The new company director has been changing everything. **For starters**, she has fired ten middle managers. 새로운 회사 이사님은 모든 것을 바꾸어 오고 있습니다. 우선 그녀는 10명의 중간 관리자를 해고했습니다.

well-equipped 시설이 잘 갖춰진
- The whole building was **well equipped** with various digital devices.
  빌딩 전체에 다양한 디지털 기기가 잘 갖춰져 있었습니다.

have in common 공통점이 있다
- My new classmates and I **have** something **in common**: we all have an interest in baseball.
  새 급우들과 저는 야구에 관심이 있다는 공통점이 있습니다.

🔍 Idea Flow

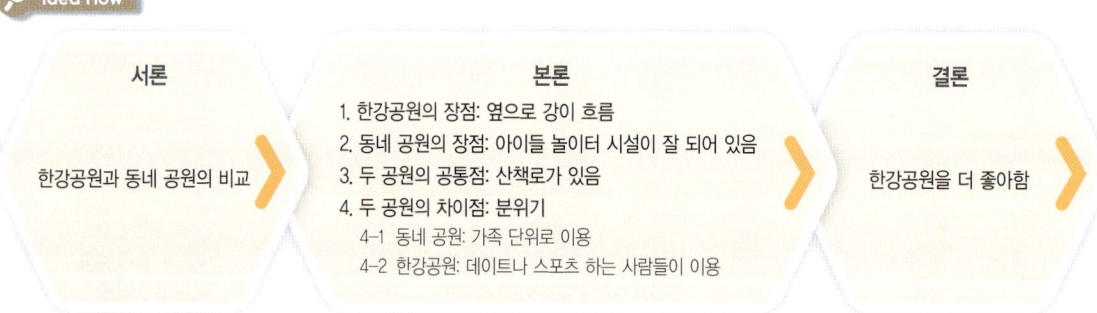

서론

한강공원과 동네 공원의 비교

본론

1. 한강공원의 장점: 옆으로 강이 흐름
2. 동네 공원의 장점: 아이들 놀이터 시설이 잘 되어 있음
3. 두 공원의 공통점: 산책로가 있음
4. 두 공원의 차이점: 분위기
   4-1 동네 공원: 가족 단위로 이용
   4-2 한강공원: 데이트나 스포츠 하는 사람들이 이용

결론

한강공원을 더 좋아함

✏️ Translation

한강공원과 우리 동네에 있는 공원을 비교해 보겠습니다. 우선 한강공원의 가장 큰 매력은 옆으로 강이 흐른다는 점입니다. 이에 비해 동네에 있는 공원에는 아이들 놀이터 시설이 잘 마련되어 있다는 것이 가장 큰 장점입니다. 두 공원에는 모두 산책로가 마련되어 있습니다. 그렇지만 분위기는 완전히 다릅니다. 동네 공원은 가족 단위로 운동하기 위해 많은 사람이 옵니다. 반면 한강공원에는 커플이 데이트를 하거나 스포츠를 즐기는 사람들이 많습니다. 개인적으로 한강시민공원을 더 좋아하는데, 할 것이 더 많기 때문입니다. 여름에 사용할 수 있는 야외 수영장이 있고, 수상 레스토랑이나 커피숍도 있습니다.

Q 15

Many parks are disappearing due to development. Do you think we should preserve parks? What can we do to save parks? Give me your thoughts on ways to revive parks.

개발로 인해 공원이 많이 사라지고 있습니다. 당신은 공원이 보존되어야 한다고 생각하나요? 공원을 보존하기 위해서 무엇을 해야 할까요? 공원을 되살리는 방법에 대한 의견을 말해보세요.

I think it is absolutely essential that we start preserving parks. A park is like a natural oasis in **the hustle and bustle** of large cities. In Seoul, some parks have been disappearing due to the rapid development of the city. Although some new parks have been created, I still think we do not have enough parks in the city. A good way to revive parks is to make them more pleasant and interesting. My family and I recently visited Olympic Park in Jamsil, which has a museum and art gallery among many other facilities. There were numerous things to do and see, so we spent the whole day at the park without realizing that so much time had gone by. If parks were as enjoyable as this, they would surely **become** more **popular with** the public. I think the government should do more to **make the city greener** by creating more parks.

 Key Expressions

the hustle and bustle 북적거림
- I like **the hustle and bustle** of traditional market places. 저는 전통 시장의 북적거림을 좋아합니다.

become popular with ~에게 인기를 얻다
- K-pop has been **becoming** immensely **popular with** fans throughout Asia.
  한국 가요는 아시아 전역 팬들에게 큰 인기를 얻고 있습니다.

make something greener ~을 친환경적으로 만들다
- The government is making efforts to **make its policies greener**.
  정부는 친환경 정책을 만들기 위해 노력을 하고 있습니다.

 **Idea Flow**

서론	본론	결론
공원 보존에 대한 필요성 인정	1. 서울 내 공원 보존 실태: 급속한 도시 개발로 공원이 사라지고 있음 2. 공원을 지키는 방법: 즐거운 공간 만들기 3. 올림픽공원을 방문한 개인적인 경험: 시간 가는 줄 모르고 공원을 즐김	공원을 늘리기 위한 정부 차원의 노력 필요

Translation

공원 보존을 위한 노력을 시작하는 것이 반드시 필요하다고 생각합니다. 공원은 북적거리는 도시에서 마치 오아시스와 같은 곳입니다. 서울에서는 급속한 도시 개발 탓에 일부 공원이 사라지고 있습니다. 새로운 공원이 생기고는 있지만 그래도 도시 내 공원의 수가 충분하지 않다고 생각합니다. 공원을 재미있고 즐거운 공간으로 만드는 것이 공원을 되살리는 좋은 방법입니다. 저는 최근에 가족과 함께 다른 시설과 더불어 박물관과 미술관이 있는 잠실 올림픽공원에 다녀왔습니다. 올림픽공원에는 할 거리와 볼거리가 많아서 제 가족은 공원에서 시간 가는 줄 모르고 하루를 보냈습니다. 공원이 이처럼 재미있는 공간이 된다면 더 많은 사람들이 찾게 될 것입니다. 정부 차원에서 도시를 더 친환경적으로 만들기 위해 공원을 더 많이 만들어야 한다고 생각합니다.

TEST2

Oral Proficiency Interview-computer

Q 01

Let's start the interview. Tell me a little about yourself.

인터뷰를 시작합니다. 당신에 대해 말해주세요.

My name is Lee Eun-ju and I'm 27 years old. I live in the suburbs of Seoul. I have been working for a large commercial bank for the past year and a half. I'm still a relative newcomer there, but I like the work I'm doing. I also enjoy working with my co-workers at the branch. I'm quite happy with my decision to work in the financial industry. My favorite hobbies are going to see movies and window shopping with my friends. I'm trying to hold back on my spending because I am **saving up** to buy a car. My friends sometimes say that I can **come across as being** a little cold. But once I **warm up to** someone I am really friendly and easy-going. I think people get the wrong impression of me, so I am making an effort to make sure people know the true me.

 **Key Expressions**

save up 돈을 모으다
- I finally bought my first home after **saving up** for ten years.
  저는 10년 동안 저금하여 결국 첫 번째 집을 장만했습니다.

come across as being ~라는 인상을 주다
- He can **come across as being** a little stingy. 그는 다소 인색하다는 인상을 주기도 합니다.

warm up to ~에게 마음을 열다
- It took me a while to **warm up to** my husband when I first met him.
  제가 처음 남편을 만났을 때 마음을 열기까지 시간이 좀 걸렸습니다.

Idea Flow

서론	본론	결론
이름, 나이, 거주지	1. 직장에 대한 소개: 업종, 근속기간, 일에 대한 생각 2. 취미: 영화 관람 및 쇼핑 3. 인상과 실제 성격	좋은 인상을 주기 위해 노력함

Translation

제 이름은 이은주이고 27살입니다. 서울 근교에서 살고 있습니다. 지난 일 년 반 동안 규모가 큰 시중 은행에서 근무해 오고 있습니다. 아직 신입이지만 즐겁게 일하고 있습니다. 같은 지점에 있는 동료와도 잘 지내고 있습니다. 금융권에서 일하기로 한 것은 잘한 결정인 것 같습니다. 저는 영화를 보러 가거나 친구들과 물건을 구경하러 다니는 것을 좋아합니다. 자동차를 사려고 돈을 모으는 중이기 때문에 지출을 줄이려고 하고 있지요. 제 친구들은 제 인상이 조금 차갑다고들 합니다. 그렇지만 저는 일단 누군가에게 마음을 열고나면 아주 친근하고 부담 없이 대합니다. 사람들이 저에 대해 잘못된 인상을 갖게 되는 것 같아서 본래 저의 모습을 알리기 위해 노력합니다.

Q 02

What sport do you like to watch the most and which is your favorite team? Why do you like that team? How often do you watch their matches?

어떤 스포츠를 좋아하고 특별히 응원하는 팀이 있나요? 그 팀을 좋아하는 이유는 무엇인가요? 그 팀의 경기를 얼마나 자주 보나요?

I like watching soccer more than any other sport, especially when the Korean national team is playing. My passion for soccer first came about during the 2002 FIFA World Cup that was actually held here in Korea. Before that tournament, the Korean national team had never won a game at World Cup, so not many people expected them to progress beyond the group stages. However, we did **make it to** the round of 16 and even **made it to** the semi-finals beating strong teams such as Portugal, Spain, and Italy **along the way**. The national team doesn't play that often, but I try to watch their matches whenever there is a game. I think the Korean team has many talented young players and that makes the matches more exciting to watch. Korean soccer **has come a long way** and will only get better and better in the years ahead.

 **Key Expressions**

make it to ~에까지 진출하다
- No one expected us to **make it to** the semi-finals. 아무도 우리가 준결승에 진출할 거라고 예상하지 못했습니다.

along the way 도중에
- Traveling abroad gives me chances to make a lot of new friends **along the way**.
외국 여행을 하면서 많은 새로운 친구들을 사귈 수 있습니다.

have come a long way 많은 발전을 하다
- The Korean movie industry **has come a long way** in the last decade.
한국 영화 산업은 지난 십 년간 많은 발전을 이루었습니다.

 **Idea Flow**

서론	본론	결론
축구 국가 대표팀 경기를 좋아함	1. 축구를 좋아하게 된 계기: 2002년 FIFA 월드컵부터 좋아하게 됨 2. 국가 대표팀의 선전: 준결승까지 진출 3. 국가 대표팀 경기를 꼭 보려고 함	한국 축구의 발전 전망

 **Translation**

저는 다른 어떤 스포츠보다 축구를 좋아합니다. 특히 한국 국가 대표팀 경기를 좋아하지요. 2002 FIFA 월드컵이 한국에서 열렸을 때 처음으로 축구를 좋아하게 되었습니다. 그전에는 한국이 월드컵에서 단 한 경기도 이겨본 적이 없었기 때문에 한국이 조별 본선을 넘어설 거라고 예상했던 사람은 많지 않았습니다. 그렇지만 한국팀은 16강 진출을 이루어냈고, 포르투갈과 스페인, 이탈리아 등 강한 팀들과의 경기에서 승리하면서 준결승까지 진출했습니다. 축구 국가 대표팀 경기가 자주 있지는 않지만, 저는 경기가 있을 때마다 보려고 합니다. 한국팀에는 재능 있는 어린 선수들이 많아서 경기 보는 맛이 더해지는 것 같습니다. 한국 축구는 많이 발전해 왔고 앞으로도 더욱 발전할 것입니다.

Q 03

Tell me about the rules in the sport you like to watch. How many players are there on each team? What do they do to win? What are some unique aspects of that sport?

좋아하는 스포츠의 경기 규칙에 대해서 말해보세요. 각 팀에 몇 명의 선수가 있나요? 이기기 위해서 어떻게 하나요? 그 스포츠에는 어떤 독특한 점이 있나요?

Each soccer team has eleven players. One of these players is always a goalkeeper who mainly uses his or her hands to stop goals. The rest of the team is made up of a number of defenders, midfielders, and forwards who use their feet to kick the ball. Coaches devise different formations that can be geared towards offense or defense. To come away with victory, a team has to **score** more **goals** than its opponents. A goal is scored when the ball crosses the line at the goal post. Players can shoot from anywhere, but goalkeepers can only use their hands inside an area that is marked out around the goal post. Soccer **stands out** in many ways. It's probably the only sport where the **overwhelming majority** of the game is played with the feet. It's also the sport that has the highest number of fans around the world.

 Key Expressions

score a goal 득점하다
- We **scored 2 goals** in the first half of the game, but gave up 3 goals in the second half.
  우리는 전반전에 2골을 넣었지만, 후반에 3골을 내줬습니다.

stand out 눈에 띄다
- She really **stands out** because she is the tallest in the group. 그녀는 무리 중 제일 키가 커서 눈에 띕니다.

overwhelming majority 압도적 다수
- The **overwhelming majority** of people wanted to eat steak during the company banquet.
  압도적으로 많은 사람이 회사 연회 중에 스테이크 요리를 먹고 싶어 했습니다.

Idea Flow

서론	본론	결론
축구팀의 구성: 팀당 11명	1. 팀 구성에 대한 설명: 골키퍼, 수비수, 미드필더, 공격수 2. 포지션 별 역할 3. 축구 규정: 골을 넣고 막는 법, 승리하는 법	축구의 특징: 발로 하는 스포츠, 많은 팬 보유

 **Translation**

축구에서 한 팀은 열한 명의 선수로 이루어집니다. 그 중 한 명의 선수는 손으로 공을 막는 골키퍼입니다. 그 외 선수들은 공을 발로 차야 하는 수비수, 미드필더, 공격수로 구성됩니다. 감독들은 다양한 공격 대형이나 수비 대형을 고안해 냅니다. 승리하기 위해서는 상대 팀보다 득점을 더 많이 해야 합니다. 공이 골대에 있는 선을 넘어가면 득점으로 인정됩니다. 선수들은 어떤 위치에서든지 슛을 할 수 있지만 골키퍼는 골대 주변에 표시된 영역 안에서만 손을 사용할 수 있습니다. 축구는 여러 측면에서 돋보이는 스포츠입니다. 아마도 경기 전반이 거의 발로만 이루어지는 유일한 스포츠일 것입니다. 또한 전 세계적으로 가장 많은 팬을 확보하고 있는 스포츠이기도 합니다.

Q 04 Talk about a memorable game you watched involving your favorite team. Why do you remember that particular match? What was so exciting about it? Did you watch the game at home or at the stadium? Give me all the details.

좋아하는 팀이 했던 경기 중에 가장 기억에 남는 경기에 대해 말해보세요. 특별히 그 경기에 대해 기억하는 이유는 무엇인가요? 무엇이 그렇게 신이 나게 했나요? 경기를 관람한 장소는 집이었나요, 아니면 경기장이었나요? 자세하게 말해보세요.

The most memorable soccer match I watched was during the 2002 World Cup when the Korean national team played against Italy. This was a real David versus Goliath clash and everyone expected it to be **a walk in the park** for the Italian squad. The game couldn't have turned out more differently. I watched the game at the City Hall square in Seoul with millions of other fans on a giant outdoor screen. It was so much fun being with so many other people. The game **was** extremely **heated up**, which made all of us more passionate about winning. The crowd blew up when one of the Italian players was given a red card. Then when Korea scored the winning goal, the crowd **went** absolutely **wild**. We had beaten one of the favorites in the tournament and advanced to the quarter finals.

 **Key Expressions**

a walk in the park 식은 죽 먹기
- I thought the driver's license test would be **a walk in the park**, but it wasn't.
  저는 운전면허 시험이 식은 죽 먹기라고 생각했는데 그렇지 않았습니다.

be heated up 달아오르다
- The mood at the finals **was** extremely **heated up**. 결승전 분위기는 후끈 달아올랐습니다.

go wild 열광하다
- The whole country **went wild** when Pyeongchang won the right to host the 2018 Winter Olympics.
  평창이 2018년 동계올림픽 유치권을 따내는 순간 온 나라가 열광의 도가니에 빠졌습니다.

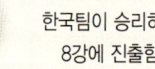 **Idea Flow**

서론	본론	결론
2002 월드컵 당시 한국 대 이탈리아 경기	1. 누구나 이탈리아의 승리를 예상 2. 당시 시청 광장에서 길거리 응원 3. 뜨거운 응원 열기	한국팀이 승리하여 8강에 진출함

 **Translation**

저는 2002 월드컵 당시 한국 대표팀과 이탈리아 대표팀 간 경기가 가장 기억에 남습니다. 그 경기야말로 다윗 대 골리앗의 싸움의 전형적인 예였고, 모두가 이탈리아 군단의 손쉬운 승리로 끝날 것이라고 예상했습니다. 그런데 경기 결과는 완전히 예상을 뒤엎었습니다. 저는 수백만 명이 운집한 서울 시청 광장에서 대형 야외 스크린으로 경기를 지켜봤습니다. 많은 사람과 함께 응원하는 것은 참 재미있었죠. 응원 열기가 후끈 달아올랐고, 그럴수록 우리 모두 한국팀이 이기기를 더욱 간절히 바랐습니다. 이탈리아 선수 중 한 명이 퇴장을 당하자 응원 분위기가 극에 달했습니다. 그러다가 우리 팀이 결승골을 넣자 모두 열광의 도가니에 빠졌습니다. 한국은 우승 후보 중 한 팀을 누르고 8강에 진출했습니다.

You indicated in the survey that you talk on the phone. Where do you most typically talk on the phone? Is it at home or at your office? Do you talk on the phone a lot when you are on the move?

설문에서 전화 통화를 하신다고 답하셨습니다. 주로 어디에서 전화 통화를 많이 하시나요? 집인가요, 직장인가요? 이동 중에 통화를 많이 하는 편인가요?

I spend quite a lot of time on the phone every day. At work, I usually have to answer the phone many times for customer inquiries. Customers often call us to ask about various issues related to internet banking, so I have to take them through security procedures before we can talk about their account directly. Sometimes customers **get worked up** by all the questions, especially if they are in a rush, but we have to follow the guidelines that are in place. It is very important for us to keep our cool in these situations. As soon as I **get off work**, I call my friends to see what they're up to. I sometimes spend the whole bus journey home talking on my phone. It's a great way for me to **catch up with** friends. It also helps make my commute a little less boring.

Key Expressions

get worked up 신경질(짜증)을 내다
- My friend **gets worked up** over such trivial matters because he is overly sensitive.
제 친구는 몹시 예민하여서 사소한 일들에 대해 신경질적입니다.

get off work 일을 마치다
- I **got off work** at 9 P.M. because my boss needed help with a project.
저는 상사의 프로젝트를 도와야 해서 밤 9시에 퇴근했습니다.

catch up with ~와 밀린 이야기를 하다
- School reunions are great opportunities to **catch up with** old friends.
동문회는 옛 친구들과 밀린 이야기를 할 좋은 기회입니다.

Idea Flow

서론	본론	결론
전화 통화에 시간을 많이 할애함	1. 직장에서 고객 문의 전화를 받음: 인터넷 뱅킹 관련 2. 침착하게 규정에 따라 전화 응대	퇴근 후에는 친구들과 통화함

Translation

저는 매일 전화 통화하는데 상당한 시간을 보냅니다. 직장에서는 주로 고객 문의 전화를 받아야 하지요. 고객들은 인터넷 뱅킹과 관련된 여러 가지 문제에 관해 전화를 주시는데, 계좌에 대해 직접 이야기하기 전에 먼저 신원 확인 절차를 거쳐야 합니다. 어떤 고객들은 특히나 급할 때 신원 조회 관련 질문을 하면 짜증을 내기도 하지만 규정에 따를 수밖에 없습니다. 우리로서는 그런 상황에서도 침착함을 유지하는 것이 대단히 중요합니다. 퇴근하면 저는 친구들에게 전화를 걸어 뭘 하는지 물어봅니다. 집으로 가는 버스 안에서 내내 통화하는 때도 있습니다. 전화 통화는 친구들과 밀린 이야기를 하는데 좋은 방법입니다. 통화하면 출퇴근길이 상대적으로 덜 지루하기도 합니다.

Q 06

Phones have changed a lot over the years. How are phones we used in the past different from the ones we use today? What kind of impact did that have on our lives?

전화기는 지난 수년간 많은 변화를 겪었습니다. 요즘 쓰이는 전화기는 예전에 사용하던 전화기와 어떻게 다른가요? 이로 인해 우리 생활에 어떤 변화가 생겼나요?

Phones of the past were all landlines. They were not portable at all. They had to be connected to the main line in a building. But these days, everyone uses cell phones, which has made our lives a lot more convenient. Before mobile phones existed it was almost impossible to **get hold of** someone if they weren't at home or at the office. Now there is rarely a time when someone **is out of reach** unless their phone is dead or something. This has negative aspects to it as well because it is very hard to relax completely as you are always reachable. But I think that is **a small price to pay** for such convenience overall. Plus, as smart phones have started to become popular, phones are no longer just phones. Many people access the Internet on their phones and do all sorts of things.

 **Key Expressions**

get hold of ~와 연락하다
- I've been trying to **get hold of** him all morning. 아침 내내 그에게 연락하려고 했습니다.

be out of reach 연락이 닿지 않다
- To make sure you **are** not **out of reach**, always have your cell phone with you.
  연락이 안 되는 일이 없게 항상 휴대전화기를 가지고 다니세요.

a small price to pay 작은 대가
- In my opinion, a $50 million transfer fee would be **a small price to pay** for the team to acquire Messi. 제 의견으로는 5천만 달러의 이적료는 그 팀이 Messi를 얻기 위해 치러야 할 작은 대가일 것입니다.

Idea Flow

서론	본론	결론
예전 전화: 유선 전화기	1. 오늘날의 전화: 휴대전화의 상용화 2. 장점: 언제든 연락 가능함 3. 단점: 아예 긴장을 풀 수는 없지만, 편리성에 대한 작은 대가라는 생각	스마트폰의 상용화: 전화기 이상의 역할을 함

 **Translation**

예전에 쓰던 전화기는 전부 유선 전화기였습니다. 휴대하고 다닐 수가 없었지요. 건물의 통신선과 연결되어야만 작동했습니다. 그러나 요즘은 누구나 휴대전화기를 사용하고 있고 그만큼 우리 생활이 더 편리해졌습니다. 휴대전화기가 나오기 전에는 상대가 집이나 사무실에 있는 것이 아니면 연락할 방법이 없었습니다. 그러나 이제는 휴대전화기가 꺼진 경우 등의 이유가 아니라면 언제든지 연락할 수 있습니다. 항상 연락 가능하기 때문에 긴장을 아예 풀 수는 없다는 것은 휴대전화기의 부정적인 측면이기도 합니다. 그러나 그러한 편리함을 얻는 대신에 지불해야 하는 작은 대가라는 생각도 듭니다. 게다가 스마트폰이 상용화되기 시작하면서 전화기는 더 이상 전화기로만 쓰이지 않습니다. 사람들은 전화기로 인터넷에 접속하고 여러 가지 일을 합니다.

Q 07 Now, tell me about something interesting you heard over the phone from someone. Who were you talking to? How long was the phone call? Why was that phone conversation memorable? How did you feel after the phone call?

누군가와 통화하면서 들은 재미있는 이야기에 대해 말해보세요. 누구와 통화하고 있었나요? 얼마나 오랫동안 통화했나요? 그 전화 통화가 기억에 남는 이유는 무엇인가요? 전화를 끊고 어떤 느낌이 들었나요?

The most interesting phone conversation I had recently was with my older sister. I actually called her, but before I could finish my sentence she **cut me off** and told me that she was pregnant. I **couldn't believe my ears** and was absolutely ecstatic. Even though I was working at the bank, I'm pretty sure I screamed with joy when she told me the news. The phone call lasted about 5 minutes of mostly laughing and giggling. After I **hung up** I still couldn't quite believe that I was going to be an aunt. I just couldn't hide how overjoyed I was over the amazing news. I was very happy for my sister because she had been trying to have a baby for a long time. I called my mom and dad to share the good news. They were very excited about becoming grandparents as well.

🔑 Key Expressions

cut someone off 끼어들다, 가로막다
- Joe has a bad habit of **cutting people off** in the middle of conversations.
  Joe는 대화 중에 말을 끊는 나쁜 버릇을 가지고 있습니다.

cannot believe one's ears 귀를 의심하다
- I **couldn't believe my ears** when I heard the terrible news from him.
  그에게서 끔찍한 소식을 전해 들었을 때 저는 제 귀를 의심했습니다.

hang up (전화를) 끊다
- I got angry because he kept on **hanging up** on me.
  그가 계속 제 전화를 끊어서 저는 화가 났습니다.

🔍 Idea Flow

서론	본론	결론
언니와의 통화	1. 언니의 임신을 알게 됨 2. 당시의 느낌과 반응: 날아갈 듯 기분이 좋았음 3. 끊고 나서의 느낌: 이모가 된다는 사실이 실감이 안 남	부모님께도 소식을 전함: 손주를 보게 되는 것에 기뻐하심

✏️ Translation

저는 최근 언니와 했던 전화 통화가 가장 기억에 남습니다. 사실 제가 전화를 걸었는데 언니는 제 말이 끝나기도 전에 말을 자르더니 아이를 가졌다고 말했습니다. 처음에 저는 제 귀를 의심했지만 이내 곧 기분이 날아갈 듯이 좋았습니다. 은행 근무 시간이었지만 언니가 그 소식을 전했을 때 제가 분명히 소리를 질렀던 것 같습니다. 5분 정도 통화를 하면서 우리는 내내 낄낄대고 웃었지요. 전화를 끊고 나서도 저는 제가 곧 이모가 된다는 사실을 믿을 수가 없었습니다. 놀라운 소식에 기쁨을 감출 수가 없었습니다. 언니가 오랜 기간 아이를 가지려고 노력했던 것을 잘 알고 있었기에 더욱더 기뻤습니다. 그 기쁜 소식을 저는 부모님께도 알려 드렸습니다. 부모님 역시 곧 손주를 볼 수 있다는 사실에 기뻐하셨습니다.

Q 08

You indicated that you work. Tell me about the company you work for. What kind of products or services does it provide? What makes your company stand out compared to other rivals? Tell me everything about your company.

설문에서 현재 직장에 다닌다고 말씀하셨습니다. 몸담은 회사에 관해서 이야기해주세요. 어떤 제품 혹은 서비스를 제공하는 회사인가요? 경쟁사들에 비해 어떤 점이 우수한가요? 당신 회사에 대해 전부 말해보세요.

I work for a well-known commercial bank that has **been around** for quite some time. We offer many services, from savings accounts and currency exchange to loans and bank transfers. **On any given day** there is a mix of regular customers coming in to do their daily banking and new customers **signing up for** a loan or new bank account. One of the main reasons that our bank really stands out is that we offer the lowest commission rates for foreign exchange. Because many more Koreans travel and study overseas these days, there is a lot more demand for currency exchanges. We also put a lot of weight on customer service. Due to our emphasis on customer service, our bank was recently voted number one in the country for customer satisfaction, something that makes me very proud. I believe that my bank is on its way to becoming one of the best banks in Korea.

 **Key Expressions**

be around 존재하다
- The central library has **been around** forever and people want to preserve it.
  중앙 도서관은 아주 오랜 시간 주위에 있어서 사람들은 그 건물을 보존하기 원합니다.

on any given day 어느 날이건
- **On any given day**, you can see the moon after sunset. 어느 날이건 당신은 해가 진 후에 달을 볼 수 있습니다.

sign up for ~를 신청하다
- If you want to **sign up for** a bank account, you have to bring your ID.
  계좌를 신청하시려면 신분증을 가져오셔야 합니다.

 **Idea Flow**

서론	본론	결론
근무하는 회사: 잘 알려진 시중 은행	1. 제공하는 서비스: 예금, 환전, 대출, 이체 서비스 2. 타 은행과의 차별점 　2-1 최저 환전 수수료 　2-2 우수한 고객 서비스	근무하는 회사에 대한 자부심과 기대

 **Translation**

저는 오랜 역사를 가지고 있는 잘 알려진 시중 은행에 근무하고 있습니다. 우리 은행은 예금 업무나 환전, 대출이나 이체 서비스 등의 다양한 서비스를 제공합니다. 어느 날이든 간에 일상적인 은행 업무를 보러 오시는 고정 고객들뿐만 아니라 대출 신청을 하거나 새로 계좌를 개설하려고 오는 신규 고객들도 많습니다. 우리 은행이 차별화되는 점은 환전 수수료를 최저 수준으로 책정한다는 것입니다. 요즘 국외로 여행을 가거나 유학을 가는 사람들이 많아서 환전 수요가 예전보다 훨씬 많습니다. 우리 은행은 고객 만족에도 중점을 많이 둡니다. 그 덕분에 최근 고객 만족도 부문에서 전국 1위를 차지했습니다. 저는 이것을 아주 자랑스럽게 생각합니다. 우리 은행이 언젠가는 국내 최고 은행이 될 것이라 믿습니다.

Q 09

What type of work do you do at your company? What is the first thing you do when you arrive at the office? What do you do throughout the day? Tell me everything about your day at the office.

회사에서 어떤 종류의 업무를 하고 있나요? 아침에 출근하면 가장 먼저 하는 일이 무엇인가요? 일과는 어떤가요? 사무실에서 하는 일에 대해 전부 말해보세요.

I spend most of my time working at the foreign currency exchange desk, where I help customers change money from one country's currency to another. Usually customers exchange money before or after a business trip or holiday abroad. Of course, I also help customers with other bank-related businesses, but currency exchange is my main job. The first thing all employees do when we arrive at the bank is to attend a daily briefing before the bank opens for the day. The manager **fills us in on** all the directives and news from the head office. It's a good way to start the day as I can **be better prepared** when dealing with customers. We usually **wrap things up** around 4 o'clock when the bank closes. We spend another 2 hours closing up the day. We normally leave work by 6 o'clock.

🔑 Key Expressions

fill someone in on ~에게 ~에 대해 알려주다
- I asked him to **fill me in on** what went on over the weekend.
  저는 그에게 주말에 있었던 일에 대해 알려달라고 부탁했습니다.

be better prepared 더 잘 대비되어 있다
- I did my Master's degree to **be better prepared** for the job market.
  취업 시장에 대비를 더 잘하기 위해 저는 석사 학위를 취득했습니다.

wrap things up 일을 마무리하다
- It was time to **wrap things up** for the day.
  하루 일을 마무리해야 할 시간이었습니다.

🔍 Idea Flow

서론	본론	결론
주요 업무에 대한 소개: 외환 업무	1. 아침 브리핑을 들으며 하루를 시작 2. 업무 마감: 4시경 은행 문 닫음	2시간 정산 후 6시 퇴근

✏️ Translation

저는 주로 외환창구에서 환전하러 오신 손님들을 도와드리는 업무를 합니다. 보통 출장이나 외국 여행 전후에 환전을 많이들 하시죠. 물론 다른 은행 관련 업무도 보기는 하지만 환전이 주 업무입니다. 모든 직원은 출근하면 은행이 문을 열기 전에 아침 브리핑에 참석합니다. 지점장님이 본사로부터 전달된 지침과 새로운 소식 등을 알려줍니다. 브리핑을 통해 하루를 시작하면 고객 응대에 더 잘 대비할 수 있습니다. 보통 4시경에 은행이 문을 닫을 때 업무를 마감합니다. 그리고 2시간 정도 정산을 한 뒤에 보통 6시에는 퇴근을 합니다.

Q 10 Can you tell me about a memorable thing that happened at work? Why was that incident memorable? How did you deal with the situation? What did you learn from that incident? Give me all the details.

직장에서 일어난 일 중에 기억에 남는 사건이 있나요? 그 사건이 왜 기억에 남나요? 그 상황에 어떻게 대처했나요? 그 일에서 얻은 교훈은 무엇인가요? 자세하게 말해보세요.

A memorable incident happened during my first few weeks at the bank. A customer came in with quite a large amount of American dollars and wanted to exchange it into Korean won. The problem was that he looked a little suspicious from the moment I laid eyes on him. I checked the dollar bills he **handed over**. Many of them were brand new, but the ink they were printed with didn't seem quite right. I put them in the machine to check whether they were valid bills. The machine indicated that the bills were fake. I immediately reported it to my supervisor. The security guard at the bank came and asked the man to follow him. The police **came to the scene** within minutes and **took the guy for questioning**. I knew there were fake bills out there, but I was very shocked to see them myself that day.

Key Expressions

hand over 건네다
- His father **handed over** the company to him when he was in his mid-30s.
  그의 아버지는 그가 30대 중반이 되었을 때 회사를 물려주었습니다.

come to the scene 현장에 도착하다
- It took the ambulance 20 minutes to **come to the scene** because of busy traffic.
  교통정체로 구급차가 현장에 도착하기까지 20분이 걸렸습니다.

take someone for questioning 심문을 위해 연행하다
- The police **took several people** at the scene **for questioning**.
  경찰은 심문을 위해 현장에서 몇 사람을 데려갔습니다.

서론	본론	결론
은행 근무한 지 얼마 안 돼서 발생한 사건	1. 한 남자가 미국 달러를 한국 돈으로 환전을 요청함 2. 잉크가 이상해 보여서 위조지폐 감별기에 넣음 3. 위폐라는 결과가 나와서 상사에게 보고 4. 경찰이 그 사람을 연행함	실제로 위폐를 보고 놀람

제가 은행에서 근무를 시작한 지 몇 주 안지나서 기억에 남는 일이 발생했습니다. 한 고객이 와서 제법 많은 양의 미국 달러를 한국 원화로 바꿔달라고 요청했습니다. 문제는 그 남자를 처음 본 순간부터 왠지 뭔가 수상해 보였습니다. 저는 그분이 건넨 지폐를 확인했습니다. 상당량이 신권이었는데, 인쇄된 잉크가 조금 이상해 보였습니다. 그래서 지폐를 위조지폐 감별기계에 넣었죠. 위조지폐라는 결과가 나와서 저는 즉시 제 상사에게 보고했습니다. 은행 경비원이 그 남자를 연행했고 곧 경찰이 현장에 도착해서 그 사람을 심문하러 데려갔습니다. 시중에 위조지폐가 있다는 것은 알고 있었지만, 그 날 실제로 보게 되어 너무 놀랐습니다.

Q 11

I'd like to give you a situation and ask you to act it out. You are staying at a hotel on a business trip. You want to buy some gifts for your family and friends. Call the front desk and leave a message asking three or four questions about buying gifts.

상황을 하나 드릴 테니 그것에 맞게 과제 수행을 해보세요. 당신은 출장을 가서 호텔에 묵고 있습니다. 그런데 가족과 친구에게 줄 선물을 사고 싶어졌어요. 호텔 로비에 전화를 걸어 선물 구매에 관한 질문 3~4개를 묻는 메시지를 남기세요.

Hi, this is Lee Eun-ju staying in room 312. I'd like to buy some gifts for my parents and friends, and I **was wondering if** there was a good shopping area close to the hotel. I've heard that this area is famous for handcrafted accessories. They would be great souvenirs. Is there a shop nearby that you could recommend? Also, my dad likes to drink every now and then, so is there a local liquor store that is famous? Or do you think I should just purchase it at the duty free shop at the airport when I leave? I'm nearly **running out of space** in my suitcase. Lastly, I **ran into** a street vendor outside the hotel earlier selling handmade scarves and gloves that would be just the thing for my friends. He's not there anymore. Do you know where I can find him now?

🔑 Key Expressions

be wondering if ~인지 궁금하다
- I **was wondering if** she was interested in me.
  그녀가 나한테 관심이 있는지 궁금했습니다.

run out of space 공간이 거의 바닥나다
- I **ran out of space** in my trunk, so I put my stuff in the back seat.
  트렁크가 꽉 차서 저는 뒷좌석에 물건을 두었습니다.

run into ~와 우연히 마주치다
- I **ran into** a close friend of mine on the subway.
  저는 지하철에서 친한 친구와 우연히 마주쳤습니다.

🔍 Idea Flow

서론	본론	결론
자기소개: 이름과 방 호수	1. 기념품 구매 문의: 수제 장신구 상점 추천 2. 아버지 선물 구매 문의: 주류 판매점	길거리 상인에 대한 문의: 친구들에게 줄 스카프와 장갑

✏️ Translation

안녕하세요. 제 이름은 이은주이고 312호에 묵고 있습니다. 부모님과 친구들한테 줄 선물을 사고 싶은데요, 혹시 호텔 근처에 쇼핑하기 좋은 곳이 있나 해서요. 이 지역이 수제 장신구로 유명하다는 말을 들었어요. 기념품으로 좋을 것 같은데 근처에 추천할 만한 상점이 있나요? 그리고 제 아버지께서 가끔 술 드시는 것을 좋아하시는데 근처에 유명한 주류 판매점이 있을까요? 아니면 출국할 때 공항 면세점에서 사는 게 나을까요? 가방에 공간이 거의 없긴 하네요. 또 하나는 아까 호텔 밖에 노점상 한 분이 손으로 만든 스카프와 장갑을 파는 것을 봤는데, 친구들 주기에 좋을 것 같더라고요. 그분이 이제는 안보이던데, 어디 가면 찾을 수 있는지 아시나요?

I'm sorry, but there is a problem I need you to resolve. You have to go meet a business partner on your business trip. You leave your hotel only to find out that you left your wallet somewhere. Call the hotel and ask for help. Give them two to three suggestions as to how to solve the problem.

문제가 발생해서 해결해주셔야 하겠습니다. 출장을 가서 사업 동반자를 만나야 합니다. 호텔을 나섰는데 어딘가에 지갑을 두고 온 것을 알게 됐습니다. 호텔에 전화를 걸어 도움을 요청하세요. 문제 해결을 위한 2~3가지 제안을 해보세요.

Hello, I'm staying in room 312. I've got a problem and I was wondering if you could help me. I seem to have **misplaced** my wallet somewhere; it could have been in the hotel. If a red leather wallet **turns up** anywhere, could you let me know immediately? My cell phone number is 010-5749-3322. It could be sitting in my room somewhere, so could you have the cleaning staff check whether it's there? As I said, it's a red leather wallet and it's very easy to spot. There isn't that much cash inside but all my credit cards are in it. There are also many pictures that are of sentimental value. I know I'm asking you to go above and beyond your duties but I would appreciate it if you could help me. If it turns out that I have lost it, do you think I should report the loss to the local police in case someone **hands** it **in**?

 **Key Expressions**

misplace 제자리에 두지 않다, 잃어버리다
- I have a bad habit of **misplacing** things quite often. 저는 물건을 자주 잃어버리는 좋지 않은 습관이 있습니다.

turn up 모습을 드러내다
- My keys were missing, but they eventually **turned up** at home by evening.
  열쇠를 잃어버렸는데 결국 저녁 무렵 집에서 나타났습니다.

hand in 제출하다
- I had to **hand in** several papers that week. 저는 그 주에 리포트 몇 개를 제출해야 했습니다.

Idea Flow

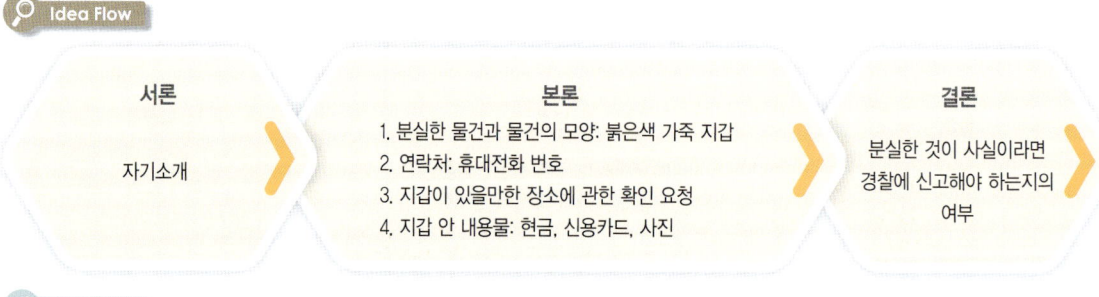

서론	본론	결론
자기소개	1. 분실한 물건과 물건의 모양: 붉은색 가죽 지갑 2. 연락처: 휴대전화 번호 3. 지갑이 있을만한 장소에 관한 확인 요청 4. 지갑 안 내용물: 현금, 신용카드, 사진	분실한 것이 사실이라면 경찰에 신고해야 하는지의 여부

Translation

안녕하세요, 312호에 묵고 있는 투숙객인데요, 문제가 생겨서 도와주셨으면 해서요. 아무래도 호텔 어딘가에 지갑을 두고 온 것 같아요. 붉은색 가죽 지갑을 발견하시면 바로 알려주시겠어요? 제 휴대전화 번호는 010-5749-3322입니다. 제 방에 있을 수도 있으니까 청소하시는 분이 확인해보도록 조치해주실 수 있나요? 말씀드렸듯이 붉은색 가죽 지갑이라서 눈에 쉽게 띄거든요. 현금은 많이 없지만, 신용카드가 전부 그 안에 있어요. 그리고 개인적으로 아끼는 사진도 많이 들어 있어요. 조금 무리한 부탁인 줄 알지만 도와주시면 정말 감사하겠어요. 제가 지갑을 분실한 것이 사실이라면, 혹시 습득한 사람이 돌려줄 수도 있으니까 경찰에 신고해야 할까요?

Q 13

That's the end of the situation. You have probably had to do some projects while you were on business trips in the past. Tell me about a project you had to take care of. What exactly did you have to do? What was the outcome of the project? Were you satisfied with the results? Give me all the details.

앞의 상황은 이제 종료되었습니다. 예전에 출장을 갔을 때 프로젝트를 수행했던 적이 있었을 겁니다. 본인이 맡았던 프로젝트에 대해서 말해보세요. 구체적으로 무엇을 해야 했었나요? 프로젝트의 결과는 어땠나요? 결과에 만족했습니까? 자세하게 말해보세요.

I remember a project I did when I was working at the headquarters of my bank. I had to benchmark another bank while I was on a business trip. The main aim of the project was to assess a rival bank's strong points to see where our bank could improve. It took me a while to **figure out** the best approach to the project because I had never done any benchmarking before in my life. In the end, my efforts really **paid off**. I came up with a long list of positive and negative points of the rival bank that I took back to the head office to analyze. From my benchmarking alone our bank came up with some new ideas to improve our operation. It was **rewarding** to see actual changes being implemented in my workplace thanks to the project I had worked on.

Key Expressions

figure out 찾아내다, 풀어내다
- It didn't take me long to **figure out** the answer for the question.
  그 문제에 대한 답을 찾아내는데 그렇게 오래 걸리지 않았습니다.

pay off 진가를 발휘하다
- I was very happy because all my work had finally **paid off**.
  제 모든 노력이 마침내 진가를 발휘하게 돼서 아주 기뻤습니다.

rewarding 보람된
- The business trip was very **rewarding** because I learned a lot of new things.
  출장을 가서 새로운 것을 많이 배울 수 있어서 큰 보람을 느꼈습니다.

Idea Flow

서론	본론	결론
은행 본사에 일할 당시 했던 프로젝트	1. 프로젝트 목적: 경쟁사의 장점 분석을 통한 영업 개선 방법 고안 2. 시작 단계에서의 어려움 3. 결실: 실제 영업 개선으로 이어짐	프로젝트 수행 결과에 대해 보람을 느낌

Translation

제가 은행 본사에서 일할 때 했던 프로젝트가 생각납니다. 출장 갔을 때 다른 은행을 벤치마킹해야 했었습니다. 프로젝트의 목적은 경쟁 은행의 장점을 간파하고 우리 은행이 어떻게 개선될 수 있을지를 판단하는 것이었습니다. 그 전에 벤치마킹을 한 번도 해 본 적이 없어서 프로젝트에 대한 접근 방법을 생각해 내는데 한참 걸렸습니다. 그렇지만 제 노력은 헛되이 돌아가지 않았습니다. 저는 경쟁사의 장점을 자세하게 파악하고 본사로 돌아가서 분석했습니다. 결국, 이를 통해서 우리 은행이 영업 개선을 할 수 있는 새로운 아이디어를 찾아냈습니다. 제가 맡았던 프로젝트 덕분에 실제로 변화가 일어나는 것을 보면서 보람을 느꼈습니다.

You indicated that you like to listen to music. What kind of music do you like to listen to? Who is your favorite composer? Why do you like his/her music? Tell me everything about the music you like to listen to.

설문에 음악 듣는 것을 좋아하신다고 하셨습니다. 어떤 종류의 음악 듣는 것을 좋아하시나요? 가장 좋아하는 작곡가는 누구인가요? 왜 그 작곡가의 음악을 좋아하나요? 듣기 좋아하는 음악에 대해 전부 말해보세요.

I love listening to music, especially when I want to relax and **chill out**. I listen to many different genres of music including pop, jazz and classical. When I'm **feeling a bit down**, I usually tune in to my favorite radio station that plays Korean pop music. If I've had a stressful day at work, it's got to be jazz or classical music. My favorite composer for classical music is Mozart. Many of my friends say that classical music is boring and is for old people, but I don't think so. There is nothing quite like it. Some of Mozart's pieces are very relaxing, yet at the same time completely uplifting. The great thing about many classical pieces is that they are truly **timeless**. Like I said, I am also a fan of pop music, but the two are complete opposites.

 **Key Expressions**

chill out (특별히 하는 없이) 시간을 보내다
- Since Bob was overworked last week, he decided to **chill out** and relax at home this week.
  Bob은 지난주 너무 과로해서 이번 주는 집에서 긴장을 풀고 단지 휴식을 취하기로 했습니다.

feel a bit down 우울하다
- Sarah **felt a bit down**, so I did my best to cheer her up and comfort her.
  Sarah는 약간 우울했기 때문에 저는 그녀의 기분을 북돋아 주고 위로해 주기 위해 온 힘을 다했습니다.

timeless 세월이 흘러도 변치 않는
- Some movies are **timeless** and touching every single time you watch them.
  어떤 영화들은 세월이 흘러도 변치 않고 볼 때마다 감동적입니다.

Idea Flow

서론	본론	결론
음악 듣는 것을 좋아함	1. 기분에 따라 다른 음악을 들음 　1-1 우울할 때: 한국가요 　1-2 스트레스를 풀고 싶을 때: 재즈나 클래식 2. 클래식 작곡가 중 모차르트를 좋아함 3. 클래식 음악의 장점: 편안함, 기분을 좋게 함, 세월이 　흘러도 변하지 않음	클래식뿐 아니라 팝도 좋아함

 **Translation**

저는 음악 듣는 것을 매우 좋아합니다. 특히 긴장을 풀고 휴식을 취할 때 음악을 자주 듣지요. 팝이나 재즈, 클래식 음악을 포함한 여러 가지 다양한 장르의 음악을 듣는 것을 좋아합니다. 약간 우울할 때에는 한국가요를 틀어주는 라디오 방송을 듣습니다. 회사에서 스트레스를 받은 날에는 재즈나 클래식 음악을 듣습니다. 저는 클래식 작곡가 중에 모차르트를 가장 좋아합니다. 친구들은 클래식 음악은 따분하고 나이 많은 사람들이나 듣는 것이라고 치부하지만 저는 그렇게 생각하지 않습니다. 사실 클래식만 한 것도 없거든요. 모차르트 음악은 상당히 편안하면서도 기분을 좋게 해줍니다. 클래식 음악은 진정 세월이 흘러도 변치 않는다는 점이 위대하다고 생각합니다. 앞서 밝혔듯이 저는 팝 음악도 좋아하지만, 팝과 클래식은 완전히 반대의 장르라고 볼 수 있습니다.

Q 15 People use different devices to listen to music. What kind of gadgets do they use? How are the devices people used in the past different from the ones they use today?

사람들은 다양한 기기로 음악을 듣습니다. 어떤 종류의 기기가 사용되나요? 예전에 사용하던 것과 요즘 사용되는 기기는 어떻게 다른가요?

I think that nowadays most people listen to music using their MP3 players or cell phones. Personally, I use my cell phone because I **carry it around** everywhere. Instead of having to carry a separate music player, a cell phone is now the ultimate all-in-one device. Just 10 years ago CD players **were all the rage**, but they have pretty much disappeared now. Music now is not on a separate disc or cassette, but is stored in digital file format on a **built-in** memory source. CD players and cassette players used to be big and bulky, but MP3 players are much smaller and lighter. The sound quality of digital music is getting better although CDs technically have better quality. Lastly, the battery life on some of the latest MP3 players is quite impressive; some can play for over 24 hours straight. When the battery goes out, you just have to charge it again.

 Key Expressions

carry something around ~을 휴대하고 다니다
- I always **carry my tablet PC around** everywhere I go. 저는 어디를 가든지 항상 태블릿 PC를 들고 다닙니다.

be all the rage 폭발적인 인기를 끌다
- The new smartphone that was released **is all the rage**.
출시된 신형 스마트폰은 폭발적인 인기를 끌고 있습니다.

built-in 내장된
- The **built-in** camera in the phone is as powerful as a regular camera.
전화기 안에 내장된 카메라는 일반 카메라만큼이나 성능이 좋습니다.

Idea Flow

서론	본론	결론
요즘 추세: MP3 플레이어나 휴대전화기로 음악 청취	1. 나의 경우: 휴대전화기 사용 2. 예전에 사용했던 기기: CD 플레이어, 카세트 플레이어 　2-1 크기와 부피가 큼 　2-2 음질이 좋음	MP3 플레이어의 장점: 음질 개선 및 긴 배터리 시간

 **Translation**

요즘 사람들은 MP3 플레이어나 휴대전화기로 음악을 듣는 것 같습니다. 저는 휴대전화기를 항상 가지고 다니기 때문에 음악도 휴대전화기로 듣습니다. 별도의 음악 재생기기를 가지고 다니지 않아도 이제 휴대전화기는 모든 것이 다 들어가 있는 일체형 기기와 비슷합니다. 10년 전만 해도 CD 플레이어가 대세였는데 이제는 거의 사라졌습니다. 음악은 이제 별도의 CD나 카세트에 담기지 않고 내장 메모리에 디지털 파일 형태로 저장됩니다. CD 플레이어나 카세트 플레이어는 크고 부피가 컸지만 MP3 플레이어는 훨씬 작고 가볍습니다. 물론 CD의 음질이 더 우수하기도 하지만 디지털 음악의 음질이 계속 나아지고 있습니다. 마지막으로, 일부 최신 MP3 플레이어의 건전지 수명은 대단합니다. 어떤 기종은 24시간 이상 연속 사용도 가능합니다. 건전지를 다 쓰면 다시 충전하기만 하면 됩니다.

TEST**3**

Oral Proficiency Interview-computer

Q 01

Let's start the interview. Tell me a little about yourself.

인터뷰를 시작합니다. 당신에 대해 말해주세요.

Well, my name is Kang Hyung-mo and I'm 36 years old. I'm now a married man after wedding my childhood sweetheart around the turn of the year. We have our first baby on the way, which I'm over the moon about. It may mean that we will have to **tighten our purse strings** for the moment. My job is at an electronics company, working in the research and development team as an assistant manager for the household appliances subdivision. I'm aiming for a promotion by the end of this year at work. One of my main roles is to **think up** innovative ideas for new products and features. My team recently developed a budget coffee machine that can also make tea as well. We have some other similar projects **in the works**, but I'm not allowed to talk about them yet as they are still in the testing phase.

 Key Expressions

tighten one's purse strings 돈주머니를 졸라매다, 재정적 긴축을 하다
- Now that I have quit my job, I need to **tighten my purse strings** until I find a new career.
  저는 직장을 그만두었기 때문에 새로운 직장을 찾을 때까지 제 돈주머니를 졸라매야 합니다.

think up 생각해 내다, 고안하다
- I am a huge fan of HB company, so I am very excited to see what they will **think up** next.
  저는 HB 회사의 광 팬이기에 그들이 다음으로 고안할 것을 보게 되어 매우 흥분됩니다.

in the works 진행 중에
- James Cameron has several new projects **in the works** and I am hoping one of them is a prequel to Avatar.
  James Cameron은 몇 가지 새로운 프로젝트를 진행 중이며 저는 프로젝트 중 하나가 아바타의 속편이기를 바라고 있습니다.

Idea Flow

서론	본론	결론
이름, 나이, 얼마 전에 결혼함	1. 아이가 곧 태어남 2. 직장: 전자회사의 연구팀 대리 3. 역할: 제품 아이디어를 고민	수행 중인 프로젝트에 대해 간단히 소개

 **Translation**

자, 제 이름은 강형모고, 36살입니다. 새해 즈음에 어릴 적 여자친구와 결혼한 새신랑이에요. 곧 태어날 우리의 첫 아이를 생각하면 정말 행복합니다. 돈주머니를 좀 졸라매야 하는 상황이기도 하죠. 저는 전자제품 회사에서 가전제품 부서의 연구 개발팀에서 대리로 근무하고 있습니다. 저는 직장에서 이번 년도 말에 승진을 목표로 하는 중이에요. 새로운 제품과 특성을 위한 혁신적인 아이디어를 고안해내는 것이 제 주요 역할 중 하나입니다. 우리 팀은 최근 차도 만들 수 있는 저가 커피 자판기를 개발했어요. 현재 진행 중인 다른 비슷한 프로젝트들도 있지만, 여전히 실험 단계에 있기 때문에 그것에 대해서는 이야기할 수가 없습니다.

Q 02

You indicated in the survey that you like to go to museums. What kinds of museums do you like to go to? How often do you visit museums? What do you learn from your visits there?

설문에서 박물관에 가는 것을 좋아한다고 했습니다. 어떤 종류의 박물관 가는 것을 좋아하시나요? 얼마나 자주 박물관에 가시나요? 박물관 방문으로부터 무엇을 배웁니까?

I like visiting many different types of museums, but I like national history ones the most because they are a link to our past and help us remember and fully appreciate what went before us. My favorite museum is the National Museum of Korea located in Yongsan, Seoul. The building itself is as impressive as the exhibits inside. I, like many others, simply stand **in awe** of the structure before going in. I don't visit museums as often as I'd like to, but I do try to go at least once every few months. It would be great if you could learn something every time you went to a museum, but I'm **a firm believer** in museums being a place where you can spend time just absorbing in the atmosphere, rather than actively learning. But obviously you do **pick up bits and pieces** about the history of Korea each time you visit.

 **Key Expressions**

in awe 두려워하여, 경외하여
- I stood **in awe** for a solid 10 minutes when I first saw the original Mona Lisa in Paris.
  저는 파리에서 모나리자 원본을 처음 봤을 때 경외심으로 10분 동안 그대로 서 있었습니다.

a firm believer 굳게 믿는 사람, 확고한 신봉자
- I am **a firm believer** in the business-casual dress code because formal suits make salesmen seem too stuffy. 정장은 판매원들을 너무 고리타분하게 보이게 해서 저는 일상근무복 복장이 좋다고 굳게 믿는 사람입니다.

pick up bits and pieces 어깨너머로 이것저것 배우다
- My aunt's family is from Busan, so I **pick up bits and pieces** of the Gyeongsang dialect every time I hang out with them. 제 이모의 가족은 부산 출신이라서 저는 그 가족과 어울릴 때마다 경상도 방언을 어깨너머로 이것저것 배웁니다.

 **Idea Flow**

서론	본론	결론
역사박물관을 좋아함: 과거로의 연결	1. 좋아하는 박물관: 국립중앙박물관 2. 건물 구조와 내부 전시를 좋아함 3. 자주 가지는 못함	한국 역사에 대해 배울 수 있음

Translation

저는 매우 다양한 종류의 박물관을 좋아합니다만, 역사박물관을 가장 좋아해요. 우리를 과거로 연결해주며 이전에 발생했던 일들을 기억하고 충분히 인식할 수 있도록 도와주기 때문이죠. 저는 서울의 용산에 있는 국립중앙박물관을 가장 좋아합니다. 빌딩 자체는 건물 내부 전시만큼이나 인상적인데요. 다른 많은 사람과 마찬가지로, 저는 박물관 안으로 들어가기도 전에 구조에 대해 경외심을 갖게 됩니다. 가고 싶은 만큼 자주 가지는 못하지만, 적어도 몇 달에 한 번은 가려고 합니다. 당신이 박물관에 갈 때마다 무언가를 배울 수 있다면 좋겠지만, 저는 기본적으로 박물관이 적극 무언가를 배우기보다는 그저 분위기에 빠져 시간을 보낼 수 있는 곳이라고 굳게 믿는 사람 이에요. 그러나 분명히 당신은 박물관을 매번 방문할 때마다 한국 역사에 대한 이것저것을 어깨너머로 배울 수가 있습니다.

Q 03

Tell me about an interesting exhibit you saw at a museum. What was special about the exhibit? What did you learn from that particular exhibit? Did you recommend it to your friends?

박물관에서 본 흥미로운 전시에 대해 말해주세요. 그 전시의 특별한 점은 무엇이었나요? 그 전시를 통해서 배운 것은 무엇이었습니까? 친구들에게 전시를 추천했나요?

I remember a really interesting exhibit that I saw in the National Museum of Korea a few years back. It was called Treasures from Pyongyang and featured lots of artifacts that were on loan from a Korean history museum in Pyongyang, North Korea. The exhibition was special because at the time it helped **build bridges** between the two Koreas through cultural exchange. It was the first time that I'd seen any artifacts from North Korea and I learned a lot about how our history in Korea as a whole is almost the same. The **stand-out** exhibit was a big bronze statue of Wang Geon. The reason I went to the exhibition **in the first place** was because of some great write-ups it got in the press. After I had seen it with my own eyes, I told all my friends and colleagues about it.

Key Expressions

build bridges 다리를 놓다
- To expand my professional network, I am trying to **build bridges** with the older alumni from my university. 직업상 인맥을 확장하기 위해 대학 동문에게 다리를 놓으려 노력하는 중입니다.

stand-out 아주 뛰어난, 눈에 띄는
- The **stand-out** student in my class is Jin-young Jung; she always gets the highest scores on tests. 제 수업에서 아주 뛰어난 학생은 정진영이며, 그녀는 항상 시험에서 가장 높은 점수를 얻습니다.

in the first place 우선, 첫째로
- If I had decided not to go to my college **in the first place**, I would never have met my future wife. 만일 우선 제가 대학에 가지 않기로 했다면 저는 미래의 부인을 결코 만나지 못했을 것입니다.

Idea Flow

서론	본론	결론
흥미로운 전시: 평양의 공예품 전시	1. 전시가 특별했던 이유 2. 전시를 통해 역사의 유사성을 배움 3. 왕건의 대형 청동상	친구와 동료에게 전시를 추천함

Translation

국립중앙박물관에서 몇 년 전에 본 정말 흥미로운 전시가 기억나네요. '평양에서 온 보물'이라는 제목이었는데, 북한 평양에 있는 한국역사박물관으로부터 빌려 온 공예품을 많이 전시했어요. 전시는 그 당시 문화적 교환을 통해서 남한과 북한 사이에 다리를 놓았다는 점에서 특별했습니다. 북한의 공예품을 본 것이 그 전시가 처음이었으며, 우리의 역사가 전체적으로 얼마나 비슷한지 잘 알게 되었습니다. 눈에 띄는 전시품은 왕건의 대형 청동상이었죠. 제가 전시회에 간 우선적 이유는 동상에 대해 신문에 실린 칭찬 기사들 때문이었는데요. 제 눈으로 직접 보고 난 후, 친구들과 동료에게 전시에 대해 알려주었습니다.

There are rules you have to follow when you are at the museum. What are some rules you have to follow? What happens if you do not follow those rules?

박물관에서 따라야 하는 규칙들이 있습니다. 당신이 따라야 하는 규칙들에는 무엇이 있습니까? 만약 그것들을 따르지 않는다면 어떤 일이 발생합니까?

There are a few general rules that you need to follow when you visit a museum. First and foremost, you shouldn't be too noisy. Of course **it goes without saying that** you don't have to be silent or even as quiet as you should be in an art gallery, but being very loud is inconsiderate to other visitors. Another rule that many museums put in place is a ban on photographs for certain exhibits. If you try to take pictures of restricted exhibitions, then usually a member of the staff at the museum will ask you to put your camera away. In many museums it is also impossible to **get away with** eating or drinking close to most exhibits. If you're caught with food or drink inside the museum, you'll usually be asked to dispose of it immediately. Most rules in museums are simply **common sense**.

 **Key Expressions**

it goes without saying that ~은 말할 필요도 없다
- If you do not drive in Seoul, **it goes without saying that** you should get familiar with the subway map and bus routes.
  만일 당신이 서울에서 차를 운전하지 않는다면, 지하철 노선도와 버스 경로에 익숙해야 함은 말할 필요도 없습니다.

get away with 사소한 잘못을 하고 벌 받지 않고 교묘히 모면하다
- Since thousands of people **got away with** not paying the subway fare last year, the metro police have decided to crack down on fare jumpers this year.
  작년에 수천 명의 사람들이 전철 요금을 내지 않고 그냥 넘어갔기 때문에 전철 경찰은 올해 무임 승차자들을 엄중히 단속하기로 결정했습니다.

common sense 상식
- He definitely lacks **common sense**. He always wears inappropriate clothes to work.
  그는 분명히 상식이 부족합니다. 항상 부적절한 옷을 입고 일하러 옵니다.

Idea Flow

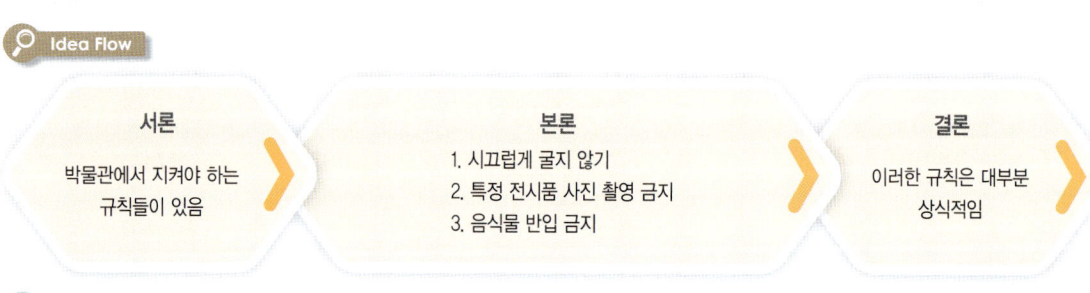

서론	본론	결론
박물관에서 지켜야 하는 규칙들이 있음	1. 시끄럽게 굴지 않기 2. 특정 전시품 사진 촬영 금지 3. 음식물 반입 금지	이러한 규칙은 대부분 상식적임

Translation

당신이 박물관에 갈 때 따라야 하는 몇 가지 규칙들이 있습니다. 무엇보다도 너무 시끄럽게 해서는 안 됩니다. 물론 침묵해야 한다거나 심지어 미술관 내에서만큼 조용해야 할 필요는 없다는 것은 말할 것도 없지만, 시끄럽게 구는 것은 다른 관람객들을 배려하지 않는 것입니다. 많은 박물관에서 행하는 또 다른 규칙은 특정 전시품의 사진 촬영을 금지하는 것입니다. 보통 사진 촬영이 제한된 전시품의 사진을 찍으려고 하면 박물관 직원이 카메라를 넣으라고 부탁할 거예요. 많은 박물관 내에서는 대부분 전시품 근처에서 음식물을 먹거나 음료를 마시는 것 또한 불가능합니다. 박물관 내에서 음식 또는 음료를 가지고 있다가 걸리면, 대개 그 자리에서 즉시 버리도록 요청을 받습니다. 박물관에서의 대부분의 규칙은 단순히 상식적인 것들입니다.

Q 05 Describe the bank you go to most often. Where is it located and what is it like? How are the people who work at the bank? What happens from the moment you walk into the bank till you walk out? Tell me in detail what goes on when you visit the bank.

자주 가는 은행을 묘사해주세요. 어디에 있고, 어떻습니까? 은행에서 일하는 사람들을 어떤가요? 은행 안으로 들어갈 때부터 나오는 순간까지 무슨 일이 있습니까? 은행을 방문했을 때 일어나는 일을 자세히 말해주세요.

The bank I visit most often is the one that is located on the first floor of my office building. I usually go there during my lunch break if I have something urgent to **attend to**. The bank is spread out over the whole first floor of the building, with many comfortable seating areas and a free coffee machine for customers. The staff also **goes the extra mile** to make everyone feel comfortable and keep waiting times down to a minimum. There is always a friendly face greeting me when I walk in and I don't usually need to wait for more than 5 minutes, so I don't waste much time just hanging around. Once I'm done with my banking, everyone wishes me a good day and someone will always be on hand to hold the door open when I leave. The service at this bank is truly **second to none**.

 Key Expressions

attend to ~을 처리하다
- I had personal affairs to **attend to**, so I was unable to attend the conference.
  저는 개인 일을 처리해야 해서 회의에 참석할 수 없었습니다.

go the extra mile 한층 더 노력하다
- To make a good impression, you need to **go the extra mile** by coming into work early every morning. 좋은 인상을 주기 위해, 당신은 매일 아침 일찍 출근하는 노력을 한층 더 해야 합니다.

second to none 누구에게도 뒤지지 않는, 제일의
- My professor's passion was **second to none**, which is why his classes were always full.
  제 교수님의 열정은 최고여서 그의 수업은 항상 만원이었습니다.

Idea Flow

서론	본론	결론
자주 가는 은행의 위치: 회사 1층	은행의 서비스 1. 넓은 좌석 공간 2. 무료 커피 제공 3. 대기 시간 최소화 4. 밝은 인사성	은행 서비스가 최고임

Translation

제가 가장 자주 가는 은행은 제가 다니는 회사 빌딩의 일 층에 위치한 곳입니다. 급하게 처리할 일이 있으면 주로 점심시간을 이용합니다. 은행은 빌딩 1층 전체에 넓게 공간을 차지하고 있는데, 편안히 앉을 수 있는 많은 공간과 고객들을 위해 무료 커피를 제공합니다. 그곳의 직원들 또한 모든 사람들이 편안하게 느끼고 대기 시간을 최소화할 수 있도록 더욱더 노력합니다. 은행에 들어가면 항상 제게 인사하는 친근한 얼굴이 있으며, 보통 5분 이상 기다릴 필요가 없어 시간을 낭비할 일이 없지요. 은행 업무를 끝내면 모든 직원이 제게 즐거운 하루를 보내라며 인사를 하며, 나올 때 누군가가 항상 문을 열어줍니다. 이 은행의 서비스는 진정으로 최고예요.

Q 06

Banks have changed over the years. How are banks different from what they looked like in the past? What kinds of changes are most evident? What kind of impact have those changes had on the customers? Give me all the details.

은행은 지난 몇 년간 바뀌어왔습니다. 과거 은행의 모습과 어떻게 다릅니까? 어떤 종류의 변화들이 가장 자명합니까? 그러한 변화들이 고객들에게 어떤 영향을 미쳤습니까? 자세히 말해보세요.

Banks, like everywhere else, have changed a lot from the past. Obviously the interiors of them have **changed with the times**, with everything from the furniture to the light fixtures much more modern. Many of the most important changes in banks have been driven by customer complaints. Years ago customers would have to stand in line to see a bank clerk, but now every bank has a ticket machine that holds your place in line for you. Customers can now sit down comfortably while they wait for their number to be called out. During the summer, banks are most famous for their air-conditioning, which is turned up to the max during the hot, sticky days. It can offer some much-needed respite from the unbearable temperatures. But recently many people have **called into question** the impact on the environment that such extreme air-conditioning has, with many banks now **scaling back** on their use.

🔑 **Key Expressions**

change with the times 시대에 맞춰 변하다
- As Korean society **changes with the times**, the emphasis on age and social hierarchy will continue to decrease. 한국 사회는 시대에 따라 변하기 때문에 나이와 사회 계층에 대한 강조는 계속 줄어들 것입니다.

call into question 의문을 제기하다, 문제 삼다
- Her honesty is **called into question**. I won't trust her anymore.
  그녀의 정직함이 의심스러워집니다. 나는 다시는 그녀를 믿지 않을 것입니다.

scale back 축소하다, 줄이다
- My college has decided to **scale back** on their campus expansion plans.
  제 대학교는 캠퍼스 확장 계획을 축소하기로 했습니다.

🔍 **Idea Flow**

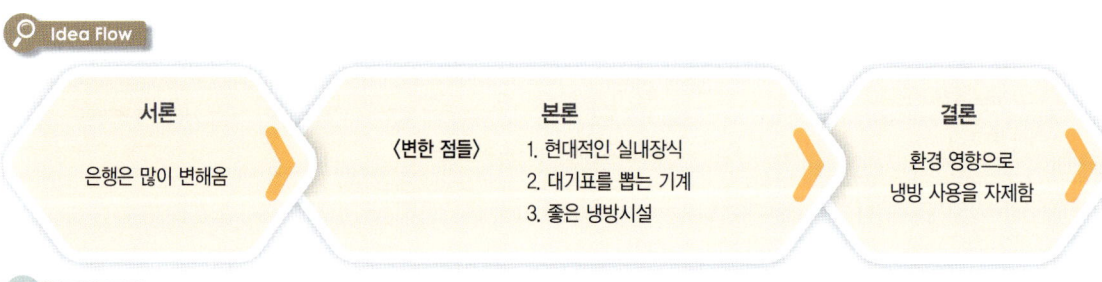

서론	본론	결론
은행은 많이 변해옴	〈변한 점들〉 1. 현대적인 실내장식 2. 대기표를 뽑는 기계 3. 좋은 냉방시설	환경 영향으로 냉방 사용을 자제함

✏️ **Translation**

다른 곳과 마찬가지로 은행은 예전과 많이 다릅니다. 분명 은행의 실내장식은 가구에서 조명 기구까지 훨씬 현대적으로 시대에 맞게 변했죠. 은행 대부분의 중요한 변화 중 많은 부분이 고객의 불평사항들에 따라 이루어졌습니다. 과거에는 고객들은 은행원을 만나서 일을 보기 위해 줄을 서야만 했겠지만, 현재는 모든 은행이 대기표를 뽑는 기계를 비치하고 있죠. 고객들은 그들의 번호가 불릴 때까지 기다리는 동안 편안하게 앉아있을 수 있습니다. 여름철, 은행은 무덥고 끈적거려 불쾌한 날에 냉방을 최고로 트는 곳으로 유명합니다. 견딜 수 없는 온도로부터 잠시 벗어나 우리에게 필요한 것을 제공해 주지요. 하지만 최근 많은 사람이 이렇게 지나친 냉방이 환경에 미치는 영향에 대해 문제 삼아 이제는 많은 은행이 에어컨 사용을 줄이고 있습니다.

Q 07

Problems can occur when you are at a bank. Perhaps you might have forgotten to take your ID with you. Talk about a problem you personally had at a bank. What exactly happened and how did you solve that problem?

당신이 은행에 있을 때 문제들이 발생할 수 있습니다. 아마도 신분증을 가지고 가는 것을 깜빡했을 수도 있습니다. 은행에서 개인적으로 발생한 문제에 대해 말해보세요. 정확하게 어떤 일이 있었고, 그 문제를 어떻게 해결했습니까?

Forgetting to take your ID with you to the bank is something that I am definitely guilty of. One time I needed to make a bank transfer urgently for my company, but as I didn't have my ID card with me, the bank clerk said it wasn't possible to proceed. I pleaded with her to **let me off** this one time due to the urgency and importance of the situation but she insisted that there was no way around the problem. Then **it** suddenly **dawned on me**; I had a photocopy of my ID in my pocket! I asked the clerk if that would be sufficient and she said she needed to check with her manager. If I hadn't completed that bank transfer there and then, I would have had to **face the music** back at the office, so I was very relieved when the clerk approved the transfer in the end.

 Key Expressions

let someone off ~를 봐주다
- Even though I was pulled over by the police, they **let me off** with a warning.
  비록 저는 경찰에 의해 길 한쪽으로 차를 댔지만, 그들은 경고하며 저를 봐주었습니다.

it dawn on somebody ~가 깨닫게 되다
- Last Sunday, **it dawned on me** that Monday was my sister's birthday, so I ran to the bakery to order a birthday cake.
  월요일이 언니의 생일이라는 것을 지난 일요일에 깨달아서 생일 케이크를 주문하기 위해 제과점으로 달려갔습니다.

face the music 비난(벌)을 받다
- After running from the police for 2 years, the suspect decided to **face the music** and turn himself in to the authorities. 2년 동안의 도피 끝에, 용의자는 벌을 받고 관계자에게 자수하기로 했습니다.

Idea Flow

서론	본론	결론
은행에 신분증을 가지고 가지 않음	1. 급한 업무라서 봐달라고 요청함 2. 신분증 복사본이 있음을 깨달음	다행히 이체 업무를 함

 **Translation**

은행에 갈 때 신분증 챙기는 것을 잊는 것은 확실히 제 잘못이에요. 한 번은 회사 일로 급하게 계좌이체를 할 일이 있었는데 깜빡 잊고 신분증을 챙기지 못해 은행 직원이 업무를 처리할 수 없다고 말했던 적이 있었습니다. 저는 직원에게 상황이 절박하고 중요하기 때문에 이번 한 번만 봐 달라고 간곡히 부탁했지만, 직원은 달리 방도가 없다고 주장했습니다. 그런데 그때 주머니 안에 있던 신분증 복사본이 있음이 불현듯 떠올랐습니다! 직원에게 혹시 이걸로도 충분할지 물어보았더니 직원은 지점장에게 확인해 봐야겠다고 했죠. 그때 그 자리에서 은행 업무를 보지 못했다면 아마 전 사무실로 돌아와 비난을 받아야 했을 것입니다. 그래서 직원이 결국 이체를 승인해주었을 때 매우 안심했습니다.

Q 08

You indicated in the survey you like watching a cooking show. When do you watch it? How often do you watch it? Why do you like that kind of show?

당신은 사전 설문에서 요리프로그램을 시청하는 것을 즐긴다고 했습니다. 언제 그것을 시청하시나요? 얼마나 자주 시청하시나요? 왜 이런 종류의 프로그램을 좋아하나요?

One of my hobbies is watching cooking shows. As I don't have cable at home, and my gym doesn't get that network, I have to watch them at a friend's. Luckily, both my friend and I have the same favorite cooking show, so we **look forward to watching** the show together, which airs twice a week. We usually watch the show after dinner, while having dessert such as fruit or tea. The cooking show we watch is so entertaining that we continuously **wind up laughing** so hard at the cook's jokes. It helps me de-stress and **have fun**. Not only is the show entertaining, but I also learn new recipes and ways to cook. It's nice to see how others cook and learn some techniques to make gorgeous dishes. Even though I have never tried what I learned from cooking shows in my kitchen, I think I have learned a lot about cooking techniques and nutrition by watching cooking shows.

🔑 Key Expressions

look forward to -ing –하는 것을 고대하다
- We're really **looking forward to meeting** Jim in three months.
  우리는 Jim의 안전 때문에 3개월 후에 Jim을 만나기를 고대하고 있습니다.

wind up -ing 결국–하게 되다
- If you insist on working that way, you'll **wind up losing** your job.
  그런 식으로 계속 일하면 결국 일자리를 잃을 겁니다.

have fun 재미있게 놀다, 흥겨워 하다
- The music that the artists are playing just makes you get up, go to the dance floor, and **have fun**.
  그 예술가들이 연주하는 음악을 들으면 당신은 자리에서 일어나 플로어에 나가 재미있게 놀게됩니다.

🔍 Idea Flow

서론	본론	결론
요리프로그램 시청이 취미	1. 친구집에서 일주일에 두 번, 저녁 식사 후 디저트를 먹으며 시청 2. 요리프로그램 시청 이유 　2-1 재미있어서 웃다보면 스트레스 해소 　2-2 새로운 레시피와 조리법 공부	요리프로그램을 시청하며 요리 기술과 영양에 대해 많이 배움

✏️ Translation

제 취미 중 하나는 요리프로그램을 시청하는 것입니다. 제 집에 케이블 방송이 안 나오고, 제 헬스클럽에도 유선 방송이 안 나와서 저는 제 친구 집에서 요리프로그램을 시청해야 합니다. 운이 좋게도, 제 친구와 저는 제일 좋아하는 요리프로그램이 똑같아서, 함께 프로그램을 보는 것을 고대하고, 그 프로그램은 일주일에 두 번 방송됩니다. 우리는 대개 저녁 식사 후에 과일이나 차와 같은 디저트를 먹으면서 요리프로그램을 봅니다. 저희가 시청하는 그 요리프로그램은 정말 재미있어서 저희는 요리사의 농담에 결국 정말 심하게 계속 웃게 됩니다. 그 요리프로그램은 제가 스트레스를 벗어나 즐거운 상태가 되도록 합니다. 그 프로그램은 재미있고, 제가 새로운 레시피와 조리법을 배우기도 합니다. 다른 사람들이 요리하는 것을 보는 것과 아주 멋진 요리를 만드는 기술을 배우는 것은 멋진 일입니다. 제 부엌에서 제가 요리프로그램에서 배운 것을 요리해본 적은 없지만, 요리프로그램을 시청함으로써 요리 기술과 영양에 대해 많이 배웠다고 생각합니다.

Q 09

Please tell me about your favorite cooking shows. Why are they interesting? Who are the people on those shows?

당신이 가장 좋아하는 요리 프로그램들에 대해 이야기해주세요. 왜 그 프로그램을 좋아하나요? 그 프로그램에 나오는 사람들은 누구인가요?

I love watching other people cook, especially in a competitive environment. I always **root for** challengers to become the champion. Recently, I've **been hooked on** *Top Chef* which is an American reality competition show in which chefs compete against each other in culinary challenges. The start of the show begins with twelve to eighteen professional chefs who are selected through auditions. The chefs live in provided apartments during the course of the show and cannot communicate with anyone outside. They are judged by a panel of professional chefs and other notables from the food and wine industry, with one or more contestants eliminated in each episode. This format continues until two or three chefs remain. The *Top Chef* is declared when the judges determine the best meal of the show. *Top Chef* has all of the elements of a perfect cooking show such as **high-stakes** culinary competitions, gorgeous food, likable and not so likable characters, awesomely talented judges, and non-stop drama. I hope *Top Chef* continues forever.

🔑 Key Expressions

root for 응원하다, 성원하다
- Recently, there are some who actually **root for** terrorist organizations.
  최근에 실제로 테러리스트 단체를 응원하는 사람들이 있습니다.

be/get hooked on –에 맛들이다, 푹 빠지다; [마약, 술]에 중독되다
- The intense loyalty to high-speed Internet is a sign that people are **being hooked on** the latest technology. 고속 인터넷에 대한 강력한 충성심은 최신 기술에 푹 빠진 사람들의 특징입니다.

high-stakes 흥하든 망하든, 이판사판의
- Sally lost all of her money in a **high-stakes** poker game. Sally는 이판사판의 포커게임에서 그녀의 모든 돈을 잃었습니다.

🔍 Idea Flow

서론	본론	결론
가장 좋아하는 요리프로그램: 미국 리얼리티 요리 경쟁 프로그램 Top Chef	1. 12–18의 전문 요리사들로 시작 2. 통제된 요리사들의 생활 3. 패널에 의해 평가 받고 매 회 1명 이상 탈락 4. 최고의 요리사 선정	Top Chef가 계속 방영되기를 희망

✏️ Translation

저는 다른 사람들이 요리하는 모습을 시청하는 것을 좋아하고, 특히 경쟁적인 상황에서 다른 사람들이 요리하는 모습을 보는 것을 좋아합니다. 저는 항상 도전자들이 우승자가 되라고 응원합니다. 최근에 요리사들이 요리 과제에서 서로 경쟁하는 미국 리얼리티 경쟁 프로그램인 Top Chef에 푹 빠졌습니다. 그 프로그램은 오디션을 통해 선택된 12명에서 18명의 전문 요리사들로 시작합니다. 그 요리사들은 프로그램이 진행되는 동안 제공된 아파트에 살고 외부사람들과 소통할 수 없습니다. 참여 요리사들은 요리와 와인 업계의 전문 요리사와 유명인사들로 구성된 패널에 의해 평가 받고, 매 회마다 한 명 이상의 요리 참가자들이 탈락합니다. 이 진행방식은 두, 세 명의 요리사가 남을 때까지 계속됩니다. Top Chef는 심사위원들이 프로그램의 최고 음식을 결정할 때 선언됩니다. Top Chef는 이판사판의 요리 경쟁, 정말 훌륭한 음식, 좋아할만한 그리고 그렇게 좋아하지 않을만한 인물들, 어마어마하게 재능 있는 심사위원들, 그리고 끝없는 극적인 사건과 같은 완벽한 요리프로그램의 모든 요소를 가지고 있습니다. 저는 Top Chef가 영원히 계속 방송되면 좋겠습니다.

Q 10 Could you tell me about a memorable episode on the show? What made the show particularly memorable to you?

요리프로그램에 나왔던 기억에 남는 에피소드에 대해서 이야기 해줄 수 있나요? 무엇이 당신으로 하여금 특별히 기억에 남게 하였나요?

Although my favorite cooking show, *Top Chef*, has several fascinating episodes, there is one episode that I will never forget. This was the *Snow White Challenge* episode. The challenge required the chefs to cook a dish that reflects the story of the evil queen in the story "*Snow White*." I really loved this episode because it really gave the chefs a way to express themselves and do some outstanding things, visually and thematically, through their dishes. The chefs were required to be creative and flexible while preparing and cooking. In the end, they made several impressive dishes such as **enchanted** forests, witch's stews, forbidden rice, and a chicken being **slaughtered** on a plate with an egg to represent the dead baby chicken that would never live a day. All of the dishes were **wickedly** beautiful and artistic beyond my imagination. After watching this episode, I realized that cooking is a way to express one's self and inspire one's creativity.

🔑 Key Expressions

enchanted 마법에 걸린; 황홀해 하는
- The witch manipulated the **enchanted** forest animals to do what she told them.
  마녀는 마법을 걸린 숲 속의 동물들에게 자기가 말한 대로 행동하도록 조종했습니다.

slaughtered 도살된
- Not all **slaughtered** animals are tested for the disease. 도살된 모든 동물이 질병 검사를 받는 것이 아닙니다.

wickedly 사악하게, 나쁘게, 심술궂게
- I love watching a **wickedly** funny comedy. 저는 짓궂게 재미있는 코미디 시청하는 것을 좋아합니다.

🔍 Idea Flow

서론	본론	결론
Top Chef에서 잊지 못할 에피소드: 백설공주도전 (Snow White Challenge) 에피소드	1. 백설공주 이야기 중 사악한 여왕 이야기를 반영하는 음식을 요리하는 도전 2. 좋아하는 이유 2-1 요리를 통해 요리사 본인을 표현 2-2 굉장한 요리 결과물	요리가 본인을 표현하고 창의성을 유발하는 한 방법이라는 것을 깨달음

✏️ Translation

제가 가장 좋아하는 요리프로그램인 Top Chef에 여러 매혹적인 에피소드가 있지만, 제가 영원히 잊지 않을 에피소드가 하나 있습니다. 그것은 백설공주도전(Snow White Challenge) 에피소드입니다. 그 도전은 요리사들에게 백설공주 이야기 중 사악한 여왕 이야기를 반영하는 음식을 요리하도록 요구했습니다. 저는 이 에피소드를 정말 좋아하는데 요리사들이 그들 자신을 표현하도록 했고, 그들의 요리를 통해 시각적으로 그리고 주제적으로 대단한 음식을 만들도록 했기 때문입니다. 요리사들은 음식을 준비하고 요리를 하면서 창의적이고 유연하도록 요구 받았습니다. 결국에 요리사들은 마법에 걸린 숲, 마녀의 스튜, 금지된 밥, 그리고 하루도 살지 못한 죽은 병아리를 표현하는 달걀과 함께 접시에 올려진 도살된 닭과 같은 여러 인상적인 요리를 만들었습니다. 모든 요리들은 사악하게 아름다웠고 내 상상을 뛰어넘게 예술적이었습니다. 이 에피소드를 시청하면서, 요리가 본인을 표현하고 창의성을 유발하는 한 방법이라는 것을 깨달았습니다.

Q 11 I'd like to give you a situation and ask you to act it out. You are waiting for a new product to be released at your company. Call the department in charge of production and ask three or four questions about the new product. Ask what's new about it and when it will be released.

상황을 하나 드릴 테니 그것에 맞게 과제 수행을 해보세요. 회사에서 새로운 제품이 곧 출시됩니다. 생산 담당 부서에 전화를 걸어 새 제품에 관한 질문을 3~4개 해보세요. 기존 제품과 무엇이 다르고 언제 출시될지를 물어보세요.

Hi, this is Kang Hyung-mo from the sales department. I'm calling for an update on the new 3D HDTV release. We're getting a lot of calls from customers eager to get their hands on the model as soon as it **hits the market**. **Are** we still **on schedule** for the July 15th release date? If so, we'd like to start taking pre-orders from next week. Also, I'd like to ask a few technical questions about the TV if you're not too busy right now. I've had several customers asking whether the new model will be available in any size other than the 50 inch model showcased at the product launch two weeks ago. **Are** there any other sizes **in the pipeline**? Last but not least, I'm wondering how many units we are going to be producing all together in the first month. Please get back to me when you can.

🔑 Key Expressions

hit the market 시중에 출시되다
- Do you know when the new product will **hit the market**? 신제품이 언제부터 시판되는지 아세요?

be on schedule 일정에 맞춰 진행되다
- We **are on schedule** for the new product release. 신제품 출시가 일정에 맞춰 진행되고 있습니다.

be in the pipeline 생산 중이다
- The Las Vegas project **is** no longer **in the pipeline** because we lost contact with our prospective buyers. 유망한 구매자와 연락이 끊어져서 라스베이거스 프로젝트는 더는 진행되지 않습니다.

🔍 Idea Flow

서론	본론	결론
1. 자기소개: 이름, 소속 2. 신제품에 관한 문의	1. 문의 배경: 신제품에 대해 문의하는 고객이 많음 2. 출시 일정 3. 기술적인 문의: 신제품이 다른 크기로도 생산되는지의 여부 4. 첫 달 생산 물량 문의	연락을 부탁함

✏️ Translation

안녕하세요. 영업부 강형모입니다. 새로 나오는 3D HDTV 출시에 대해 문의 좀 드리려고요. 이 제품이 시판되자마자 사고 싶어하는 고객들께서 저희 쪽으로 전화 문의를 많이 하시거든요. 예정대로 7월 15일에 출시되는 거 맞나요? 그렇다면 다음 주부터 선 주문을 받을까 해서요. 그리고 지금 많이 바쁘신 게 아니면 제품 관련 기술적인 질문을 해도 괜찮을까요? 해당 제품이 2주 전에 론칭 행사에서 공개된 50인치 모델 말고 다른 크기의 모델도 나오느냐고 물어보시는 고객들이 계셔서요. 다른 크기의 제품도 생산 중인가요? 마지막으로 첫 달에 전체 몇 대나 생산되는지 궁금하네요. 시간 되실 때 연락 부탁합니다.

Q 12

I'm sorry, but there is a problem I need you to resolve. You have found out that the release of the new product will be delayed. The problem is that one of your key clients wants to place a large order as soon as possible. You do not want to lose this client. Call the people who are in charge of developing the product and explain the situation. Give them two or three alternatives to solve the problem.

문제가 발생해서 해결해주셔야 하겠습니다. 당신은 신제품 출시가 지연된다는 소식을 들었습니다. 문제는 주요 고객사 중 한 곳에서 될 수 있으면 빨리 많은 주문을 하고 싶어하는데 당신은 이 고객사를 놓치고 싶지 않습니다. 제품 개발 담당자에게 전화를 걸어 상황을 설명하세요. 문제 해결을 위한 2~3가지 대안을 제시하세요.

Hello there, this is Kang Hyung-mo again. I've just heard the news about the delay in production. This has **put me in a tough spot** with one of our biggest clients, Best Mart. They have already planned a special promotional event **centered around** the 3D HDTV launch for July 15th. It will be very difficult for them to change the schedule now because the announcements have already gone out. We need to **come up with** a solution. I heard that the release of the TV is being delayed due to a change in the remote control design. How about we first provide the original remote controls to Best Mart with the TVs? Or I guess we could provide the TVs without remote controls at first and send the new designs out as soon as they're ready a week later. What do you think?

🔑 Key Expressions

put someone in a tough spot ~를 난처한 상황에 부닥치게 하다
- The conflict of interest **put me in a tough spot**. 이해관계의 상충으로 제가 난처한 상황에 부닥치게 됐습니다.

centered around ~을 중심으로
- There is a lot of buzz **centered around** the new smartphone launch.
  새로운 스마트폰 출시를 둘러싸고 많은 관심이 집중되고 있습니다.

come up with ~을 제시하다, 만들어내다
- We need to **come up with** some new ideas for the design. 디자인에 대해서 새로운 아이디어를 낼 필요가 있습니다.

🔍 Idea Flow

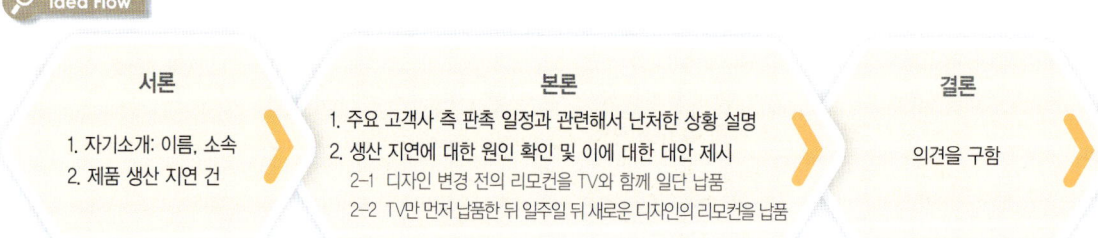

서론
1. 자기소개: 이름, 소속
2. 제품 생산 지연 건

본론
1. 주요 고객사 측 판촉 일정과 관련해서 난처한 상황 설명
2. 생산 지연에 대한 원인 확인 및 이에 대한 대안 제시
   2-1 디자인 변경 전의 리모컨을 TV와 함께 일단 납품
   2-2 TV만 먼저 납품한 뒤 일주일 뒤 새로운 디자인의 리모컨을 납품

결론
의견을 구함

✏️ Translation

안녕하세요. 강형모인데요. 생산 지연이 된다는 소식을 방금 들었습니다. 그래서 제가 주요 고객사 중 하나인 베스트 마트 쪽과 좀 난처하게 되었습니다. 그쪽에서 7월 15일에 3D HDTV 출시를 기점으로 특별 홍보 행사를 기획했었는데, 이미 관련 공지가 나간 상황이라서 일정을 변경하기 곤란하거든요. TV 출시 지연이 리모컨 디자인을 변경하는 것 때문이라고 들었는데 베스트 마트 쪽에 변경하기 전의 리모컨을 일단 TV와 함께 납품하는 것이 어떨까요? 아니면 일단 TV를 리모컨 없이 먼저 납품하고 일주일 뒤에 리모컨이 나오면 그때 보내드리는 것도 방법일 것 같은데요. 어떻게 생각하세요?

That's the end of the situation. Now, tell me about an uncomfortable situation you had with a product. Why did you feel that way? What was the cause of the inconvenience? Give me all the details about how you felt and what happened.

앞의 상황은 이제 종료되었습니다. 이번에는 어떤 제품 때문에 불편했던 일화에 관해 이야기해보세요. 왜 그렇게 느꼈나요? 그 원인은 무엇이었나요? 상황과 당시 느낌에 대해 자세히 말해보세요.

Unfortunately, I have had many problems with products, especially ones that I have ordered on the Internet. The most uncomfortable experience was with a washing machine I bought online around 3 years ago. I was buying a new washer because my old one had **broken down**. I ordered a model that was in stock and available for next-day delivery. I waited until the next evening to call the company complaining that it hadn't arrived, but they told me that they hadn't received an order. Although I was annoyed, I re-ordered the same model **over the phone** and waited patiently until the next day. **To cut a long story short**, it took almost 10 days for the model to arrive. I had to use the dry-cleaning service for that time period, which was a huge hassle. The late delivery definitely made my life very inconvenient at the time.

 Key Expressions

break down 고장 나다
- Our car **broke down** in the middle of the freeway. 우리 차는 고속도로 한가운데서 고장이 났습니다.

over the phone 전화상으로
- Let's do it **over the phone** instead of actually going there. 직접 가기보다는 전화상으로 합시다.

to cut a long story short 거두절미하고, 결론부터 말하자면
- **To cut a long story short**, I had to wait for 2 weeks to fix my car.
  결론부터 말하자면, 차를 고치는데 2주를 기다려야 했습니다.

Idea Flow

서론

제품 관련 불편한 상황을
여러 번 겪음

본론

1. 가장 불편했던 제품 관련 경험: 3년 전 온라인으로 세탁기를 주문했을 때
2. 세탁기 구매 배경: 기존 세탁기가 고장 남
3. 불편했던 상황 설명: 주문이 제대로 들어가지 않음
4. 결국 세탁기 도착하기까지 열흘이 걸림

결론

불편했던 정황을 설명하며
마무리

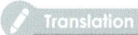 **Translation**

제품 관련해서 여러 가지 불편한 상황을 많이 겪어 봤는데, 특히 인터넷으로 물건을 주문했을 때 그랬습니다. 3년 전쯤 세탁기를 온라인으로 주문했을 때 가장 큰 불편을 겪었습니다. 그 당시 사용하던 세탁기가 고장 나서 새로 하나 장만하기로 했습니다. 재고가 남아 있고, 바로 다음 날 배송이 가능한 모델로 주문했습니다. 그 다음 날 저녁 때까지도 도착하지 않아서 그 회사로 전화를 걸어 항의했더니, 주문 자체가 들어오지 않았다는 안내를 받았습니다. 짜증이 났지만, 어쨌든 전화상으로 같은 모델을 다시 주문하고 다음날까지 기다렸습니다. 결론부터 말씀 드리면, 결국 세탁기가 도착하기까지 열흘이나 걸렸습니다. 그동안 저는 세탁소에 세탁물을 맡겨야 했었고 이는 매우 번거로웠습니다. 배송이 늦게 되는 바람에 큰 불편을 겪어야 했습니다.

Q 14

People go for walks quite often. I would like to know what kind of shoes you wear when you go for a walk. How have walking shoes changed over the years? How are they different today compared to what people used to wear in the past?

사람들은 꽤 자주 산책하러 갑니다. 당신이 산책하러 갈 때 어떤 종류의 신발을 신는지 알고 싶어요. 어떻게 걷기용 신발이 지난 몇 년 동안 바뀌었나요? 과거에 사람들이 신던 것과 현재는 어떻게 다른가요?

When I go walking I usually wear just a pair of regular sneakers. They're nothing fancy, but they do the job of keeping my feet comfortable very well. I don't go walking often enough to justify splashing out on a pair of dedicated walking shoes. To be honest, most shoes these days can be used for walking because a lot of them are **multipurpose**. They can be used for fashion, as well as light workouts. I guess this is the biggest change over the last 30 years or so. Most regular shoes are now very comfortable and light while also being very long lasting. I think it's only **hardcore** hikers that buy shoes that are solely intended for walking. I won't **rule out** buying a pair myself in the future when I retire and go hiking up mountains more regularly. But for now, my sneakers are just fine.

🔑 Key Expressions

multipurpose 다용도, 다목적
- I love my Swiss army knife because it is a **multipurpose** tool.
  스위스 아미 나이프는 다용도 도구라서 저는 그것을 좋아합니다.

hardcore 절대적인, 철저한, 핵심의
- My brother is a **hardcore** Doosan baseball fan who goes to every single game.
  제 남동생은 모든 경기를 보러 가는 절대적인 두산 야구 애호가입니다.

rule out 배제하다
- Many stock-holders **ruled out** Mr. Brown to be the new CEO.
  많은 주식 보유자들은 Mr. Brown이 새로운 최고 경영자가 되는 것을 불가능하게 했습니다.

🔍 Idea Flow

서론	본론	결론
산책갈 때 일반 운동화를 신음	1. 일반 운동화를 신어도 발이 편함 2. 일반 운동화 설명: 다용도임 (편안함, 가벼움, 튼튼함)	등산을 자주 가면 걷기용 신발을 살 것임

✏️ Translation

산책하러 갈 때 저는 주로 그냥 보통 운동화를 신어요. 고급스럽지는 않지만, 제 발을 매우 편안하게 하죠. 저는 걷기용 신발에 돈을 많이 쓸 정도로 자주 걷지는 않아요. 솔직히, 요즘 대부분 신발은 다용도라서 걷기를 위해 사용될 수 있죠. 패션을 위해서, 또는 가벼운 운동을 위해서도 사용됩니다. 이것이 지난 30년 정도 동안의 가장 큰 변화라고 생각합니다. 대부분의 일반 신발들은 굉장히 편안하고 가볍고 오래 신을 수 있죠. 오로지 걷기만을 목적으로 하는 신발을 사는 사람들은 골수 등산객들 뿐인 것 같아요. 미래에 은퇴하여 좀 더 규칙적으로 등산을 하게 되면 걷기용 신발을 살 것 같아요. 지금은 제 운동화로도 괜찮습니다.

Q 15

People go walking at various places: on the streets, at parks, the riverside, or the lakeside. How have these places changed over time? Some places have become polluted to a point that it's not good for people to take walks there. What can we do to improve the condition of locations that people take walks in?

사람들은 길거리, 공원, 강가 또는 호숫가 등 다양한 곳에서 산책합니다. 이러한 장소들은 시간이 흐르면서 어떻게 변해 왔나요? 일부는 사람들이 산책하기에 좋지 않을 정도로 오염되었습니다. 사람들이 걷는 장소의 상황을 개선하기 위해서 무엇을 할 수 있습니까?

Everywhere changes over time, but these days pollution is having a bigger effect than almost anything else. Streets have become much more numerous and **built up** over the past 50 years, with cars probably the biggest culprit in terms of pollution. Even riversides and lakesides haven't been able to escape the influence of cars, with many roads and parking lots **popping up** close to areas of natural beauty. Walking is a great form of exercise and at the same time, it is a chance to reconnect with nature, so we need to improve the condition of riversides and lakesides. I think banning cars and parking lots within 200 meters would be a good place to start. They create too much noise and are also an eyesore. Planting more trees along walking routes will also **pave the way** to a cleaner environment around lakesides and riversides. We need to act now before it is too late.

 **Key Expressions**

build up 개발하다
- Even though the government keeps **building up** more roads, traffic conditions have not improved.
  비록 정부가 더 많은 도로개발을 하고 있지만, 교통 상황은 개선되지 않았습니다.

pop up 불쑥 나타나다
- In the last few years, many coffee shops have been **popping up** all across Seoul.
  지난 몇 년간, 많은 커피숍이 서울 각지에 불쑥 나타나고 있습니다.

pave the way 길을 닦다, 준비하다
- The NASA scientists of the 1960s **paved the way** for future scientists to explore deeper into space.
  1960년대의 나사 과학자들은 미래 과학자들이 우주를 더 깊게 탐험하기 위한 길을 준비했습니다.

Idea Flow

서론	본론	결론
산책로 주변 오염이 심해짐	1. 도로가 많이 개발됨 2. 차가 많고 주차장이 생김 3. 차와 주차장 설립 금지가 필요함 4. 나무를 많이 심어야 함	깨끗한 환경을 위해 바로 실천해야 함

 **Translation**

어느 곳이든 시간이 흐름에 따라 변화하지만 요즘에는 오염이 다른 어떤 것보다 큰 영향을 미칩니다. 지난 50년간 도로는 훨씬 더 많이 들어섰으며, 자동차와 함께 오염을 일으키는 가장 큰 장본인일 것입니다. 강가와 호숫가조차도 자연의 아름다움을 지닌 곳 가까이에 지어진 수많은 도로와 주차장으로 인하여 자동차의 영향에서 벗어날 수 없게 되었습니다. 걷기는 최고의 운동임인 동시에 자연과 교감할 기회이기 때문에 우리는 강가와 호숫가의 상태를 개선할 필요가 있습니다. 저는 200미터 안에 차들과 주차장들을 금지하는 것이 좋은 출발점인 것 같아요. 그것들은 너무 심한 소음을 일으키며 또한 눈에 거슬립니다. 호숫가와 강가 주변 산책로를 따라 더 많은 나무를 심는 것은 더 깨끗한 환경으로 나아가기 위한 길을 닦아 줄 것입니다. 너무 늦기 전에 지금 바로 실천에 옮겨야 합니다.

TEST **4**

Q01

Let's start the interview. Tell me a little about yourself.

인터뷰를 시작합니다. 당신에 대해 말해주세요.

My name is Jeong-won Ko and I'm a senior at college. My major is economics and I would like to study this further after I complete my bachelor's degree. Many people have told me that education **lays the foundations for** a good career. It is something I have really taken to heart, so I'm preparing to apply for graduate school. **I narrowed down** my graduate study choices to macroeconomics or econometrics, as I feel passionate about both areas. I need to find out if I'm eligible for any scholarships because I have been top of my class for 2 years. In the future, I would like to follow in the footsteps of my uncle who is an adviser to many politicians. **To this end**, I am shadowing my uncle for a couple of months this summer to gain valuable experience in the field.

🔑 Key Expressions

lay the foundations for ~의 기초가 되다
- Starting my career as an entry-level employee would **lay** down **the foundations for** my future corporate aspirations.
  신입 직원으로서의 경력은 미래 회사에 대한 열망의 기초가 될 것입니다.

narrow down 좁히다, 줄이다
- I've **narrowed down** the explanations for last night's brawl to the 2 most plausible.
  저는 지난밤 싸움에 대해 가장 타당한 것 같은 설명들을 2개로 좁혔습니다.

to this end ~하기 위하여, 이것 때문에
- **To this end**, I'd like you to take a moment to think of the best action to take.
  그러기 위해 저는 당신들이 취할 가장 최선의 행동을 생각할 시간을 갖기를 원합니다.

🔍 Idea Flow

서론	본론	결론
이름, 학년, 전공 (경제학)	1. 대학원 진학을 준비 중 2. 전공 고려 3. 삼촌을 뒤를 따르고 싶음	여름 동안 삼촌과 현장 경험을 쌓을 것임

✏️ Translation

제 이름은 고정원이고 대학교 4학년입니다. 전공은 경제학인데 학사 학위를 딴 이후에도 계속 이 공부를 해 가고 싶습니다. 많은 사람들이 교육은 훌륭한 경력의 기초가 된다고 말해주었습니다. 이 말을 가슴에 새겨서 대학원에 지원하려고 준비 중입니다. 거시경제학과 계량경제학 두 분야에 열정을 느끼기 때문에 대학원 전공을 이 둘로 좁혔습니다. 2년간 과 수석이라서 장학금을 탈 수 있는지 알아봐야 합니다. 장래에는 많은 정치가들에게 고문 역할을 하는 제 삼촌의 발자취를 따르고 싶습니다. 그러기 위해 이번 여름 두 달간 삼촌을 따라다니며 귀중한 현장 경험을 얻을 것입니다.

Q 02

I would like to know where you normally have lunch. Do you go to a restaurant or order in? How long is lunch time? Who do you have lunch with in most cases? Tell me everything about your lunch time.

당신이 점심을 주로 어디서 먹는지 알고 싶습니다. 식당에 갑니까, 아니면 시켜서 드십니까? 점심시간은 얼마나 됩니까? 대부분은 누구와 식사하세요? 당신의 점심시간에 대해 모두 말해주세요.

I usually have lunch in the student cafeteria on campus. The cafeteria has a wide selection of dishes to choose from, all available at very reasonable prices. These days it is difficult to **get your hands on** a decent meal for less than 4,000 won, but most items on the menu in the cafeteria are only 3,500 won. At university there are no set lunch times as such, so I just eat between lectures or research sessions. I can usually take my time eating because I'm not that busy between 1 and 3 o'clock. I try to have lunch with as many of my fellow students or professors as possible, as it's a great opportunity to build closer relationships. It's much easier **getting your ideas across** about certain case studies and projects over a friendly lunch than in a more formal setting. **Making the most out of** lunch times helps me stay productive throughout the day.

 **Key Expressions**

get one's hands on ~을 손에 넣다
- If you can **get your hands on** a couple of orders per month, your business will survive.
  당신이 한 달에 두세 개의 주문을 손에 넣는다면 당신의 사업이 살아남을 것입니다.

get one's ideas across ~를 이해시키다, ~의 의사를 전달하다
- We seem to **get our ideas across** to each other more easily in a relaxed environment.
  편안한 환경에서 더 쉽게 우리 의사를 이해시키는 것 같습니다.

make the most out of ~를 최대한 활용하다
- I planned on **making the most out of** this two-day break.
  저는 이 이틀의 휴가 시간을 최대한 활용하기로 계획했습니다.

 **Idea Flow**

서론	본론	결론
교내 학생 식당에서 식사를 함	1. 저렴한 가격 2. 공강 시간에 식사함 3. 친구들, 교수님들과 식사하려고 함	점심시간을 최대한 활용해 하루를 생산적으로 보냄

 **Translation**

저는 주로 교내 학생 식당에서 점심을 먹습니다. 학생 식당에서는 많은 음식을 모두 저렴한 가격에 고를 수 있습니다. 요즘 4,000원 이하로는 제대로 된 식사를 찾기 힘들지만, 학생 식당 대부분의 메뉴는 3,500원입니다. 대학교에서는 정해진 점심시간 같은 것이 없어서 전 수업이나 연구 시간 사이에 식사합니다. 1시부터 3시까지는 바쁘지 않기 때문에 천천히 식사할 수 있습니다. 학우들이나 교수님들과 가능한 많이 함께 식사하려고 합니다. 이는 돈독한 관계를 맺을 좋은 기회가 되기 때문이죠. 공식적인 분위기보다는 우호적 분위기에서 점심을 먹으며 특정 사례연구와 프로젝트에 대한 제 생각을 전달하기가 더 쉽습니다. 점심시간을 최대한으로 활용하는 것이 하루를 더욱 생산적으로 보낼 수 있도록 도와줍니다.

Q 03

What kind of food do you like the most for lunch? Why do you like to have that dish? How often do you have it? Describe in detail your favorite lunch item.

점심으로 어떤 종류의 음식을 가장 좋아하세요? 왜 그 음식을 좋아합니까? 얼마나 자주 드시나요? 당신이 가장 좋아하는 점심 메뉴에 대해 자세히 묘사해주세요.

I'm not **a picky eater** at all and like almost everything. The student cafeteria has a rotation system where the meals on offer are different every day. Most of the dishes are Korean ones that include a soup, rice, and side dishes. I like western food as well, but I cannot **do without** rice for more than a day or two. I'm a big fan of meat and my favorite is pork. In Korea we eat lots of different cuts of meat, prepared in many different styles. Jaeyook bokum is spicy pork that is served once a week at the cafeteria, and I make sure that I never **miss out on** this dish when it's available. Korean food is famous for its numerous side dishes, with kimchi the most famous. It's basically spicy, pickled cabbage. But my favorite side dish is ggakdoogi, which is kind of a radish version of kimchi.

Key Expressions

a picky eater 식성이 까다로운 사람
- I have a hearty appetite and I've never been **a picky eater** even when I was a kid.
  저는 왕성한 식욕을 가지고 있으며, 아이였을 때조차 식성이 까다로웠던 적이 없습니다.

do without ~없이 지내다
- I cannot **do without** my smartphone even for a second.
  저는 스마트폰 없이 1초도 지낼 수 없습니다.

miss out on ~를 놓치다
- I never **miss out on** any new gossip regarding my favorite celebrities.
  저는 좋아하는 유명인들에 관한 소문 거리를 절대 놓치지 않습니다.

Idea Flow

서론	본론	결론
음식을 가리지 않음	1. 학생 식당은 다양한 음식을 제공함 2. 돼지고기 요리를 가장 좋아함 (제육볶음) 3. 한식은 김치 반찬으로 유명함	김치보다 깍두기를 좋아함

Translation

전 전혀 음식에 까다롭지 않으며 거의 모든 음식을 좋아합니다. 학생 식당에서는 매일매일 다른 식단이 나옵니다. 대부분 식단이 국, 밥, 반찬이 들어있는 한식입니다. 전 서양식도 좋아하지만, 하루 이틀 이상은 쌀 없이 버틸 수 없습니다. 저는 육류를 굉장히 좋아하며 특히 돼지고기를 가장 좋아합니다. 한국에서는 다양한 부위의 고기를 다양한 방식으로 요리해서 먹습니다. 제육볶음은 학생 식당에서 일주일에 한 번씩 나오는 매운 돼지고기 요리인데 이 요리는 놓치지 않고 먹습니다. 한국 음식은 많은 반찬으로 유명한데 그 중 김치가 제일 유명합니다. 김치는 배추를 맵게 절인 것입니다. 하지만 제가 가장 좋아하는 것은 무 형태 김치인 깍두기입니다.

Many people make use of their lunch time by doing something after they eat. What do you do right after you finish lunch? Why do you engage in that activity?

많은 사람은 식사 후 다른 일을 하면서 점심시간을 보냅니다. 점심 후에 바로 무엇을 합니까? 왜 그 활동을 합니까?

What I do after I eat all depends on my class schedule on that particular day. If I have a class, then I'll usually **make my way to** the lecture hall or classroom after I've finished eating. But on most days I don't have classes immediately after lunch so, I spend some time in the college library. It's a great time to **catch up** on some reading and do extra research. If I have an hour or two spare, I can get through 4 or 5 chapters of my textbooks and prepare for upcoming classes thoroughly. This time is also the perfect opportunity for me to think over my final project and consider topics that I should be looking into more deeply. I'm hoping that these extra sessions in the library will **pay off** at the end of my course with a good final grade.

🔑 Key Expressions

make one's way to ~로 나아가다
- We **make our way** happily **to** the basketball court when the school bell rings.
  학교 종이 울리면 우리는 행복하게 농구 코트로 갑니다.

catch up 그동안 무슨 일이 있었는지 따라잡다
- Men usually **catch up** with their friends over beer and chicken.
  사람들은 보통 맥주와 치킨을 먹으면서 친구들과 그동안 어떻게 지냈는지 따라잡습니다.

pay off 성공하다
- I studied all night hoping that all this effort would **pay off** and give me satisfying results.
  저는 이 모든 노력이 성공해서 만족스러운 결과를 주기를 바라면서 밤새워 공부했습니다.

🔍 Idea Flow

서론	본론	결론
수업일정에 따라 식사 후 활동이 결정됨	1. 수업이 있을 때: 바로 강의실로 감 2. 수업이 없을 때: 도서관에 감 2-1 교과서 읽기 2-2 추가 연구 진행	학기 말에 좋은 성적을 받고자 함

✏️ Translation

제가 식사 후 무엇을 할지는 그날 수업일정에 따라 결정됩니다. 수업이 있으면 식사를 마친 후 주로 강의실로 갑니다. 하지만 대부분은 점심시간 직후에 수업이 없기 때문에 학교 도서관에서 시간을 보냅니다. 독서를 하고 추가 연구를 할 수 있는 좋은 시간입니다. 1~2시간 정도면 교과서의 4~5과 정도를 끝내고 다음 수업을 철저히 준비할 수가 있습니다. 이 시간은 제 최종 프로젝트에 대해 고민하고 더 자세히 들여다봐야 할 주제들에 대해 생각할 수 있는 완벽한 시간입니다. 이렇게 도서관에서 추가로 보내는 시간이 학기 말에 좋은 성적으로 보상받았으면 좋겠습니다.

Q 05

You indicated that you like to cook. What do you like to cook the most? Why do you like cooking that meal? How often do you have it? How does it taste? Give me all the details.

요리하는 것을 좋아한다고 했습니다. 어떤 요리를 하는 것을 가장 좋아하십니까? 왜 그 요리를 하는 것을 좋아하나요? 얼마나 자주 먹습니까? 어떤 맛인가요? 자세히 알려주세요.

I enjoy cooking at home a few times a week and most of my dishes turn out quite tasty. My favorite meal that I like to cook is: ramyeon. These are Korean instant noodles that only require boiling water to be added to them. It's my favorite dish because cooking it is **child's play** and it's ready within 5 minutes. Ramyeon is great to have when you**'re on the go** or **in a rush** but it is also very tasty too. Most ramyeon is spicy and a little bit salty, but there are also other flavors like seafood and chicken. I try not to eat it more than twice a week because it's not really a full, nutritious meal, but for many students ramyeon is a staple of their daily diet. If I had more time to cook, spaghetti would probably be my favorite dish to prepare.

Key Expressions

child's play 아주 쉬운 일, 하찮은 일
- You may think being an actor is **child's play** since you only have to smile and act cute to become popular.
  인기를 얻기 위해 그저 미소만 짓고 귀엽게 행동하면 되기 때문에 당신은 배우가 되는 것은 아주 쉬운 일이라고 생각할지도 모릅니다.

be on the go 계속 일하다
- As an advertising agent, I always have to **be on the go** looking for the latest trends in the market.
  광고 중개인으로서, 저는 항상 시장의 최신 동향을 찾아야 합니다.

be in a rush 서두르다
- My alarm didn't go off, so I **am in a rush** to attend today's meeting.
  제 알람 시계가 울리지 않아서 저는 오늘 회의에 참여하기 위해 서두르고 있습니다.

Idea Flow

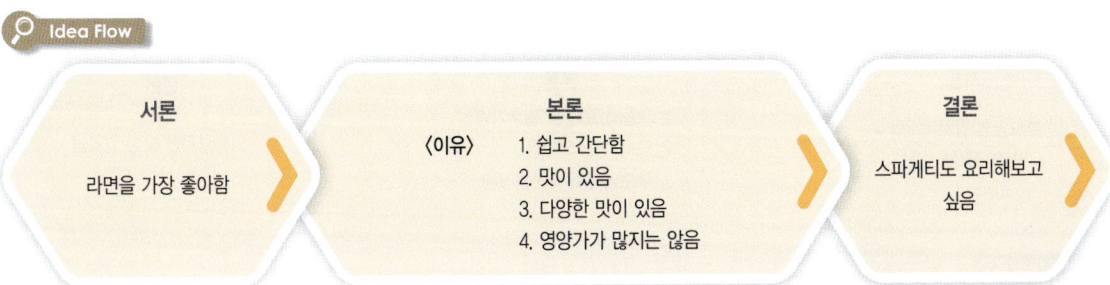

서론	본론	결론
라면을 가장 좋아함	〈이유〉 1. 쉽고 간단함 2. 맛이 있음 3. 다양한 맛이 있음 4. 영양가가 많지는 않음	스파게티도 요리해보고 싶음

Translation

저는 집에서 일주일에 몇 번씩 요리하는 것을 좋아하고 대부분 요리가 맛있게 완성됩니다. 제가 가장 좋아하는 요리는 라면입니다. 라면은 한국의 간편식으로 물을 끓여 붓기만 하면 됩니다. 이 요리를 좋아하는 이유는 매우 쉽고 5분 내로 완성되기 때문입니다. 라면은 일하느라 바쁠 때나 시간이 없어 급할 때 먹기 좋다는 점도 있지만 굉장히 맛있기도 합니다. 대부분 라면은 맵고 살짝 짜지만, 해산물 맛과 닭고기 맛이 나는 것도 있습니다. 일주일에 두 번 이상은 라면을 먹지 않으려고 합니다. 라면은 든든하거나 영양가 있는 식사가 아니기 때문입니다. 하지만 많은 학생에게 라면은 중요한 하루 식사입니다. 요리할 시간이 더 많이 있으면 제가 가장 요리하기 좋아하는 것은 스파게티가 될 것 같습니다.

Q 06

What did you have the last time you cooked dinner? How did the food taste? Who did you have that meal with? How long did it take you to cook that meal? Give me all the details.

마지막으로 저녁을 요리했을 때 무엇을 드셨습니까? 음식 맛은 어땠나요? 누구와 함께 식사했습니까? 음식 하는 데 얼마나 걸렸습니까? 자세히 말해주세요.

The last time I cooked dinner was on the weekend when I prepared kimchi soup and ddeokbokki for my parents. It was their 30th wedding anniversary and I wanted to do something special for them, so I went the extra mile to cook for them, rather than just buy a meal. I **erred on the side of caution** by sticking to dishes that I had cooked many times before. Kimchi soup is relatively straightforward, but ddeokbokki can be a little more of a challenge. Luckily nothing **went wrong** and the food was delicious. My parents were very surprised that I had prepared dinner for them when they came home after shopping and said it was one of the nicest meals they had ever had. I was **slaving over a hot stove** for at least an hour, but it was worth it for my parents' special day.

🔑 Key Expressions

err on the side of caution 조심스럽게 행동하다
- It's always better to **err on the side of caution** in the office.
  사무실에서는 항상 조심스럽게 행동하는 것이 좋습니다.

go wrong 실수를 하다, 잘못하다
- If you do what I tell you, you won't **go wrong**.
  제가 하라는 데로만 한다면 실수하지 않을 겁니다.

slave over a hot stove 가스레인지 앞에서 사투를 보내다
- I **slaved over a hot stove** for an hour to prepare a special dinner for my wife.
  부인을 위한 특별한 저녁을 준비하기 위해 저는 한 시간을 가스레인지 앞에서 사투를 벌였습니다.

🔍 Idea Flow

서론	본론	결론
부모님께 김치찌개와 떡볶이를 해 드림	1. 그들의 30주년 결혼기념일 2. 요리가 잘 되었음 3. 부모님께서 좋아하셨음	힘들었지만 보람 있었음

✏️ Translation

마지막으로 저녁을 요리한 때는 부모님께 김치찌개와 떡볶이를 해 드린 주말이었습니다. 그날은 부모님의 결혼 30주년이어서 무언가 특별한 것을 해 드리고 싶어 그저 음식을 사드리기보다는 직접 요리를 해 드리기 위해 애를 좀 더 썼습니다. 실수하지 않기 위해 그전에도 많이 해 본 적이 있는 요리를 했습니다. 김치찌개는 비교적 간단하지만 떡볶이는 약간 도전일 수 있었지요. 다행스럽게도 다 잘되어서 음식은 맛있었습니다. 부모님께서 쇼핑을 마치고 집에 돌아오셨을 때 제가 저녁을 준비했다는 것에 놀라셨고 이때까지 먹어본 음식 중 가장 맛있었다고 말해주셨습니다. 가스레인지 앞에서 최소 한 시간은 사투를 벌였지만, 부모님의 특별한 날을 위해 그럴 가치가 있었습니다.

Q 07

We sometimes fail to cook well. The food may taste bad. Talk about a time when the food you cooked did not turn out the way you wanted it to. What was the problem? What did you do wrong? What did you do?

우리는 가끔 요리를 망칩니다. 음식 맛이 좋지 않을 수도 있어요. 음식을 했는데 당신이 원한 것처럼 나오지 않았던 때에 대해서 말해주세요. 문제가 무엇이었습니까? 무엇을 잘못했습니까? 당신은 무엇을 했습니까?

Like I said, I do enjoy cooking regularly, but there are certainly times when things don't go as planned. A couple of years ago I cooked a meal for my then-boyfriend as a birthday surprise. He loved Italian cuisine, so I **tried my hand at** a couple of different pasta dishes. But as I wasn't very experienced in cooking them I totally undercooked the pasta. The instructions said to cook the pasta for 14 minutes, but I misread them and only boiled it for 4 minutes. When my boyfriend took a bite he immediately spat it out and **stormed out** of my place. I thought that his reaction was over the top, but later I learned that he had wanted to be **wined and dined** at a fancy restaurant, not in my small studio. We didn't make up after that night and broke up two weeks later. I've never cooked for a boyfriend since.

Key Expressions

try one's hand at ~를 해보다
- I'd like to **try my hand at** skydiving since it seems to be the rage these days.
  요즘 스카이다이빙이 유행인 것 같아서 저는 스카이다이빙을 해보고 싶습니다.

storm out 뛰쳐나가다
- My team members were having a heated argument when one of us suddenly got up and **stormed out** of the room. 제 팀 구성원 중 한 명이 일어나서 방을 뛰쳐나갔을 때, 우리는 열띤 논쟁을 벌이고 있었습니다.

wine and dine 맛있는 술과 음식을 즐기다
- When we visited our friends in Paris, they **wined and dined** us all week.
  우리가 파리에 있는 친구들을 방문했을 때 그들은 우리에게 맛있는 술과 음식을 한 주 내내 제공했습니다.

Idea Flow

서론	본론	결론
남자친구를 위해 요리한 적이 있음	1. 파스타 요리를 함 2. 면을 덜 삶아 요리를 망침 3. 남자친구가 뛰쳐나감 4. 화해하지 못하고 헤어짐	이후로 남자친구를 위해 요리한 적이 없음

Translation

제가 말했듯이 전 규칙적으로 요리하는 것을 즐기지만, 계획대로 일이 돌아가지 않을 때도 분명 있습니다. 2~3년 전 당시 남자친구에게 깜짝 생일 선물로 요리했습니다. 이탈리아 음식을 좋아하는 사람이었기 때문에 두 가지 정도의 파스타 요리를 해 보았습니다. 하지만 그때는 파스타 요리를 해 본 적이 없어서 면을 덜 삶고 말았습니다. 조리법에는 면을 14분 삶으라고 되어 있었지만 잘못 읽어서 4분밖에 삶지 않았습니다. 남자친구는 음식 맛을 보더니 곧바로 뱉어버리고는 뛰쳐나가 버렸습니다. 남자친구의 행동이 지나치다고 생각했는데 나중에 알고 보니 저의 비좁은 원룸이 아닌 비싼 레스토랑에서 대접받기를 원했음을 알았습니다. 그날 밤 이후로 화해하지 못하고 2주 뒤 헤어지고 말았습니다. 그 이후로 남자친구에게 요리를 해 준 적이 없습니다.

Q 08

Now, I'd like to ask you to describe a healthy person. What makes a person healthy? Why do you think that way? Tell me everything about the things you think make someone healthier.

건강한 사람에 대해 묘사해보세요. 무엇이 사람을 건강하게 합니까? 왜 그렇게 생각하나요? 사람을 더욱 건강하게 하는 것들에 대한 당신의 생각을 모두 말해주세요.

There are many things that make a person healthy, but I think that food and exercise are the most important. **Be that as it may**, sleep, stress, and one's mindset also determine how healthy someone is too. The saying "**you are what you eat**" is something I totally believe in. If a person eats healthy foods like fruits and vegetables, it's more likely that they will be healthy. Another obvious point is that people who exercise more regularly are going to be healthier than people who are **couch potatoes**. There are countless studies that back up these theories, which are pretty much undisputable. Things that can make a person unhealthy include a lack of sleep and an increase in stress levels. Sleep is a time for our brain to switch off and recuperate. It's essential for a positive and healthy mind. Not sleeping enough can even make us more stressed and sick too.

🔑 Key Expressions

be that as it may 그렇기는 하지만
- Ian is knee deep in paper work, but **be that as it may**, he still needs to finish everything on time.
  Ian이 서류 작업에 열중하고는 있지만, 여전히 제시간에 모든 일을 마쳐야 합니다.

you are what you eat 당신이 먹은 것이 곧 당신을 말한다
- **We are what we eat**, so as a child I was trained to eat healthily.
  우리가 먹은 것이 곧 우리를 말하므로 어렸을 때 건강하게 먹는 법을 배웠습니다.

a couch potato 소파에 누워 종일 TV만 보는 사람
- I always become **a couch potato** on the weekends. 저는 항상 주말에는 소파에 누워 종일 TV만 보는 사람이 됩니다.

🔍 Idea Flow

서론	본론	결론
건강을 위해 운동과 음식이 중요함	1. 수면, 스트레스 정도, 사고방식 2. 규칙적 운동 3. 충분한 수면	충분한 수면의 필요성 강조

✏️ Translation

사람을 건강하게 만들어 주는 것에는 많은 것들이 있지만 저는 음식과 운동이 가장 중요하다고 생각합니다. 그렇긴 하지만 수면, 스트레스, 사고방식 또한 건강을 결정 짓기도 합니다. "당신이 먹은 음식은 당신을 말한다"는 말을 완전히 신봉합니다. 누군가 과일과 채소 같은 건강식품을 먹는다면 그 사람은 건강할 것입니다. 규칙적으로 운동하는 사람이 소파에 앉아 TV만 보는 사람들 보다 건강할 것이라는 점은 당연할 것입니다. 많은 연구가 이러한 이론들을 뒷받침해주므로 반박할 여지가 없습니다. 사람의 건강을 해치는 것들에는 수면부족과 스트레스 증가가 있습니다. 수면은 우리의 뇌가 일을 멈추고 회복을 취하는 시간입니다. 이는 긍정적이고 건강한 사고를 위해 필수적입니다. 충분히 수면을 취하지 않는 것은 우리에게 더 많은 스트레스를 주고 병들게 할 수도 있습니다.

Q 09

Our health can be negatively affected sometimes. What are some health problems we can have? Describe in detail what can happen when someone loses his/her health. How can a health problem be fixed?

우리의 건강은 가끔 부정적인 영향을 받을 수 있습니다. 우리가 가질 수 있는 건강 문제에는 무엇이 있습니까? 사람이 건강을 잃었을 때 무슨 일이 일어날 수 있는지 자세히 묘사해보세요. 어떻게 건강 문제가 고쳐질 수 있나요?

Being healthy is one of the most important things in life, but it goes without saying that sometimes people get unhealthy and ill. There are thousands of things that can affect our health in a negative way from **feeling slightly under the weather** with a cold to having a life-threatening disease or cancer. Our health can also be affected by physical injuries too, like breaking a bone after falling over or getting burned while cooking. Obviously nobody likes their health to **take a turn for the worse** because it inevitably makes us feel unwell and down. People usually **get out and about** less, either by choice or due to restraints put on them by their bad health. Luckily it is possible to treat and cure most things that affect our health negatively. Going to the doctor and getting medicine is the most common course of action for less serious ailments.

Key Expressions

feel slightly under the weather 몸이 좀 안 좋다
- I cannot attend today's meeting because I'm **feeling slightly under the weather**.
  몸이 좀 안 좋아서 오늘 회의에 참여할 수 없습니다.

take a turn for the worse 병세가 더욱 나빠지다, 상태가 나빠지다
- The doctor told us to brace ourselves in case his condition **takes a turn for the worse**.
  의사는 우리에게 그의 병세가 더욱 나빠지면 우리 자신을 대비하라고 말했습니다.

get out and about 외출하다
- I'll be able to **get out and about** if you feel better now. 당신 기분이 나아졌다면 저는 외출할 수 있습니다.

Idea Flow

서론	본론	결론
건강은 인생에서 중요함	건강에 부정적 영향을 미치는 것들 1. 감기, 중병, 암 2. 신체적 부상 3. 대부분은 치료가 가능	약 처방을 통해 질병 치료 가능

Translation

건강은 인생에서 가장 중요한 것 중 하나이지만, 사람들은 가끔 건강을 잃거나 아프기도 합니다. 사람의 건강에 부정적인 영향을 미치는 것들에는 감기 때문에 몸이 좀 좋지 않은 것부터 생명을 위협하는 병이나 암 같은 것까지 수천 가지가 있습니다. 우리의 건강은 신체적인 부상에도 영향을 받아요. 이를테면 넘어져서 뼈가 부러지거나 요리하면서 화상을 입는 것과 같은 것 말입니다. 당연히 건강이 나빠지는 것을 좋아하는 사람은 없습니다. 불편하고 기분이 좋지 않게 만들기 때문입니다. 사람들은 원해서이든 건강이 나빠서 제약을 받기 때문이든 덜 돌아다닙니다. 다행히도 우리의 건강에 부정적 영향을 미치는 것들의 대부분은 치료가 가능합니다. 병원에 가서 약을 처방받는 것은 심각하지 않은 질병을 치료하는데 가장 흔한 방법입니다.

Q 10

What are some things that you personally do to stay healthy? Do you work out often? Do you eat well? There must be something you do to maintain your health. Tell me what it is that you do for your health.

당신이 개인적으로 건강을 유지하기 위해 하는 것들은 무엇이 있습니까? 자주 운동하나요? 잘 드십니까? 당신의 건강을 유지하기 위해서 무언가를 할 텐데요. 건강을 위해 하는 일이 무엇인지 말해주세요.

I try to keep healthy by exercising from time to time. Sometimes I'll play basketball with my college friends on the weekends or go for a run around my block. But to be quite frank, I don't exercise as much as I should. I probably spend about 40 minutes in total exercising every week, which is way below recommendations I have heard from doctors on TV. I've never **set foot** in a gym because it just looks so boring, but I suppose it is the most convenient place to work out regularly. I do eat relatively healthy meals as often as possible and try to **keep in line** with daily calorie consumption advice. I like vegetables and fruit and try to **steer clear** of anything that is deep fried. I think that my eating habits keep me in good health, but I do need to get around to exercising on a more regular basis.

🔑 Key Expressions

set foot 발을 들여 놓다
- No one has ever **set foot** in this kind of territory in the mobile market yet.
  아무도 모바일 시장에서 이러한 종류의 영역에 발을 들여 놓지 않았습니다.

keep in line 규칙을 지키다, 정렬하다
- I need to **keep** my daily activities **in line** to achieve my target weight.
  제 목표 체중을 달성하기 위해서 일상 활동을 규칙대로 지켜야 합니다.

steer clear 피하다, 가까이하지 않다
- My parents often told me to **steer clear** of gangs when I was a teenager.
  제 부모님께서는 제가 청소년이었을 때 폭력배를 피하라고 종종 말씀하셨습니다.

🔍 Idea Flow

서론	본론	결론
운동을 많이 하지 않음	1. 농구나 조깅을 가끔 함 2. 헬스장은 지루해 보임 3. 건강한 음식을 먹으려 함 (채소, 과일) 4. 하루 열량 섭취량을 신경 씀	식생활 습관뿐 아니라 규칙적 운동의 필요성

✏️ Translation

전 이따금 운동하며 건강을 지키려고 노력합니다. 때때로 대학 친구들과 주말에 농구를 하거나 동네에서 조깅을 합니다. 하지만 솔직히 해야 하는 만큼 운동을 많이 하지는 않습니다. 아마 매주 다해서 약 40분 정도 운동을 하는데 이는 TV에 나오는 의사들이 권장하는 시간에 훨씬 못 미치는 수치입니다. 헬스장은 너무 지루해 보여 발도 들이지 않았지만, 규칙적으로 운동하기에는 가장 편리한 장소임이 틀림없습니다. 건강한 음식을 되도록 자주 먹으려고 노력하며 하루 권장 열량 섭취량을 따르려고 합니다. 채소와 과일을 좋아하며 튀긴 음식은 자제하려고 노력합니다. 제 식사습관이 건강을 지켜준다고 생각하지만, 운동도 규칙적으로 해야 할 것 같습니다.

Q 11

I'd like to give you a situation and ask you to act it out. You have gone on a trip and are staying at a hotel. You would like to go to the swimming pool and want to get some information. Call the front desk and leave a message asking three or four questions about the swimming pool.

상황을 하나 드릴 테니 그것에 맞게 과제 수행을 해보세요. 당신은 여행을 가서 호텔에 묵고 있습니다. 수영장에 가고 싶은데, 정보를 얻어야겠어요. 프런트데스크에 전화하여 수영장에 대해 3~4가지 질문을 메시지로 남기세요.

This is Jeong-won Ko calling from room 401. I heard that the hotel has a swimming pool when I was **checking in** earlier and I'd like to **take advantage of** the facilities later today. Do I need to pay extra to use the pool, or is it included in the price I paid for my room? Also where exactly is it located? I don't remember seeing any signs for it in the elevator or the lobby. I'd also like to ask whether I need to take my own towel or if you provide one at the pool. I vaguely recall the receptionist saying something about towels being available at the poolside, but I'd just like to **double check**. And one last thing, is there a restaurant or café by the pool? I like to eat something after swimming and it would be ideal if snacks were served nearby.

🔍 Idea Flow

서론	본론	결론
이름, 방 호수, 호텔 수영장 이용을 원함	1. 추가 요금 여부 2. 위치 3. 수건 제공 여부	주변 식당이 있는지 물어보며 마무리

✏ Translation

401호의 고정원입니다. 아까 체크인할 때 호텔에 수영장이 있다고 들었는데 오늘 중으로 이 시설을 이용하고 싶습니다. 수영장 이용 시 추가 요금을 내야 하나요, 아니면 제 객실료에 포함이 되어있나요? 그리고 수영장은 정확히 어디에 있습니까? 엘리베이터나 로비에서도 수영장 표지를 본 기억이 없어서요. 그리고 또 수건을 준비해 가야 하는지, 아니면 수영장에 비치되어 있는지 알고 싶습니다. 접수 담당자가 수영장 쪽에 수건이 있다고 말했던 것이 얼핏 기억나지만 확실히 해 두고 싶어요. 마지막으로 수영장 근처에 식당이나 카페가 있나요? 수영 후에 뭔가를 먹고 싶은데 가까이에서 간식을 팔았으면 좋겠네요.

Q 12

I'm sorry, but there is a problem I need you to resolve. You came back from the swimming pool only to find out you left something by the poolside. Leave a message about the situation. Give two to three alternatives to solve the situation.

문제가 발생해서 해결해주셔야 하겠습니다. 수영장 옆에 무언가 놓두고 온 것을 알아챘습니다. 상황에 대해 메시지를 남기세요. 문제 해결을 위한 2~3가지 대안을 제시하세요.

Hi there, this is Jeong-won Ko calling from room 401 again. I had a great time swimming, but I just realized that I've left behind my mobile phone at the pool. I can't **get by** without it, so I'd really appreciate it if you could send an employee to find it right away. I think it will be on the sun lounger that I was using close to the bar. It's a white smart phone with a one-of-a-kind silver case with my initials KJW **inscribed** on it. If you can't find it, then you could try calling it so that it rings. The ringtone is very loud, so I'm sure you'll be able to find it. My mobile number is 010-239-2700. If it's nowhere to be found, then it might have been stolen. In that case, can you call your security team and have them **run through** any CCTV footage for clues?

🔑 Key Expressions

get by 그럭저럭 살아나가다
- The family cannot **get by** without their monthly trip to the amusement park.
  그 가족은 한 달에 한 번 놀이동산 나들이 없이는 살아나갈 수 없습니다.

inscribed 새겨진
- The company motto is firmly **inscribed** on every employee's heart.
  그 회사 사훈은 모든 직원 마음에 단단히 새겨져 있습니다.

run through ~을 훑어보다
- I asked my teammate to **run through** the file once again.
  저는 팀 동료에게 다시 한 번 그 파일을 훑어봐 달라고 부탁했습니다.

🔍 Idea Flow

서론	본론	결론
이름, 호수, 휴대전화기를 놓고 옴	1. 휴대전화기가 있을만한 위치 2. 휴대전화기 설명 3. 전화를 해서 찾아보기를 부탁함	CCTV 확인 요청

Translation

안녕하세요. 401호의 고정원인데요, 수영을 하며 즐겁게 지냈습니다만 수영장에 휴대전화기를 놓두고 온 것을 방금 알았습니다. 휴대전화기 없이는 저는 못 살아요. 지금 당장 직원을 보내 찾아주시면 감사하겠습니다. 난간 근처 제가 사용하던 일광욕 의자에 있을 것입니다. 은색 덮개에 KJW라고 이니셜이 새겨진 세상에 하나뿐인 하얀색 스마트폰입니다. 찾을 수 없다면 전화를 걸어 전화벨이 울리도록 해 보세요. 벨 소리가 커서 찾을 수 있을 겁니다. 제 전화번호는 010-239-2700입니다. 만약 아무 데도 없다면 누군가가 훔쳐간 것일 겁니다. 그렇다면 보안팀에 연락하여 CCTV 화면을 꼼꼼히 살펴 보고 증거를 찾아주시겠어요?

That's the end of the situation. I'm sure you have some memories related to swimming. What was a memorable swim you had? Was it during a trip somewhere, or was it during a swimming class you took? Give me all the details about that particular moment you remember.

앞의 상황은 이제 종료되었습니다. 당신은 수영과 관련한 추억들이 있을 텐데요. 기억에 남는 수영은 무엇인가요? 어디론가 여행 갔을 때입니까? 아니면 수영 강습에서였습니까? 당신이 기억하는 그 특정한 순간에 대해 자세히 말해주세요.

The most memorable swim that I had was many years ago, when I was an elementary school student. My family visited a river near Andong that ran alongside a mountain. My aunt, uncle and cousins had made the trip too, so it was a whole lot of fun. I was **messing around** in the river with my cousins, but our moms were constantly warning us not to go in too deep because of the currents. Stupidly, we didn't listen to those **wise words** and swam further and further away from the shore. Suddenly, the current overpowered us and we couldn't swim against it. As I started to get swept down the river I tried desperately to grab onto my cousin's hand, but it was just **out of reach**. It was one of the scariest few seconds of my life, but a couple in a boat managed to spot us and pull us safely aboard.

 **Key Expressions**

mess around 놀다, 빈둥대다
- The boys **messed around** in the front yard while waiting for dinner.
  그 소년들은 저녁이 준비되기를 기다리는 동안 앞마당에서 놀았습니다.

wise words 지혜의 말들
- You must listen to these **wise words** because they might be worth more than a million bucks.
  당신은 이러한 지혜의 말들에 귀 기울여야 합니다. 왜냐하면, 그 말들은 백만 달러보다 더 가치가 있을 수 있기 때문입니다.

out of reach 닿을 수 없는, 손이 닿지 않는
- Keep flammable materials **out of reach** of children. 인화성 물질은 아이들 손에 닿지 않게 하세요.

Idea Flow

서론	본론	결론
초등학생 때 안동에 있는 강으로 놀러 감	1. 사촌들과 강에서 놈 2. 엄마의 경고를 무시하고 멀리 감 3. 물살에 휩쓸려 떠내려감	배에 타고 있던 부부가 건져줌

Translation

가장 기억에 남은 수영은 오래전에 제가 초등학생일 때였습니다. 우리 가족은 안동에 산과 나란히 있는 강에 놀러 갔습니다. 이모, 삼촌, 사촌들도 함께 가서 매우 재미있었습니다. 사촌들과 강에서 놀고 있었는데 엄마가 물살이 있으니 너무 깊이 가지 말라고 계속 주의를 시켰습니다. 바보같이도 조언을 듣지 않고 계속해서 강변으로부터 멀리 헤엄쳐 갔습니다. 갑자기 물살이 저희를 제압하였고 물살을 헤쳐 나갈 수가 없었습니다. 휩쓸려 내려가면서 간절히 사촌의 손을 잡으려고 했지만 닿지 않았습니다. 제 인생에서 가장 무서운 몇 초간이었지만 배에 타고 있던 부부가 저희를 발견했고 배 위로 건져주었습니다.

Q 14

The way people take vacations changes over time. How are vacations people used to take in the past different from the ones they take today?

사람들이 휴가를 보내는 방식은 시간에 따라 변합니다. 과거의 휴가와 현재의 휴가의 차이점은 무엇입니까?

The types of vacations that people take nowadays are very different from vacations taken in years gone by. I guess the main change has been the shift from domestic vacations to ones overseas. In the past, most vacations used to involve getting away to the beach with the family. Going abroad didn't even **cross people's minds** at that time because of the costs involved. But these days many people go overseas to **far-flung** places for their vacations. Airfares and hotel costs don't **add up** to that much anymore, so most people can afford to go at least once a year. Another thing that has changed is the number of activities available when you go on vacation. You can now do so many things like water sports, hang gliding, and massage therapies; the choices are endless. People used to either just swim in the sea or play in the sand back in the olden days.

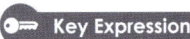 **Key Expressions**

cross one's mind 생각이 나다
- I was so busy with work these days that the fact that it was my wedding anniversary yesterday didn't even **cross my mind**.
  요즘 저는 일로 매우 바빠서 어제가 결혼기념일이었다는 것도 생각하지 못했습니다.

far-flung 멀리 떨어진
- For their safety, travelers are recommended not to travel to **far-flung** places in Africa.
  여행자의 안전을 위해 아프리카 내의 멀리 떨어진 곳으로 여행하지 않도록 주의 됩니다.

add up 합산하다
- Each assignment is small, but together they **add up** to a lot of homework.
  각 각의 과제는 작지만 합치면 많은 숙제가 됩니다.

 **Idea Flow**

서론	본론	결론
국내휴가에서 국외휴가로 변함	1. 비용 문제가 해결됨 2. 할 수 있는 활동이 증가함	예전에는 휴가 활동이 제한적이었음

 **Translation**

오늘날 사람들이 보내는 휴가는 몇 해 전과 큰 차이가 있습니다. 제 생각에 주요한 변화는 국내 휴가에서 국외 휴가로 바뀌었다는 점입니다. 과거에는 대부분 휴가가 가족들과 함께 해변으로 떠나는 것이 보편적이었습니다. 그때는 비용문제 때문에 국외로 가는 것을 생각하지도 않았어요. 하지만 요즘은 많은 사람이 휴가로 멀리 떨어진 국외로 갑니다. 항공요금과 호텔비용이 그리 비싸지지 않아서 일 년에 한 번은 갈만합니다. 또 하나 바뀐 점은 휴가를 가서 할 수 있는 활동의 종류가 늘어났다는 것입니다. 수상스포츠나 행글라이딩, 안마 시술과 같이 많은 것들을 즐길 수 있고 그 선택에는 끝이 없습니다. 옛날에는 바다에서 수영을 하거나 모래사장에서 놀기만 했죠.

Do you think taking a vacation is important? Why do you think it is important? What kind of impact can a vacation have on one's health and work? How do you personally feel after a vacation? Discuss the topic in detail.

당신은 휴가를 보내는 것이 중요하다고 생각합니까? 왜 중요하다고 생각하나요? 사람의 건강과 일에 휴가가 어떤 영향을 끼치나요? 휴가 후에 개인적으로 어떻게 느낍니까? 주제에 대해 자세히 말해보세요.

I strongly believe that taking a vacation every so often is essential for a person. Most people work **in some way or another**; whether it's at a company or at home looking after children and doing the chores. Doing this **day in and day out** can become very monotonous and boring. Going on a vacation can make you feel totally refreshed because it gives you time to relax and feel like you**'re a world away** from your normal life. It helps you feel less stressed and is great for your health. However, on the other hand, your work can suffer as a result of you being away. But I do think that in the long run, a vacation will actually make you more productive because you come back feeling more motivated and ready to work harder; at least that's the way that I always feel after a holiday.

 Key Expressions

in some way or another 어떻게든
- We are struggling to work **in some way or another** to keep the company going.
  회사를 유지하기 위해 우리는 어떻게든 일하려고 합니다.

day in and day out 아침저녁으로
- I've done the exact same thing for 2 years, **day in and day out**, filing and reviewing documents.
  저는 아침저녁으로 문서를 철하고 검토하는 일을 2년 동안 했습니다.

be a world away 천양지차
- The two presentations **were worlds away** from each other. 두 발표는 서로 천양지차였습니다.

Idea Flow

서론	본론	결론
휴가는 중요함	1. 같은 일을 하는 것은 지루함 2. 휴가를 통해 휴식할 수 있음 3. 평범한 일상에서 벗어남 4. 일에는 지장을 줄 수도 있음	장기적으로는 휴일 후에 더 동기부여가 됨

Translation

저는 가끔 휴가를 떠나는 것이 사람에게 굉장히 중요하다고 믿습니다. 대부분 사람들은 회사에서건 가정일을 하건 어떤 식으로든 일합니다. 매일 이렇게 일을 하는 것은 단조롭고 지루할 수 있습니다. 휴가를 가는 것은 휴식을 취하게 해주고 평범한 일상과는 천지차이가 난다는 기분을 느끼게 해주기 때문에 생기를 되찾게 해줍니다. 스트레스를 줄여주고 건강에 좋습니다. 반면에 멀리 떠났던 탓에 일에는 지장을 받을 수도 있습니다. 하지만 장기적으로 볼 때는 휴가를 가는 것이 생산성에 도움이 된다고 생각합니다. 휴가를 다녀옴으로써 더욱 동기부여를 받고 더 열심히 일할 기분이 나기 때문입니다. 최소한 휴일 이후에 제가 느끼는 기분이 그러합니다.

TEST**5**

Oral Proficiency Interview-computer

Q01

Let's start the interview. Tell me a little about yourself.

인터뷰를 시작합니다. 당신에 대해 말해주세요.

My name is Chang-hwan Choi and I am 42 years old. I'm an insurance broker at a well-respected insurance firm, where I have worked for 10 years. My wife is an elementary school teacher and we have one son, Jin-seo, who is in his first year at middle school. If I had to describe my personality in one word, I would say that I am honest. I **can't stand** lying at all. I think the best way to **get along** is to be totally open and truthful all the time. Aside from work, I'm a huge football fan and I love to watch European games in the early hours on the weekend.

I also keep tabs on other leagues in South America and Asia too. Every Saturday morning I play soccer with a local team against other amateur players. I **take it easy**, but it still keeps me fit and healthy.

 Key Expressions

cannot stand 못 견디다
* I **can't stand** my co-worker! He is the most unprofessional person I have ever met.
  저는 제 동료를 못 견디겠어요! 그는 제가 지금까지 만난 가장 전문가답지 못한 사람입니다.

get along 잘 지내다
* My sister and I don't **get along** well because we have totally opposite personalities.
  제 여동생과 저는 성격이 아주 달라서 잘 지내지 못합니다.

take it easy 마음을 편히 하다
* There is nothing better than just sitting at the beach with a cold drink and **taking it easy**.
  찬 음료를 마시면서 해변에 앉아 마음을 편히 하는 것보다 더 좋은 것은 없습니다.

Idea Flow

서론	본론	결론
이름, 나이, 직업	1. 가족관계: 아내와 아들 2. 성격: 정직함 3. 취미: 축구	축구를 통해 건강 유지

Translation

제 이름은 최창환이고 42세입니다. 저는 좋은 평가를 받는 보험회사의 보험중개인이고, 이 회사에서 10년을 일해왔습니다. 제 아내는 초등학교 선생님이고, 아들이 하나 있는데 이름은 진수이고 중학교 1학년 이에요. 한 단어로 제 성격을 묘사해야 한다면, 저는 정직하다고 말하고 싶어요. 전 거짓말을 전혀 못 참습니다. 사람들과 잘 지내는 최고의 방법은 항상 열린 마음으로 진실하게 대하는 것으로 생각해요. 직업 외의 것으로 전 굉장한 축구 애호가라 주말 이른 시간에 유럽 쪽 경기들을 보는 것을 좋아합니다. 남미와 아시아 쪽 리그들도 주시하고 있습니다. 매주 토요일 아침 저는 다른 아마추어 선수들에 대항해서 지역팀에서 축구를 해요. 편하게 하고 있지만, 그것이 저의 건강을 유지하게 해줍니다.

Q 02

What is the weather like in your country? How is it different from other countries? How hot or cold does it get? How often does it rain? Tell everything about the weather in your country.

당신 나라의 날씨는 어떻습니까? 다른 나라들과 어떻게 다른가요? 얼마나 꽤 더워집니까? 혹은 얼마나 꽤 추워집니까? 비가 얼마나 자주 옵니까? 당신 나라의 날씨에 대해 모두 말해주세요.

The best thing about Korea's weather is that there are 4 distinct seasons. In the winter the temperatures plummet to well below freezing and you really need to **wrap up** warm to avoid catching a cold. The spring and autumn seasons are the most pleasant, with temperatures hovering around the 20 degrees Celsius mark. The skies are usually very clear and there isn't that much rain. In the summer you can get away with not wearing a coat for most of the season because it is pretty much always hot, and temperatures hit the high 30's. The most rainfall occurs in the monsoon season, which traditionally marks the beginning of summer. **As a matter of fact**, the monsoon season has been getting harder and harder to predict in recent years due to global warming and other weather changes. But 1 year in Korea **is** still **made up of** 4 very different seasons.

 **Key Expressions**

wrap up 포장하다
- I hate **wrapping** gifts **up** because I always get paper cuts.
  저는 항상 종이에 베여서 선물을 포장하는 일을 싫어합니다.

as a matter of fact 사실
- I can use many different computer programs. **As a matter of fact**, I have earned my certifications in Excel and Java. 저는 다양한 컴퓨터 프로그램을 사용할 수 있습니다. 사실 저는 엑셀과 자바 자격증을 가지고 있습니다.

be made up of ~로 구성되다
- The R&D department of my company **is made up of** 20 scientists.
  제 직장의 연구 개발 부서는 20명의 과학자로 구성되어 있습니다.

 **Idea Flow**

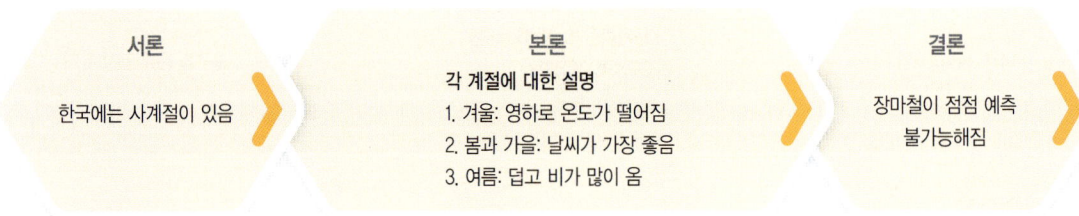

서론	본론	결론
한국에는 사계절이 있음	각 계절에 대한 설명 1. 겨울: 영하로 온도가 떨어짐 2. 봄과 가을: 날씨가 가장 좋음 3. 여름: 덥고 비가 많이 옴	장마철이 점점 예측 불가능해짐

 **Translation**

한국 날씨의 가장 좋은 점은 뚜렷한 사계절이 있다는 것입니다. 겨울에는 기온이 영하로 곤두박질치므로 감기에 걸리지 않도록 따뜻하게 옷을 단단히 챙겨 입어야 합니다. 봄과 가을은 섭씨 20도를 맴도는 온도로, 가장 좋습니다. 하늘은 매우 청명하고 비가 많이 오지 않습니다. 여름에는 거의 항상 날씨가 덥고 기온이 30도를 웃돌기 때문에 코트를 입지 않아도 됩니다. 일반적으로 여름의 시작을 알리는 우기에 비가 제일 많이 와요. 사실은, 우기는 지구의 온난화와 다른 날씨 변화들 때문에 점점 더 예측이 힘들어지고 있죠. 하지만 한국의 일 년은 여전히 네 개의 다른 계절로 이루어져 있습니다.

Q 03

What is your favorite season? Is it winter, summer, spring or fall? Why do you like that season? What do people typically do at that time of year? Give me all the details.

가장 좋아하는 계절은 언제입니까? 겨울, 여름, 봄, 가을입니까? 그 계절은 왜 좋아하나요? 사람들은 전형적으로 그때 무얼 합니까? 자세하게 말해주세요.

Although there is something I like about every season, if I had to choose a favorite season it would have to be winter. This is in view of my passion for winter sports. I am an avid skier, although my body is finding it harder to **keep up with** the rigors of the sport these days. My son has also followed in my footsteps to become a very talented skier, **picking up** everything I teach him very quickly. During the winter in Korea, it is very common for families to go to the mountains on the weekend for a winter sports trip. The facilities here are very **up to date** but at the same time, not that expensive. Our family usually rents out a condo for our trips to the ski resorts, where we can take our own food and drinks. It's a perfect way to spend time with the family in comfortable surroundings.

Key Expressions

keep up with ~에 발맞추다, 따라가다
- It is getting harder for the middle class to **keep up with** the wealthy social elites because the wealth gap keeps increasing.
  빈부 격차가 계속 증가하고 있어서 중산층이 부유한 사회 엘리트를 따라가는 것이 더 어려워지고 있습니다.

pick up 익히다, 알게 되다
- I would consider myself a jack of all trades because I **pick up** any skill quickly.
  저는 어떤 기술도 빨리 익히기 때문에 자신을 만능박사로 생각합니다.

up to date 최신의, 최근의
- My anti-virus subscriptions are always **up to date** because I don't want my computer to be hacked. 저는 컴퓨터가 해킹되는 것을 원하지 않기 때문에 항상 최신의 안티바이러스 백신을 사용합니다.

Idea Flow

서론	본론	결론
가장 좋아하는 계절은 겨울	1. 스키를 좋아함 2. 주말에 가족과 함께 스키 여행을 감	스키 여행을 통해 가족과 좋은 시간을 보냄

Translation

비록 계절마다 제가 좋아하는 점이 있지만, 만약 가장 좋아하는 계절을 골라야 한다면 겨울일 것입니다. 이것은 겨울 운동들에 대한 제 열정을 고려한 것이죠. 저는 열정적인 스키어에요. 비록 요즘 몸이 스포츠의 혹독함을 따라잡기 어렵다는 것을 느끼긴 하지만 말입니다. 제 아들도 제 발자취를 따라 제가 가르치는 것을 빠르게 배워가면서 재능 있는 스키어가 되려 하고 있습니다. 한국에서는 겨울에 가족들이 주말에 산으로 겨울 스포츠 여행을 가는 것은 매우 흔한 일입니다. 이곳의 시설은 굉장히 최신식이지만 그렇게 비싸지는 않습니다. 우리 가족은 주로 음식이나 마실 것을 가져갈 수 있는 콘도를 빌립니다. 이것은 가족과 함께 편안한 환경 속에서 시간을 보낼 수 있는 훌륭한 방법입니다.

Q 04

I would like to now hear about a memorable incident you had due to weather conditions. What happened and how did you deal with the situation? What made it so special?

날씨 때문에 있었던 기억에 남는 사건에 대해서 듣고 싶습니다. 무슨 일이 일어났으며, 어떻게 그 상황을 다루었나요? 무엇이 그 사건을 특별하게 했습니까?

I'd like to talk to you about something that happened last summer. As I said before, the monsoon season in Korea is getting more and more unpredictable, with last year seeing record rainfall in many places. The rains **wreaked havoc** in our neighborhood, with many local businesses completely flooded. One of my wife's closest friends runs a local restaurant located in the basement of a building that **fell victim** during one of the downpours. As a result, all of the furniture and equipment was completely ruined. Although this was a terrible time for the area, a very special sense of community emerged from the disaster. Many people stepped up to help those worst affected. My wife and I **dug deep** to donate as much as we could to the relief effort as well. It's only now that many of these people are getting back on their feet after the devastation caused.

 **Key Expressions**

wreak havoc 피해를 주다, 사정없이 파괴하다
- A crazy stray dog **wreaked havoc** by attacking joggers.
  미친 들개가 조깅하는 사람들을 공격하여 피해를 줬습니다.

fall victim 희생자가 되다
- Some of my friends have **fallen victim** to cunning phishing schemes.
  친구들 몇 명이 정교한 피싱 기법의 희생자가 되었습니다.

dig deep 더 노력을 많이 들이다
- My boss **dug deep** into his pockets to pay for the 100 person dinner.
  상사가 100명에게 저녁을 사기 위해 돈을 많이 썼습니다.

Idea Flow

서론	본론	결론
우기는 점점 예측하기 어려워짐	1. 우리 동네가 폭우의 피해지가 됨 2. 아내의 친구 식당이 침수됨 3. 공동체 의식의 형성: 구호 활동에 참여	이제 피해로부터 회복하고 있음

 **Translation**

지난여름에 생겼던 일에 관해 이야기하고 싶어요. 전에도 말했듯, 작년에 많은 장소에서 보인 기록적인 강수와 더불어, 한국의 우기는 점점 더 예측 불가능하게 되고 있어요. 폭우 때문에 많은 지역 상점들이 침수되었고, 우리 동네에 피해를 줬습니다. 제 아내의 가장 친한 친구 중 하나는 지하에서 식당을 하는데 폭우의 희생자가 되었어요. 그래서 모든 가구와 장비가 완전히 망가졌습니다. 굉장히 어려운 시기였지만 이 재난 때문에 이 지역에 굉장히 특별한 공동체 의식이 생겨났습니다. 많은 사람이 가장 많은 피해를 본 이들을 위해 나섰습니다. 제 아내와 저도 구호 활동에 할 수 있는 한 많은 기부를 했습니다. 이 엄청난 재앙 이후, 이제야 사람들이 자리를 다시 잡아가고 있습니다.

Q 05

Tell me about the restaurants people go out to eat at in your country. What kind of food do they serve? When do people typically go there? What are the prices on the menu like?

당신 나라에서 사람들이 자주 외식하러 가는 식당들에 대해 말해주세요. 어떤 종류의 음식을 제공합니까? 보통 언제 갑니까? 음식 가격들은 어떤가요?

Eating is a massive part of the culture in Korea. People eat out a lot here, mainly because restaurant prices are very reasonable without compromising on the taste of the food. There are a whole host of dishes to choose from in Korea when eating out from traditional Korean restaurants to full-on western ones. Korean restaurants are probably still the most popular, and the vast majority of dishes involve rice, soup and an accompaniment of side dishes, known as ban-chan. At work it's common for colleagues to go to a restaurant for lunch, with some eateries **going to great lengths** to attract customers by handing out flyers in the streets and having special offers at lunch time only. I have been to many different countries **in my time**, but I think that Korean restaurants are **hands down**, the best value for money. You can buy a full meal for less than 7 dollars.

🔑 Key Expressions

go to great lengths 많은 애를 쓰다
- The supermarket is **going to great lengths** to keep their customers by offering special discounts.
  슈퍼마켓은 특별 할인을 제공하면서 고객을 유지하기 위해 많은 애를 쓰고 있습니다.

in one's time 살아 있는 동안에
- **In his time**, Elvis was considered the king of the music industry.
  Elvis는 살아 있는 동안에 음악 산업의 왕으로 간주되었습니다.

hands down 의심의 여지 없는, 확실한
- Michael Jordan is the greatest player of all time, **hands down**!
  Michael Jordan은 의심의 여지 없이 지금껏 가장 위대한 선수입니다.

🔍 Idea Flow

서론	본론	결론
한국에서는 외식을 자주 함	1. 다양한 음식 종류 2. 한식이 가장 인기가 있음 3. 손님을 끌기 위한 식당의 노력	한국 식당이 가격 대비 가장 좋음

✏️ Translation

먹는 것은 한국 문화의 큰 부분입니다. 사람들은 외식을 많이 하는데요, 음식의 맛과 비교하여 가격이 합리적이기 때문입니다. 한국에서 외식할 때는 전통 한식당에서부터 완전한 서양식까지 많은 종류의 음식들 중 골라 먹을 수 있습니다. 한국 식당들이 아직은 인기가 가장 많은 것 같고 대부분의 식사는 쌀밥과 국에 반찬이 나옵니다. 직장에서는 동료끼리 점심을 먹는 일이 흔하고 식당들은 길거리에서 전단을 나눠주거나 점심시간에만 특가 제공을 하는 등 손님을 끌어모으기 위해 많은 애를 씁니다. 전 많은 나라를 다녀보았지만, 한국 식당들이 의심할 여지 없이 가장 가격대비 훌륭한 것 같습니다. 7달러만 있으면 한 끼 식사를 할 수 있으니까요.

Q 06 Tell me about a restaurant you used to go to when you were a child. What do you remember of that place? How are restaurants you went to when you were young different from the ones you go to today? How have they changed?

아이였을 때 가곤 했던 식당에 대해 말해주세요. 그 장소의 무엇이 기억이 납니까? 어렸을 때 갔던 식당들과 요즘 식당들이 어떻게 다른가요? 어떻게 변해왔습니까?

Eating out was not that common when I was growing up. I can **count on one hand** the number of different restaurants I visited as a child. The only times we would visit restaurants back then was if it was a special occasion, like an important birthday or anniversary in the family. The restaurant I do remember going to on several occasions was the one which sold seol-leong-tang, a type of beef soup. The restaurant was quite small, with only a handful of tables inside, and there were no chairs at all. In the past, you had to sit on the floor at most restaurants in Korea until chairs started to **catch on** a lot more recently. Another big difference with restaurants these days is the emphasis on attractive interior design. Many restaurants in the past were quite **run down** in terms of appearance, with the focus completely on the taste of the food.

 **Key Expressions**

count on one hand 한 손으로 다 셀 수 있을 정도이다
- My husband and I can **count on one hand** the number of days we have fought so far.
  우리 부부가 지금까지 싸운 수는 한 손으로 다 셀 수 있는 정도입니다.

catch on 인기를 얻다
- Pink heels started to **catch on** last year, but the fad did not last long.
  분홍색 힐은 작년에 인기를 얻기 시작했지만, 유행은 오래가지 않았습니다.

run-down 황폐한
- There is a debate whether to tear down or renovate the **run-down** buildings in the downtown area. 시내 지역의 황폐한 건물들을 허물지 아니면 개조할지 논의가 있습니다.

Idea Flow

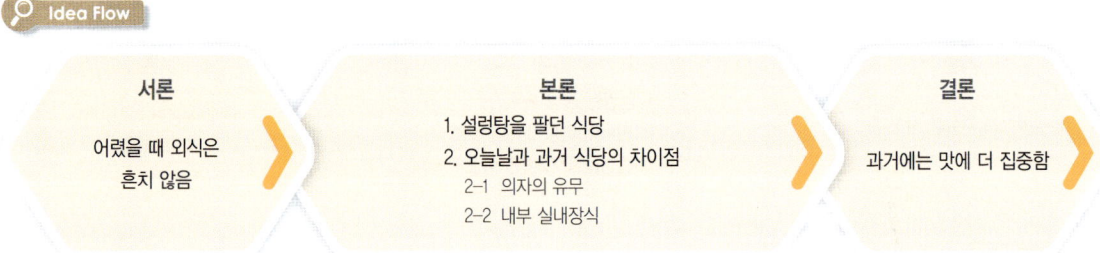

서론	본론	결론
어렸을 때 외식은 흔치 않음	1. 설렁탕을 팔던 식당 2. 오늘날과 과거 식당의 차이점 2-1 의자의 유무 2-2 내부 실내장식	과거에는 맛에 더 집중함

Translation

제가 자라던 시절에 외식은 흔한 일이 아니었습니다. 어린 시절 가 보았던 식당들은 한 손에 꼽을 수 있는 정도지요. 그 시절 식당에 갔던 때는 가족의 생일이나 기념일 같이 특별한 일이 있을 때였습니다. 어떤 날들에 갔다고 기억하는 한 식당은 고깃국 종류인 설렁탕을 파는 곳이었어요. 그 식당은 꽤 작았는데 식탁도 몇 개 없고 의자는 아예 없었습니다. 의자들이 최근에 인기를 얻기 전까지는 한국 식당에서는 대부분 바닥에 앉아 식사를 해야 했죠. 또 다른 큰 변화는 식당들이 매력적인 인테리어 디자인을 강조하는 것인데요. 과거 많은 식당은 음식의 맛에만 집중하고 겉으로 나타나는 행색은 추레했습니다.

I'd like to hear about the last time you went out to eat. Which restaurant did you go to? What did you order? Who did you go with and who paid for the food? Give me all the details.

마지막으로 외식했던 적에 대해 듣고 싶어요. 어떤 식당에 갔습니까? 무엇을 주문했습니까? 누구와 함께 갔으며 음식은 누가 샀죠? 자세하게 말해주세요.

The last time I went out to eat was with my wife for our wedding anniversary last weekend. I treated my wife to her favorite cuisine, which is Italian food. We have been arguing a lot recently, so I wanted to **iron out some differences** and celebrate our marriage at the same time. The Italian restaurant I chose was a new place close to my office. We ordered expensive wine, a chicken salad, tomato pasta and a gorgonzola pizza. We **ran up** quite a large bill, but it was definitely worth it. The food was delicious and the service was brilliant, but making my wife **the center of attention** for one night was the most important thing of all. Of course, being a gentleman, I paid for the meal. We'll definitely go back there again, perhaps for an end-of-year dinner with friends, because they really do pay attention to every last detail at the restaurant.

🔑 **Key Expressions**

iron out some differences 약간의 의견 차이를 없애다
- My company has agreed to acquire XYZ Company, but we need to **iron out some differences** on the final contract. 제 회사는 XYZ 회사를 합병하기로 동의했지만, 최종 계약에 대한 약간의 의견 차이를 없앨 필요가 있습니다.

run up 올리다, 늘리다
- I hated it when Tom **ran up** the bill by ordering extremely expensive wine.
저는 Tom이 너무 비싼 포도주를 시켜서 청구 비용을 늘렸을 때 싫었습니다.

the center of attention 관심의 대상
- Joe is quite egomaniacal because he always wants to be **the center of attention**.
Joe는 항상 관심의 대상이 되기를 원하기 때문에 꽤 병적으로 자기중심적입니다.

🔍 **Idea Flow**

서론	본론	결론
지난 주말 결혼기념일로 이탈리아 음식점에 감	1. 식당의 위치 2. 주문한 메뉴 3. 음식과 서비스에 매우 만족함	친구들과 또 그 식당을 이용하겠음

✏️ **Translation**

마지막으로 외식했던 적은 지난 주말에 결혼 기념일로 아내와 외식했던 것이에요. 아내가 가장 좋아하는 이탈리아 음식을 사주었어요. 요즘 너무 많이 싸워서 서로 간의 차이점을 없애고 결혼기념일도 동시에 챙기고 싶었어요. 제가 고른 이탈리아 음식점은 회사 옆에 생긴 새로운 곳이었습니다. 우리는 비싼 포도주, 치킨샐러드, 토마토 파스타와 고르곤졸라 피자를 시켰어요. 돈을 많이 썼지만 그만한 가치가 있었죠. 음식은 맛있었고, 서비스도 훌륭했지만, 그날 저녁 아내를 관심의 대상으로 만드는 것이 무엇보다 가장 중요한 것이었습니다. 물론 신사로서 제가 음식값을 냈고요. 우리는 아마도 친구들과 연말 저녁을 먹으러 그 식당에 다시 갈 것입니다. 왜냐하면, 그 식당은 모든 사소한 일까지 세세하게 관심을 기울이거든요.

Q 08

You have indicated that you go overseas for business. Describe a city that you have visited on a business trip. What was the city like? What were the people there like? How did you like the food there?

당신은 국외로 출장 간다고 했습니다. 출장으로 간 도시에 대해서 묘사해보세요. 그 도시는 어땠습니까? 사람들은요? 그곳 음식은 어땠습니까?

I have to travel overseas for business now and then, visiting mostly European cities. I recently went to London for a few days and was surprised at how much it rained. I had heard from many friends that London's weather was very unpredictable, but I didn't expect rain every day. I would have been much **better off** taking an umbrella rather than several short-sleeve shirts that I packed. The people that I had to **deal with** on the trip were incredibly polite and friendly, and they left me with a great impression of Britain in general. Unfortunately the food **paled in comparison to** the people as I couldn't find any local food that suited my taste buds. I tried fish and chips, an English breakfast, and a few pies, but they were all a little too greasy for me. As a result, I tried to get my hands on as much Korean food as possible.

🔑 Key Expressions

better off 부유하다
- I would have been much **better off** if I had majored in engineering.
  공학을 전공했었다면 훨씬 부유했을 것입니다.

deal with ~을 처리하다
- As a bank teller, I always have to **deal with** the questions and complaints of elderly customers.
  은행 직원으로서 저는 항상 연세 드신 고객들의 문의와 불편을 처리해야 합니다.

pale in comparison to ~에 비해 못하다, ~에 대해 무색해지다
- Even though I lost $1,000 playing poker, that amount **pales in comparison to** the $30,000 that my friend lost playing blackjack. 제가 포커에서 잃은 1천 달러는 친구가 블랙잭을 하면서 잃은 3만 달러 앞에서는 무색합니다.

🔍 Idea Flow

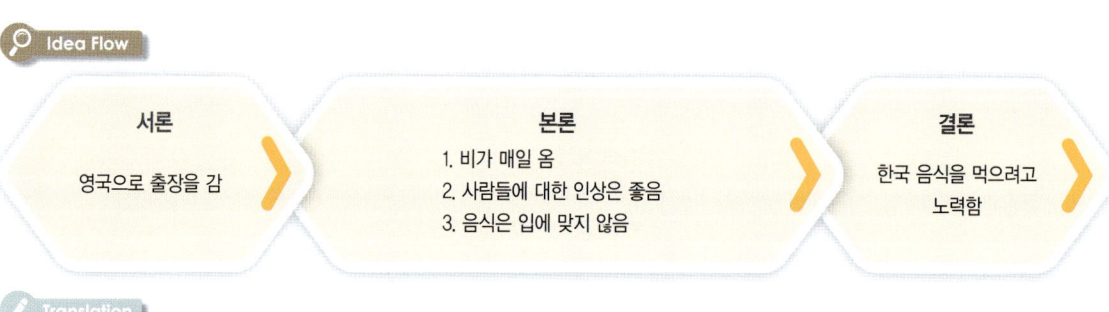

서론	본론	결론
영국으로 출장을 감	1. 비가 매일 옴 2. 사람들에 대한 인상은 좋음 3. 음식은 입에 맞지 않음	한국 음식을 먹으려고 노력함

✏️ Translation

전 이따금 국외로 출장을 가야 하는데 대부분 유럽 도시를 방문하죠. 저는 최근에 런던에 며칠 출장을 갔는데, 비 오는 양에 대해서 놀랐습니다. 친구들로부터 런던의 날씨는 예측 불가능하다고 듣긴 했지만 매일 비가 올 줄은 예상 못 했습니다. 반소매 셔츠들 보다 우산을 하나 챙겨오는 편이 훨씬 나을 뻔했습니다. 출장 중에 접해야 했던 사람들은 굉장히 친절하고, 친근했고, 일반적으로 저에게 영국에 대해 훌륭한 인상을 남겨었어요. 불행히도 현지에서 제 입맛에 맞는 음식을 찾지 못해서 음식은 별로였습니다. 영국 아침 식사인 피시 앤 칩스와 파이를 몇 개 먹어봤지만 너무 좀 기름졌습니다. 결국, 가능한 한 한국 음식을 먹으려고 했습니다.

Q 09 **Among the cities you have visited on business, which was your favorite? Why did you like that city so much? What made that business trip so memorable? Would you like to go there again?**

당신이 출장으로 방문한 도시 중에 어느 도시가 가장 좋았나요? 왜 그 도시가 좋았습니까? 무엇이 그 출장을 기억나게 합니까? 다시 가고 싶으신가요?

My favorite city in the world is Sydney, and I first visited because of work. I went there for a conference about 5 years ago, and it was **love at first sight**. As soon as I saw the magnificent harbor area, with its wonderful Opera House and spectacular bridges, I was thoroughly impressed by the place. As I've been to many older cities in Europe, with more illustrious histories, some people call into question my view of Sydney. But **in the wake of** my trip there, I have no doubts about it. I love the way the city and the sea are so at one. The conference was held at a hotel on the harbor, which was the perfect setting. Work was very productive as well because I made a lot of good contacts. I would **jump at the chance** to go again, but I'm not sure if that opportunity will come any time soon.

Key Expressions

love at first sight 첫눈에 반하는 사랑
- I think **love at first sight** is just an infatuation.
  저는 첫눈에 반하는 사랑은 그저 열병에 지나지 않는다고 생각합니다.

in the wake of ~의 결과로서
- **In the wake of** the corruption scandal, ten politicians resigned yesterday.
  비리 문제의 결과로 10명의 정치인이 어제 사임했습니다.

jump at the chance 기회를 잡다, 시기를 정하다
- I would totally **jump at the chance** to quit my job and go back to school.
  저는 직업을 아예 그만두고 학교로 돌아갈 기회를 잡을 것입니다.

Idea Flow

서론	본론	결론
시드니를 가장 좋아함	1. 회의차 5년 전 방문 2. 오페라 하우스가 있는 항구를 보고 첫눈에 반함 3. 업무도 성공적이었음	기회가 되면 또 가고 싶음

Translation

제가 세계에서 제일 좋아하는 도시는 시드니이고, 일 때문에 처음 방문하게 되었어요. 약 5년 전에 회의차 방문했고, 첫눈에 반해버렸습니다. 멋진 오페라 하우스와 장관을 이루는 다리들이 있는 아름다운 항구지역을 보자마자, 전 깊은 인상을 받았어요. 제가 유럽의 뛰어난 역사를 가진 오래된 도시들을 많이 둘러보았기 때문에 몇몇 사람들은 시드니에 대한 제 관점에 의문을 제기합니다. 하지만 여행을 갔다 온 후로 전혀 의심의 여지가 없습니다. 저는 도시와 바다가 하나가 된 것을 굉장히 좋아합니다. 회의는 항구에 있는 호텔에서 열렸는데, 그것은 완벽한 환경이었습니다. 일 또한 매우 생산적이었는데 많은 좋은 사람들을 만났기 때문입니다. 다시 가 볼 기회를 잡고 싶습니다만 기회가 금방 올지 모르겠습니다.

Q 10

Many unexpected things can happen on a business trip. Tell me about an incident you remember vividly. Exactly what makes you remember that incident to this day? What was so funny or interesting about it?

출장에서 기대치 않던 일이 많이 생길 수 있습니다. 생생하게 기억나는 사건에 대해 말해주세요. 정확히 무엇이 당신으로 하여금 그 사건을 기억나게 합니까? 왜 그것이 많이 웃기거나 재미있습니까?

On a business trip to Jeju Island last year my rental car broke down **in the middle of nowhere**. I had chosen to travel without a satellite navigation system because I thought I knew the roads quite well from previous visits. But on the way to the hotel, I decided to take a detour because of a pile up on the road in front of me. Unfortunately the route I took led me into the countryside and was not **a shortcut** at all. After about 15 minutes, a red light flashed up on the dashboard and the car engine cut out. The funny thing was that my mobile phone was about to run out of battery too. Luckily for me, a car passing by offered to give me a lift to the nearest garage and things **worked out** well in the end, but it taught me to always travel with a spare battery for my phone.

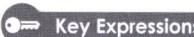

Key Expressions

in the middle of nowhere 멀리 인적이 끊긴
- Even though my home is **in the middle of nowhere**, I love it because the scenery is just exquisite.
  비록 제집이 멀리 인적이 끊긴 곳에 있지만, 풍경이 정말 아름다워서 저는 제집을 사랑합니다.

a shortcut 지름길
- There are no genuine **shortcuts** to learning English. It's just a matter of practice.
  영어를 배우기 위한 지름길은 없습니다. 연습만이 필요합니다.

work out 잘 풀리다
- I did not get the promotion but, it all **worked out** for me eventually. The company has made me the head of the new marketing division.
  저는 진급하지 못했지만, 회사가 저를 새로운 마케팅 부서의 책임자로 임명했기 때문에 결국은 제게 모두 잘 풀린 것입니다.

서론	본론	결론
제주도로 출장 갔을 때 렌터카가 고장이 남	1. 내비게이션이 없어 길을 잘못 듦 2. 자동차 엔진이 꺼짐 3. 휴대전화기 배터리가 다 됨 4. 지나가던 차의 도움을 받음	여분의 휴대전화기 배터리를 가지고 다녀야 한다는 교훈을 얻음

Translation

작년 제주도로 출장을 갔을 때 외진 곳에서 렌터카가 고장 나버렸습니다. 이전에 방문을 해봐서 길을 잘 알고 있다고 생각했기 때문에 위성 내비게이션 없이 다녔었습니다. 하지만 호텔로 가는 길에 앞에 다중 추돌사고가 있었기 때문에 돌아가 가기로 했었지요. 불행히도 제가 갔던 길은 시골 길로 이어졌고 지름길이 아니었습니다. 약 15분이 지나자 계기판에 빨간 불이 들어왔고 자동차 엔진은 꺼졌습니다. 웃기는 것은 제 휴대 전화기 역시 거의 배터리가 다 되었다는 것입니다. 다행히도 지나가던 차가 가까운 정비소까지 태워다 주겠다고 했고 결국 모든 일은 잘 풀렸습니다. 하지만 그 사건은 언제나 여분의 휴대전화기 배터리를 가지고 다녀야 한다는 교훈을 주었습니다.

Q11

Where do people in your country invest money? What kinds of banks and accounts exist to do so?

당신의 나라에서 사람들은 어디에 돈을 투자하나요? 당신의 나라에는 어떠한 종류의 은행과 금융거래가 있나요?

There are several categories of investments, but two of them are by far the most popular in my country. One is real estate and the other is the investment in financial items. For the last 20 years, investment in real estate made high profits. The most profit that my parents made is from the apartment they bought 20 years ago. The values have shot up 10 times, but now the real estate market is on its way down in my general impression. I think it is caused by persistent low birth rates and high credit utilization due to house down payments. The second type, which is the investment in financial items, can be conducted either by the **banking sector** or the non-banking sector. The banking sector consists of commercial banks, and their business **demarcation** is very restricted. Therefore, it's safe for investors to keep their money there, but it does not produce significant earnings. Nowadays, savings accounts give less than 1% interest. On the other hand, the non-banking sector includes insurance institutions and **securities** related companies. They trade stocks, bonds and mutual funds, and they usually tend to be aggressive, so they are more profitable, but at the same time risky. I recommend choosing an appropriate investment plan when you invest.

🔑 Key Expressions

banking sector 금융분야, 제1금융권
- The **banking sector** is in heavy trouble, and a solution is absolutely needed as soon as possible.
  금융분야가 큰 어려움에 직면해 있고, 해결책이 가능한 빨리 꼭 필요합니다.

demarcation 경계; 구분
- It was hard for him to draw clear lines of **demarcation** between work and his private life.
  그에게 그의 일과 개인 생활 사이에 분명한 경계를 정하기가 힘들었습니다.

securities 증권
- The **securities** were worthless to the refugees. 증권이 난민들에게는 휴지 조각이었습니다.

🔍 Idea Flow

서론	본론	결론

두 가지 대표적인 투자종목: 부동산과 금융상품	1. 부동산 투자 1-1 과거에 매우 높은 이익 창출(e.g.) 부모님
	                1-2 현재 부동산 시장 침체
	2. 금융상품 투자 2-1 제1금융권 2-1-1 상업은행으로 구성
	                                2-1-2 안전하나 낮은 수익율
	                  2-2 제2금융권 2-2-1 보험회사, 증권회사
	                                2-2-2 고수익이나 위험
		적합한 투자종목을 선택하는 것을 추천

✏️ Translation

다양한 투자종목이 있으나 그 중 두 가지가 우리나라에서는 현재까지 가장 대중적입니다. 첫 번째는 부동산 투자이고 두 번째는 금융상품 투자입니다. 지난 20년간, 부동산 투자는 매우 높은 이익을 창출해 냈습니다. 저희 부모님이 내신 가장 큰 수익은 20년 전에 구입하신 아파트입니다. 가치가 10배 상승했으나, 현재 부동산 시장은 침체하고 있다는 것이 제 일반적 느낌입니다. 제 생각에 그것은 계속되는 저출산율과 집값 보증금 지불로 인한 신용액 대비 부채비율이 갈수록 높아지고 있기 때문입니다. 두번째 종류인 금융상품 투자는 제1금융권과 제2금융권에 의해 시행되고 있습니다. 제1금융권은 상업은행으로 이루어져 있으며 그들의 사업 영역은 매우 제한되어 있습니다. 그러므로 투자자들로 하여금 그들의 돈을 안전하게 보관은 하나 눈에 띄는 수익을 창출해 내지는 못합니다. 현재, 예금 계좌의 경우 1% 미만의 이자만을 받을 수 있습니다. 반면, 제2금융권은 보험회사, 증권회사를 포함하고 있으며 주식, 채권, 뮤추얼 펀드를 운영하며 일반적으로 공격적으로 투자함으로 더 수익은 높으나 동시에 위험하기도 합니다. 투자할 때 적합한 투자종목을 선택하는 것을 추천합니다.

Q 12

Please tell me about your first experience investing in stocks. How was the market situation? Was the market situation different from now?

당신이 주식에 투자했던 첫 경험에 대해 이야기 해주세요. 그 당시에 시장 상황은 어땠나요? 그 당시의 시장 상황과 지금은 다른가요?

That brings me back to the time when I found the ideal house to buy. I was truly yearning to get that house, so I withdrew all the money that I saved in my bank account. When I went to finalize the contract, I found out that the landlord just sold it to someone else. I was so inconsolable that I didn't know what to do with the huge amount of money. At that point, my best friend was making 200% earnings with stocks in the **volatile** market situation. I became obsessed with stocks, and I started to gather up all the information I could. I found a company which made an all-time high for the past year but had fallen to a very low price per share believing that it will eventually make it back to its high level again. So I **put all my eggs into that one basket**. Unfortunately, it ended up being delisted from the National Stock Exchange. So the stock market is incredibly exciting but also unpredictable. For many consecutive days, the stock price line tends to flatten into more of a gradual slope, but then it suddenly goes through plenty of **peaks and valleys**. I got a lesson from this incident that haste makes waste.

 Key Expressions

volatile 상황이(금방이라도 급변할 듯이) 불안한
- My father tried to make me calm down in a highly **volatile** situation from which riots might develop.
  아버지께서 폭동으로 발전할 수 있는 대단히 불안한 상황에서 나를 침착하게 하려고 애쓰셨습니다.

put all eggs into one basket 전 재산을 한 군데에 투자하다
- The financial expert recommended me not to **put all my eggs in one basket**.
  경제 전문가는 나에게 전 재산을 한 군데에 투자하지 말라고 조언했습니다.

peaks and valleys 부침(浮沈), 성쇠(盛衰)
- You have **peaks and valleys** in life. 인생에는 성쇠가 있습니다.

Idea Flow

서론	본론	결론
주식투자를 처음한 경험 소개	1. 주택을 구입하려 했으나 실패 2. 불안한 시장 상황에서도 주식으로 고수익을 올린 친구 3. 전재산을 한 주식에 투자 4. 투자한 주식이 상장폐지	1. 주식시장은 흥미진진하고 예측 불가능 2. 서두르면 일을 망친다라는 교훈을 얻음

 **Translation**

제가 정말 사고 싶었던 이상적인 집을 찾았을 그 때 당시를 떠오르게 합니다. 저는 그 집을 진심으로 사고 싶어서 제가 은행계좌에 모아뒀던 모든 돈을 인출하였습니다. 계약을 하러 갔을 때, 집주인이 바로 전에 다른 사람들에게 매매했다는 사실을 알게 되었습니다. 저는 너무 상심했고 그 많은 돈으로 무엇을 해야 할지 몰랐습니다. 그 때 당시 저의 가장 친한 친구가 불안한 시장 상황에도 불구하고 주식에서 200% 수익을 내고 있었습니다. 저는 주식에 사로잡혀 모든 정보를 모으기 시작했습니다. 저는 작년에 쭉 상위수익을 냈으나 주식 가격이 아주 낮게 떨어진 회사를 하나 찾았습니다. 그 회사가 다시 높은 수준으로 오를 것이라고 믿으며 전 재산을 걸었습니다. 불행하게도, 그 주식은 상장 폐지가 되었습니다. 주식 시장은 믿을 수 없을 만큼 흥미진진하나 동시에 예측이 불가능하기도 합니다. 수일 동안, 주가는 완만한 비탈면과 같이 평평한 편을 유지하고 있다가 갑자기 수많은 성쇠를 찍기도 합니다. 이 사건을 통해 서두르면 일을 망친다라는 교훈을 얻게 되었습니다.

Q 13

Tell me about a memorable experience that happened when you invested your money. For example, when you met your stockbroker for the first time or you earned or lost a lot of money?

당신이 돈을 투자했던 경험 중 가장 기억에 남는 것에 대해 이야기해주세요. 예를 들면, 주식 중개인을 처음 만났던 경험 이라던지, 돈을 많이 벌었거나 잃었던 경험에 대해 이야기 해주세요.

I've never had much money in my life, but as I get older, I start to become anxious of my old age. So I decided to invest in stocks in the beginning of 2008. I heard **through the grapevine** that blue chips are the safest and most stable, so I bought really high priced ones first. I met a friend who works at a financial institution, and he advised me to invest a little later because he worried that the current economic fluctuation could affect the stock market. Of course, when someone tells you not to do something, you feel like you want to do it more. So I invested more in the IT industry. Suddenly there was news that one of the biggest investment banks, Lehman Brothers, had filed for bankruptcy. It led to a massive financial crisis that swept through the global financial markets, also affecting the Korean stock market. The value of the shares dropped sharply and my holdings **took a nosedive** to 40%. For months, I **tossed and turned** at night worried that I wouldn't get any returns from my investment.

Key Expressions

through the grapevine 소문으로
- I heard **through the grapevine** that got a promotion. 당신이 승진한다는 소문을 들었어요.

take a nosedive 급강하하다; 폭락하다
- The company's stock price **took a nosedive**, falling over fifteen percent in a day.
  그 회사의 주가는 하루 만에 15% 이상 폭락했습니다.

toss and turn 뒤척이다
- She **tossed and turned** sleepless in bed for a while. 그녀는 잠시 동안 잠을 이루지 못하고 몸을 뒤척였습니다.

Idea Flow

서론	본론	결론
노후에 대한 걱정으로 2008년 초에 주식에 투자	1. 처음에는 우량주에 투자 2. 친구의 조언을 무시하고 IT 산업에 투자 3. 리먼브라더스사의 파산으로 한국 주식 하락 4. 주식 폭락	투자금에 대한 걱정으로 몇 달 동안 불면의 밤을 보냄

 Translation

저는 별로 돈과 인연이 있는 사람은 아니지만 나이가 들어가면서 노후에 대해 걱정이 되기 시작했습니다. 그리하여 2008년 초에 저는 주식에 투자하기로 결정을 하였습니다. 소문에 의하면 우량주가 가장 안정하고 안정적이라고 해서 처음에는 가장 비싼 주식들만을 샀습니다. 금융회사에 일하는 친구를 만났는데 친구는 현 경제 파동이 주식시장에도 영향을 미칠 것을 우려하여 좀 나중에 투자하는 것이 어떻겠냐는 조언을 해주었습니다. 물론, 어떤 사람이 무언가를 하지 말라고 할 때 더 하고 싶어지게 됩니다. 그리하여 저는 IT 산업 쪽에 더 투자를 진행하였습니다. 갑자기 가장 큰 투자은행 중 하나였던 리먼브라더스사가 파산 신청을 하였다는 뉴스가 나왔습니다. 그것은 거대한 금융위기로 이끌었고 글로벌 금융시장을 휩쓸었으며 한국 주식 시장 또한 영향을 입혔습니다. 주식의 가치는 급속하게 하락하였으며 제가 보유하고 있던 주식들은 40% 폭락을 하였습니다. 몇 달 동안 저는 밤에 잠 못 이루고 뒤척거리며 제 투자금을 하나도 회수하지 못할 까봐 걱정하며 보냈습니다.

Q 14

I would like to hear about the training employees receive from their company when they first start working there. How have these training sessions changed over the years? What do people learn from these occasions? How long do they last?

사원들이 처음 입사했을 때 회사에서 받는 훈련 과정들에 대해 듣고 싶어요. 지난 몇 년간 훈련 과정들이 어떻게 변해왔습니까? 사람들은 무엇을 배우나요? 얼마나 오래 합니까?

No matter what type of company you work for, if you begin as an **entry-level** employee then you will almost certainly receive some form of training. My first job was in the sales department and the training we received was quite basic. The person in charge of training new employees first took us on a guided tour of the offices and we were introduced to all of our seniors. The importance of respecting our seniors was pressed home to us, as well as the fact that our managers would **keep a close eye on** us for the first few months. The half day was all the formal training we received back then. Now companies invest a week or more training new employees on systems they will use and procedures they need to follow. When people first enter the workplace, this training can help them settle into unfamiliar surroundings more smoothly.

 **Key Expressions**

no matter what ~에 상관없이
- The first motto of my company is: Don't be late **no matter what**!
  우리 회사의 첫 번째 사훈은 '어떤 경우에도 늦지 맙시다!' 입니다.

entry-level 초보적인
- My first **entry-level** job's pay was only $8/hr. 제 첫 번째 초보적인 일의 임금은 겨우 시간당 8달러였습니다.

keep a close eye on ~를 감시하다
- My supervisor always **keeps a close eye on** his subordinates. 제 관리자는 항상 부하직원들을 감시합니다.

Idea Flow

서론	본론	결론
신입훈련은 어디에나 있음	1. 자신의 경험에 비추어 설명 　1-1 회사를 둘러보고, 상사에게 소개함 　1-2 상사 존중을 가르침 2. 과거와 현재의 훈련 차이점: 기간이 길어짐	훈련의 필요성

Translation

회사의 종류에 상관없이 만약 당신이 신입이라면, 어떤 형태의 훈련을 받을 것입니다. 제 첫 직장은 판매부서였고, 우리가 받은 훈련은 상당히 기초적이었어요. 신입직원 훈련담당자가 우리에게 회사를 쭉 둘러보도록 해주고, 모든 상사에게 소개를 시켜줬죠. 상사를 존중하는 것에 대한 중요성은 물론 강조되었고 우리 상사들이 첫 몇 달 간은 주시하리라는 것도 강조되었습니다. 공식적인 훈련은 반나절이 다였습니다. 요즘 회사들은 그들이 사용할 시스템이나 따라야 하는 절차들을 일주일이나 그 이상으로 신입직원들을 훈련합니다. 이 훈련은 사람들이 처음 직장에 들어와서 친숙하지 않은 환경에 더욱 부드럽게 정착하는 것을 도울 수 있습니다.

Now, tell me about what people think about these company training sessions. Do they think it's useful? Why do they think that way? What is your personal opinion about these sessions? What can be done to make them better?

사람들이 회사 훈련 과정에 대해 어떻게 생각하는지 말해주세요. 그것이 효율적이라고 생각하나요? 왜 그런 식으로 생각합니까? 훈련 과정에 대해 당신은 어떻게 생각합니까? 더 좋은 훈련 과정을 만들기 위해 무엇을 할 수 있을까요?

Some people say that training sessions can be a waste of time, but others think they are a **tried and tested** way of getting new employees familiar with a new company. It goes without saying that nothing can prepare you for every situation that may arise, but training can certainly **lighten the load** of pressure on both the new employees and those around them. Although training sessions inevitably take up time that could be spent working, my personal opinion is that these sessions are valuable. I'm sure that training helps **cut out** most mistakes that would otherwise be made by inexperienced workers. Training sessions could be made better if they were friendlier though. One of the most daunting things about starting a job is not knowing anyone at your new company. Training should help address this issue by creating an atmosphere where it is easy to get to know one another.

🔑 **Key Expressions**

try and test 검사하고 실험하다, 확실히 믿을 수 있다
- QRS tires are the most popular tires since they have been **tried and tested** by professional racers.
  QRS 타이어는 전문 레이서들에 의해 검사되고 실험되었기 때문에 가장 인기 있는 타이어입니다.

lighten the load 짐을 가볍게 하다, 부담을 줄이다
- I hired several part-timers to **lighten my workload**. 저는 업무량을 줄이기 위해 아르바이트생 몇 명을 고용했습니다.

cut out 잘라내다, 배제하다
- I really want to **cut out** smoking from my life, but it is hard.
  정말 제 인생에서 흡연을 끊어내고 싶지만 그렇게 하기가 어렵습니다.

🔍 **Idea Flow**

서론	본론	결론
훈련 과정에 대한 찬반 의견	1. 훈련을 통해 부담을 덜어줄 수 있음 2. 실수를 줄일 수 있음 3. 훈련 과정이 좀 더 친근해질 필요가 있음	서로 잘 알아갈 수 있는 훈련 과정이 필요함

✏️ **Translation**

몇몇 사람들은 훈련 과정이 시간 낭비라고 하지만 다른 사람들은 신입사원들이 새 회사에 익숙해지도록 하는 확실한 방법이라고 생각합니다. 일어날 모든 사건에 대비하여 준비시키는 방법이 없다는 것은 말할 필요도 없지만 훈련을 통해 신입사원들과 그 주위 사람들의 부담감을 덜어줄 수 있습니다. 훈련 과정이 일할 시간을 잡아먹는 것은 맞지만 개인적으로는 이 과정은 중요하다고 생각합니다. 훈련은 경험이 없는 직원들이 만들 수 있는 실수들을 차단해 주리라고 믿습니다. 훈련 과정들이 더 친근하다면 더 좋겠지요. 일을 시작하는 데 있어 가장 힘든 것 중 하나는 회사에 아는 사람이 없다는 것입니다. 훈련은 서로 알아 가는데 손쉬운 환경을 조성함으로써 이 문제를 다뤄야 합니다.

TEST **6**

Oral Proficiency Interview-computer

Q01

Let's start the interview. Tell me a little about yourself.
인터뷰를 시작합니다. 당신에 대해 말해주세요.

My name is Un-jeong Jung and I'm 20 years old. I'm a junior at college studying English literature. I chose this major because I spent some time in the US when I was a middle school student. My time overseas really **whetted my appetite for** English literature. I feel like I'm really making the most of university life by enrolling in as many clubs as I can without **putting my grades in jeopardy**. I'm currently a member of the volleyball, dance, hiking, and bicycle clubs, to name but a few. As you can tell, being active is very important for me and I find it very hard to sit still. Almost all of my close friends at college are people that I have met through the clubs I joined. Just hanging out together is a big part of any social club and it's the best way to **get to know** what everyone is really like.

Key Expressions

whet one's appetite for ~에 대한 식욕(욕구)을 돋우다
- Video games have really **whetted my brother's appetite for** military training.
  비디오 게임은 제 남동생의 군 훈련에 대한 욕구를 돋우게 했습니다.

put something in jeopardy ~을 위험에 빠뜨리다
- The CEO's risky decision-making has **put the company in jeopardy** in recent months.
  최고 경영자의 위험한 의사 결정이 최근 몇 달간 회사를 위험에 빠뜨렸습니다.

get to know 알게 되다
- People must **get to know** each other for at least 2 years before considering getting married.
  사람들은 결혼을 고려하기 전에 최소한 2년 동안은 서로 알아봐야 합니다.

Idea Flow

서론	본론	결론
이름과 나이	1. 학년과 전공 2. 전공을 선택하게 된 계기 3. 동아리 활동과 본인의 대학 생활 4. 본인의 성격과 연결	동아리 활동과 인간관계에 대한 의견

Translation

제 이름은 정운정이고 20살입니다. 대학교 3학년으로 영문학을 공부하고 있습니다. 이 전공을 택한 이유는 제가 중학생 때 미국에서 조금 살다 왔기 때문입니다. 국외에서의 생활은 영문학에 대한 저의 구미를 돋우었습니다. 학점을 크게 떨어뜨리는 일 없이 할 수 있는 한 많은 동아리에 참여하여 대학 생활을 최대한 활용하고 있습니다. 몇 가지 말하자면 현재는 배구, 춤, 등산, 자전거 동아리에 참여하고 있습니다. 알다시피 활동적인 생활은 저에게 굉장히 중요하며 가만히 앉아있는 것은 참으로 힘든 일입니다. 대학에서 만난 친한 친구 대부분은 제가 가입한 동아리에서 만난 사람들입니다. 그저 같이 어울리는 것만도 사교 활동들의 큰 부분을 차지하고 이는 그들이 정말로 어떤 사람인지 아는 가장 좋은 방법입니다.

Q 02

What are some technologies you use at school? Do you make use of computers or cell phones? What else do you use? How does the technology help you with your life in school?

학교에서 사용하는 기술에는 어떤 것이 있습니까? 컴퓨터나 휴대전화를 씁니까? 다른 것들로는 무엇을 사용합니까? 그 기술이 학교생활을 어떻게 돕습니까?

I use technology every single day at school. I mostly use computers in the library, but also I make use of my laptop and smart phone. I cannot imagine how students used to cope without computers in the past. Writing assignments by hand is time consuming and making a **back up** copy is very inconvenient as well. Word processing programs not only solve this but also help cut out almost all spelling mistakes too. Computers make life so much simpler. Instead of having to go and **hand in** work personally to professors, I can just send essays via email without leaving the comfort of my chair. My smart phone is another piece of technology that helps make my life easier. I can **keep up with** the latest school announcements by checking the website on a regular basis. I even use my MP3 player function to listen to English texts too.

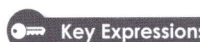
Key Expressions

back up 백업하다
- I forgot to **back up** my hard drive, so I lost all my data when my computer crashed.
  하드 드라이브를 백업하는 것을 잊어서 컴퓨터가 다운되었을 때 자료를 다 잃었습니다.

hand in ~를 제출하다
- I have to **hand in** the report by 4 pm. 저는 오후 4시까지 보고서를 제출해야 합니다.

keep up with ~에 발맞추다, 알게 되다
- Mike walks way too fast. It's hard for me to **keep up with** him while jogging.
  Mike는 너무 빨리 걸어서 조깅을 할 때 발맞추어 가기 어렵습니다.

Idea Flow

서론	본론	결론
학교에서 쓰는 기술: 노트북, 스마트폰	1. 컴퓨터가 없는 과거의 불편한 점 2. 현재 문서작성 프로그램이 해결 3. 컴퓨터가 생활을 어떻게 편리하게 만들었는지 제시	스마트폰에 대한 가벼운 언급으로 마무리

Translation

학교에서 저는 매일 기술을 사용합니다. 도서관에서는 거의 컴퓨터를 이용하지만, 노트북이나 스마트폰을 사용하기도 합니다. 과거에 학생들이 컴퓨터 없이 어떻게 살았는지 상상도 못하겠습니다. 수기로 과제를 작성하는 것은 시간이 오래 걸릴뿐더러 예비로 복사본을 만드는 것도 굉장히 불편합니다. 문서작성 프로그램들은 이러한 점을 해결해 줄뿐더러 맞춤법 실수도 거의 다 차단해줍니다. 컴퓨터는 삶을 참으로 간편하게 해줍니다. 교수님들에게 직접 과제를 제출하러 가는 대신 제자리에서 이메일로 에세이를 제출할 수 있습니다. 스마트폰은 제 삶을 더 간편하게 해 주는 또 하나의 기술입니다. 학교 홈페이지를 정기적으로 방문하여 최신 학교소식을 알 수 있습니다. MP3 플레이어 기능을 사용해 영어 본문을 들을 수도 있습니다.

Q 03

Tell me how you make use of a certain technology in school. When is that technology most useful? Was there a time you experienced difficulty because of that technology?

학교에서 특정 기술을 어떻게 사용하는지 말해주세요. 언제 그 기술이 가장 유용합니까? 그 기술 때문에 어려움을 겪었던 적이 있나요?

The most important technology at school for most students has got to be the PC. Our library PCs have access to a seemingly **never-ending** database of English literature by every author imaginable. I can find and read all sorts of texts at the click of a mouse. Using word processing programs lets me focus on the content of my work rather than my handwriting, which can be **below par** when I'm in a rush. It also enables me to make changes and revisions to long essays with effortless ease. Instead of having to carry around hundred page assignments, I can save them online and access them from any PC **hooked up to** the Internet. But computers are not without flaws. I once lost a whole project that had taken me days to complete when the computer I was using was infected with a virus and crashed.

 Key Expressions

never-ending 끝없는
- I love YouTube because it is a **never-ending** source of entertainment.
  유튜브가 끝없는 오락의 근원이기 때문에 저는 그것을 좋아합니다.

below par 기대에 훨씬 못 미치는
- The quality of my final project was considered **below par** by my professor.
  교수님께서는 제 최종 프로젝트의 질이 기대에 훨씬 못 미친다고 하셨습니다.

hooked up to ~에 연결된
- My speakers are **hooked up to** two thousand-volt amps for extra power and better performance.
  제 스피커는 추가 전력과 더 나은 성능을 위해 2천 볼트 앰프에 연결되어 있습니다.

 **Idea Flow**

서론	본론	결론
학교에서 중요한 기술인 컴퓨터	1. 도서관 컴퓨터에서 데이터와 작가, 책 본문에 접속 가능 2. 문서작성 프로그램을 통한 손 글씨 보완 3. 더 손쉬워진 에세이 수정 4. 더 손쉬워진 과제 저장	컴퓨터의 단점으로 마무리

 **Translation**

학교에서 학생들에게 가장 중요한 기술은 컴퓨터일 것입니다. 우리 도서관 컴퓨터로 수많은 영문학 데이터베이스에 접속하고 모든 작가들을 찾을 수 있습니다. 책 본문을 마우스 클릭 하나로 찾고 읽을 수 있습니다. 문서작성 프로그램은 제가 급할 때는 엉망이 되어 버리는 손 글씨보다 내용에 더 신경을 쓸 수 있도록 해줍니다. 이 프로그램으로 큰 노력을 들이지 않고 쉽게 긴 에세이들을 수정하고 변경할 수 있습니다. 100 페이지가 넘은 과제를 지니고 다닐 필요 없이 온라인에 저장하여 인터넷 접속이 되는 아무 컴퓨터에서나 과제를 볼 수 있습니다. 하지만 컴퓨터도 결점은 있습니다. 한 번은 며칠간 작업해서 끝낸 프로젝트를 컴퓨터 바이러스로 인한 고장으로 날린 적이 있습니다.

Q 04 Technology changes over time. How has the technology you use in school changed over the years? What are the biggest differences compared to the past? How have the changes affected the lives of students?

기술은 세월이 감에 따라 변합니다. 학교에서 사용하는 기술이 지난 몇 년 동안 어떻게 바뀌었습니까? 과거와 비교해서 가장 큰 차이점들은 무엇인가요? 이들 변화가 학생들의 삶에 어떻게 영향을 주었나요?

Technology is forever changing and evolving. One of the biggest changes that has occurred at school is in the library. The system for borrowing books is very different now from how it was in the past. The whole process used to be **painstakingly** slow, where the librarian would have to manually log the book's title and author separately into the system before stamping the return date on the inside of the cover. Nowadays the process is **a piece of cake**. The book's barcode is scanned and that is it. As long as you have your student ID card, then checking out a book takes a matter of seconds, not minutes. In a bid to **clamp down on** late returns, the library has introduced text alerts for any books that are overdue. It's now rare to see any lines at the library counter and everybody saves time.

🔑 Key Expressions

painstakingly 힘들여, 공들여
- I **painstakingly** hand wrote 500 thank-you letters after coming back from my honeymoon.
  저는 신혼여행에서 돌아온 후 500장의 감사 편지를 힘들여 손수 썼습니다.

a piece of cake 식은 죽 먹기
- My biology final was **a piece of cake**. 생물 기말시험은 식은 죽 먹기였습니다.

clamp down on ~을 단속하다
- The police have decided to levy bigger fines in an effort to **clamp down on** public smoking.
  경찰은 공공장소 흡연 단속을 위해 벌금을 더 많이 부과하기로 했습니다.

🔍 Idea Flow

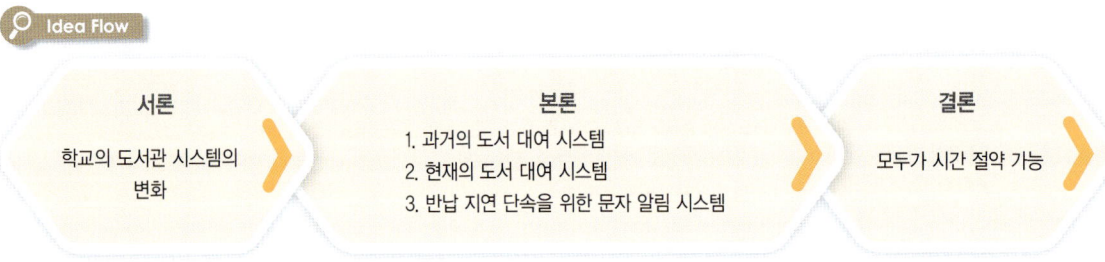

서론
학교의 도서관 시스템의 변화

본론
1. 과거의 도서 대여 시스템
2. 현재의 도서 대여 시스템
3. 반납 지연 단속을 위한 문자 알림 시스템

결론
모두가 시간 절약 가능

✏️ Translation

기술은 계속해서 변화하고 진화합니다. 학교에서 가장 큰 변화가 일어난 곳은 도서관입니다. 책을 대여하는 시스템은 과거에 비해 많이 달라졌습니다. 전체적인 과정은 매우 오래 걸렸습니다. 사서가 직접 손으로 책의 제목과 저자를 따로 시스템에 기록하고 책 표지 안쪽에 반납일을 도장으로 찍어야 했습니다. 요즘은 그 과정이 굉장히 쉬워졌습니다. 책의 바코드만 스캔하기만 하면 됩니다. 학생증이 있기만 하면 책을 대여해 가는 것은 몇 분이 아니라 몇 초도 걸리지 않습니다. 반납이 지연되는 것을 막고자 도서관은 반납 기일이 지난 책에 대한 문자 알림 시스템을 도입했습니다. 이제는 도서관 카운터에서 줄을 서는 일은 찾아보기 어렵고 모두가 시간을 절약하게 되었습니다.

Q 05 You indicated that you go jogging. Where do you typically go to jog? When do you normally go? How long do you jog for? Give me all the details.

당신은 조깅을 한다고 했습니다. 보통 어디에 조깅하러 가나요? 보통 언제 가나요? 조깅을 얼마나 합니까? 자세히 말해 주세요.

I like to jog often to keep in shape. I prefer jogging in the open air rather than at a gym because it's much more interesting. You can **take your mind off** the tiredness by looking at the scenery and people around you. I usually jog down by my local stream. A few years ago, the government **gave the green light to** a restoration project in the area, which included new jogging and cycling paths along the stream. I try to go jogging twice a week in the evenings after dinner, and once during the day on the weekend. Depending on the weather and how tired I feel, I jog for anything up to 45 minutes at a time. Sometimes it can be **an uphill battle** to motivate myself to go out when it's cold or raining, but I just remind myself that I don't want to become overweight and unhealthy.

Key Expressions

take one's mind off 마음을 ~에서 떠나있도록 하다, 신경을 덜 쓰도록 하다
- I am doing all I can to **take my mind off** my medical checkup results.
  저는 건강 진단 결과에 신경을 덜 쓰기 위해 할 수 있는 모든 일을 하고 있습니다.

give the green light to 허락하다, 허가하다
- My boss never **gave the green light to** me for my marketing project.
  상사는 제 마케팅 프로젝트를 절대 허락하지 않았습니다.

an uphill battle 고통스러운 싸움
- Protesting against the university's policy was **an uphill battle**.
  대학 정책에 반대하는 것은 고통스러운 싸움이었습니다.

Idea Flow

서론	본론	결론
건강 유지를 위해 조깅을 함	1. 헬스장보다는 야외를 선호함 2. 야외를 선호하는 이유 제시: 정경과 사람을 관찰하며 피로를 잊음 3. 구체적인 장소 설명: 동네 하천 4. 조깅하는 시간과 빈도 언급	의지가 약해질 때 마음을 다잡는 방법으로 마무리

 Translation

저는 건강을 유지하기 위해 조깅하는 것을 좋아합니다. 헬스장보다는 야외에서 뛰는 것이 좋은데 그것이 더욱 재미있기 때문입니다. 정경을 보고 주위 사람들을 관찰함으로써 피로를 잊을 수 있습니다. 저는 주로 동네의 하천을 따라 조깅을 합니다. 몇 년 전 정부에서 지역 복구 사업을 승인해줘서 하천을 따라 조깅과 자전거 도로를 구축하였습니다. 주중에는 저녁 식사 후 일주일에 두 번, 주말에는 낮에 한 번 정도 나가려고 노력합니다. 날씨와 피곤함의 강도에 따라 한 번에 많게는 45분까지 뜁니다. 가끔 날씨가 춥거나 비가 내리면 나가는 것이 매우 힘들지만 그럴 때는 살이 찌거나 건강을 해치고 싶지 않다고 저 자신에게 상기시킵니다.

Q06

How did you first get interested in jogging? How has your interest changed over the years? How has the change affected your life? Give me all the details.

어떻게 조깅에 관심을 두게 되셨나요? 지난 몇 년간 관심이 어떻게 변했습니까? 그 변화는 어떻게 당신의 삶에 영향을 미쳤나요? 자세히 말해주세요.

I first started jogging after I **piled on the pounds** while studying for exams when I was in middle school. I got so overweight that my situation **called for** some urgent action. I cut out eating anything between meals and started jogging 5 times a week. At the time, jogging was a necessity rather than a leisure activity. It felt like a chore, but I knew that I had to lose weight, so I just gritted my teeth and did it. Within a year I was back to my old size and feeling a lot more fit and healthy. I had **heeded the warning** from my doctor that without continued regular exercise, I could balloon in weight again, so I didn't stop jogging. I had in fact grown to enjoy it and see it as a leisure activity. I now look forward to it most of the time.

🔑 Key Expressions

pile on the pounds 체중이 빠르게 늘다
- I **piled on the pounds** during my first year at college because I had junk food daily.
  대학교 1학년일 때 불량식품을 매일 먹었더니 체중이 빠르게 늘었습니다.

call for ~을 필요로 하다
- A situation where a building is on fire **calls for** quick thinking and calm nerves.
  건물 화재 상황은 민첩한 사고와 침착한 정신을 필요로 합니다.

heed the warning ~에 주의하다
- If we do not **heed the warning** of global-warming scientists, there will be more severe flooding and storms around the world.
  우리가 지구 온난화 과학자들의 경고에 주의하지 않는다면 세계 각지에 더 심각한 홍수와 폭풍이 있을 것입니다.

🔍 Idea Flow

서론	본론	결론
중학교 때 조깅을 시작한 계기	**당시 상황에 대한 구체적 묘사** 1. 다이어트의 필요성과 해결 방법으로의 조깅 2. 의무감에 했던 조깅 3. 다이어트 성공과 건강을 되찾음	취미 생활로의 조깅

✏️ Translation

중학생 때 시험공부를 하느라 체중이 급격히 불어난 뒤에 조깅을 시작했습니다. 너무 살이 쪄서 긴급한 조치가 필요했습니다. 간식은 모두 끊고 일주일에 5번 조깅을 했습니다. 당시 조깅은 취미라기보다는 불가피한 일이었습니다. 힘들었지만 살을 빼야 했기 때문에 이를 악물고 했습니다. 일 년 안에 다시 원래 사이즈로 돌아왔고 건강해짐을 느꼈습니다. 의사가 규칙적으로 운동을 계속하지 않으면 체중이 다시 불어날 수 있다고 해서 조깅을 계속하였습니다. 조깅을 즐길 수 있게 되었고 지금은 즐거운 취미 생활로 여기고 있어요. 이제는 대체로 조깅이 기다려집니다.

Q 07 Tell me about an incident related to jogging. It could have been a funny or an exciting moment. Why was the incident so memorable? First, give me the background of what happened and then describe it in detail.

조깅과 관련한 사건에 대해 말해주세요. 웃길 수도 있고, 신이 나는 순간이었을 수도 있습니다. 왜 그 사건이 기억에 남습니까? 먼저, 무엇이 일어났는지 배경을 주고, 그 사건에 대해 자세하게 묘사해주세요.

I had an exciting time recently jogging in a 10k run. I don't usually enter competitions, but this was a big run for charity, organized by a large sportswear company, and it looked like a lot of fun. The event was only 10km but I didn't want to **lag too far behind** the leaders in the race, so I trained extra hard in the weeks leading up to it. On the day of the event I actually **had butterflies in my stomach** when I was warming up even though there was nothing **at stake**. As soon as the starting gun fired, my nerves settled and I ran at a steady pace until the last kilometer. My aim was to finish in the top 200 out of a field of 5,000, and I managed to do better than that. I finished 80th and received a special T-shirt for my accomplishment.

🔑 Key Expressions

lag too far behind ~보다 훨씬 뒤떨어지다
- The swimmer from Argentina suffered from cramps, which made him **lag too far behind** his competitors. 아르헨티나 수영선수는 근육 경련이 나서 경쟁자들로부터 훨씬 뒤처졌습니다.

have butterflies in one's stomach 안절부절못하다, 긴장하다
- I always **have butterflies in my stomach** before giving a presentation.
  저는 발표를 하기 전에 항상 안절부절못합니다.

at stake ~의 성패가 달린
- I am taking the competition very seriously because a $10,000 scholarship is **at stake**.
  만 달러의 장학금이 달려 있기 때문에 저는 그 대회를 매우 신중하게 생각하고 있습니다.

🔍 Idea Flow

서론	본론	결론
최근 참여했던 달리기	1. 참여하게 된 계기 (모금 활동) 2. 선두 그룹에서 뒤처지고 싶지 않아 열심히 훈련함 3. 경기 시작 바로 전의 긴장된 기분 4. 경기가 시작된 후 꾸준한 페이스를 유지	경기에서 좋은 성적을 거둠

✏️ Translation

최근 10킬로미터 달리기를 하며 신이 나는 시간을 가졌습니다. 대회에는 잘 나가지 않지만 이번 것은 운동복 회사에서 모금 활동을 위해 개최한 큰 행사라서 굉장히 재미있어 보였습니다. 행사는 10km밖에 되지 않았지만 경기의 선두 그룹에서 뒤처지고 싶지 않아서 날짜가 가까워질수록 더 열심히 훈련하였습니다. 행사 당일 날 준비운동을 하면서 긴장한 것을 알았습니다. 경기의 승패가 달리지도 않았는데 말이죠. 총성이 울리자마자 제 신경은 차분해졌고 마지막 구간까지 꾸준한 페이스를 지키며 뛰었습니다. 제 목표는 5,000명 중 200위 안에 드는 것이었는데 그보다 더 좋은 성과를 거두었습니다. 80등을 해서 특별 티셔츠를 받았습니다.

Tell me about a TV show that you like to watch. Why do you like watching that show? How often do you tune in? How does it affect your life?

당신이 좋아하는 TV 프로그램에 대해 말해주세요. 왜 그 쇼를 보는 것을 좋아합니까? 얼마나 자주 봅니까? 어떻게 당신의 생활에 영향을 미치나요?

Watching TV does not make up a big part of my life, but there are certain shows that I do make a point of **tuning in** for. The show I enjoy the most is called 'Gag Concert'. It's a comedy sketch show and one of the most popular in Korea. I like watching it because it's hilarious from start to finish. It is impossible to sit through the show **with a straight face**. It airs on Sunday evening, so it's the perfect way to cheer myself up before I have to go back to college on Monday morning. The highlight is the celebrities who make guest appearances on it. It's great to see celebrities **make fun of** themselves in front of their fans on national television.

🔑 Key Expressions

tune in 시청하다
- I make it a daily habit to **tune in** to my favorite TV show every night at 10 pm.
  좋아하는 TV 쇼를 매일 밤 10시에 시청하는 것이 습관이 되었습니다.

with a straight face 무표정하게, 시치미를 떼고
- My friend can never tell a lie **with a straight face**.
  제 친구는 결코 표정의 변화 없이 거짓말을 하지 못합니다.

make fun of ~을 놀리다
- My co-worker is such a buffoon that everyone **makes fun of** him for his stupidity.
  제 동료는 익살꾼이라서 그의 못난 짓에 대해 모두 그를 놀립니다.

🔍 Idea Flow

서론	본론	결론
TV 보는 나의 성향과 좋아하는 프로그램 소개	1. 개그 콘서트에 대한 설명과 좋아하는 이유 2. 프로그램을 시청하는 시간 3. 프로그램의 하이라이트–유명인이 특별출연자로 출연	프로그램의 하이라이트에 대한 추가 설명으로 마무리

✏️ Translation

TV를 보는 것은 제 일상에서 큰 부분을 차지하지는 않습니다만 꼭 시청하는 프로그램이 몇 개 있습니다. 그 중 하나가 개그 콘서트인데요. 코미디 쇼이며 한국에서 가장 인기 있는 프로그램 중 하나입니다. 제가 이 프로를 좋아하는 이유는 시작할 때부터 끝날 때까지 너무 웃기기 때문입니다. 이 프로그램을 보면서 무표정하게 앉아 있기는 어렵습니다. 이 프로그램은 일요일 저녁에 방송되므로 월요일 아침 학교에 가기 전 힘을 내기 좋은 방법입니다. 하이라이트는 유명인들이 특별출연자로 나오는 것입니다. 유명인들이 공중파 방송에 나와 팬들 앞에서 스스로 웃음거리가 되는 것을 보는 건 매우 재미있습니다.

Q 09

How did you first get interested in TV shows? How did your preference change over time? How are the programs you used to watch different from the ones you watch now?

TV 쇼를 보는데 처음 어떻게 흥미를 느끼게 되었습니까? 당신의 기호가 시간이 지나면서 어떻게 바뀌었나요? 과거에 본 프로그램과 최근에 보는 것과 어떻게 다릅니까?

I have watched TV for as long as I can remember, and the first shows I watched were cartoons when I was little. I became more interested in dramas and sitcoms throughout middle and high school. Episodes would always end with a cliffhanger, and I would be dying to find out what happened next. Nowadays I've got to say that I'm more into news programs, mainly because I like to know what's **going on** in the world around me. News programs are the total opposite to dramas because they report events that have actually happened **in real life** like **natural disasters** or wars. Dramas, on the other hand, tell the stories of completely fictional characters played by actors and actresses. But the news can be quite depressing, so I do still like to watch the odd drama, even though I'm not a huge fan anymore.

🔑 Key Expressions

be going on 일이 돌아가는, 일어나는
- It is hard to imagine what **is** really **going on** in his head because he is a little bit crazy.
  그는 약간 미쳐 있어서 그가 무슨 생각을 하는지 도무지 알 수가 없습니다.

in real life 현실 세계에서, 실생활에서
- I do recognize the need to have a strong military **in real life**.
  현실 세계에서 강력한 병력을 가질 필요를 인정합니다.

natural disasters 천재, 자연재해
- Residents on the coast live with the threats of **natural disasters** like earthquakes and tsunamis.
  해안 주민은 지진과 쓰나미 같은 천재의 위협을 안고 살아갑니다.

🔍 Idea Flow

서론

어린 시절 만화영화를 즐김

본론

1. 중, 고교 시절 드라마나 시트콤을 즐김
2. 드라마나 시트콤을 좋아했던 이유
3. 최근에는 뉴스를 즐김
4. 뉴스를 보는 이유 (드라마와 비교)

결론

전체를 종합하는 최근 성향으로 마무리

✏️ Translation

저는 제가 기억하는 한 TV를 봐 왔고 처음으로 보기 시작한 TV 프로그램은 어린 시절의 만화영화였습니다. 중학교와 고등학교 시절엔 드라마나 시트콤 등에 더 관심이 가기 시작했습니다. 각 회는 손에 땀을 쥐게 하는 상황에 항상 끝났고 다음에 무슨 일이 일어날지 궁금했습니다. 요즘에는 뉴스에 더 관심이 있는데 제 주변에 무슨 일이 일어나는지 알고 싶기 때문입니다. 뉴스는 드라마와는 정반대인데 뉴스가 자연재해나 전쟁같이 우리 삶에서 실제로 일어나고 있는 일을 알려주기 때문입니다. 반면 드라마는 연기자들이 가상의 인물을 연기합니다. 하지만 뉴스는 너무 우울할 때도 있어서 이상한 드라마를 보는 것을 여전히 좋아해요. 예전처럼 광 팬은 아니지만요.

Q 10 What was the most memorable episode of a TV show you've watched? What made it so special? Why was it so memorable? Give me the details.

당신이 봤던 TV 쇼의 가장 기억에 남는 회에 관해 이야기해주세요. 무엇이 그것을 그렇게 특별하게 했나요? 왜 기억에 남습니까? 자세히 말해주세요.

There is one piece of television program that I will never forget. It was an episode of a news magazine program that showed the 9/11 terrorist attacks in New York. It was the first time that I had seen the planes crash into the buildings and I **couldn't believe my eyes**. I heard about the event from my parents, but **pictures really do speak a thousand words**. The scenes of chaos were indescribable, with hundreds of people **caught up** in the debris as the buildings collapsed. It looked more like a Hollywood movie than real life news, and I remember just looking on in total and utter disbelief. I felt so sorry for the people involved and their families. At the time I wasn't really listening to anything the presenter was saying because I was so focused on the shocking images. I'm sure those pictures will stay with me for the rest of my life.

 **Key Expressions**

can't believe one's eyes 눈을 의심하다
- I **couldn't believe my eyes** as I witnessed a robbery happening right across the street from me.
  바로 제가 있는 거리 건너편에서 일어나고 있는 강도 사건을 목격했을 때 제 눈을 의심했습니다.

pictures really do speak a thousand words 천 마디의 말보다 한 번 보는 것이 더 낫다
- **A picture speaks a thousand words** and I'm a big fan of photography.
  천 마디 말보다 한 번 보는 것이 나으므로 저는 사진을 굉장히 좋아합니다.

caught up 말려든
- I was **caught up** in the heat of the moment and I said some things that I really regret.
  저는 그만 흥분해서 말려들었고 정말 후회되는 몇 가지를 말했습니다.

Idea Flow

서론	본론	결론
평생 잊지 못할 프로그램- 뉴욕 9/11 테러리스트 공격 장면	1. 처음 본 항공기 충돌 장면 2. 이야기를 듣던 것과 직접 눈으로 확인한 것은 서로 다름 3. 혼돈의 장면에 대한 자세한 설명	내 느낌으로 마무리

 **Translation**

제가 평생 잊지 못할 방송 내용이 하나 있습니다. 뉴욕의 9/11 테러리스트 공격을 뉴스 매거진 프로그램에서 보여 준 것입니다. 항공기가 빌딩으로 충돌하는 모습을 처음 보았는데 제 눈을 의심할 수밖에 없었습니다. 그 사건에 대해 부모님께 들었지만 역시 천마디 말보다 한번 보는 것이 더 생생하게 느껴졌지요. 수백 명의 사람이 무너진 빌딩의 잔해에 갇힌 혼돈의 장면은 말로 표현할 수 없었습니다. 실제 일어난 사건이라기 보다는 할리우드 영화 같았고 눈을 의심하면서 장면을 바라보던 기억이 납니다. 그 사건에 휘말린 사람들과 그 가족들에 깊은 유감을 느꼈습니다. 그때 당시 충격적인 영상에 사로잡혀 사회자가 하는 말은 귀에 잘 들어오지 않았습니다. 앞으로도 그 장면들은 평생 제 기억에 남아 있을 것입니다.

Q 11 I'd like to give you a situation and ask you to act it out. Your neighbors have told you that their cat is missing. They are asking you to help them find the cat. You need some information to give them a hand. Call them and leave a message asking three to four questions about the cat.

상황을 하나 드릴 테니 그것에 맞게 과제 수행을 해보세요. 당신의 이웃들이 그들의 고양이가 없어졌다고 합니다. 고양이를 찾는데 도와 달라고 요청합니다. 당신은 그들을 돕기 위해 정보가 필요합니다. 그들에게 전화해서 고양이에 대한 3~4가지 질문을 메시지로 남기세요.

Hi, Ji-eun. It's Un-jeong from **next door**. Before I begin looking for your cat I need to know some more details. I think it might be a good idea to make some posters and **put** them **up** around the local area. The cat's name was Jerry, wasn't it? What color would you say he was? I know he was dark, but the more detailed the description, the better the chances of **jogging someone's memory** when they see the poster. Was he scared of strangers? If not, then I'll write down that passers-by can approach him and perhaps try to catch him. I also think it'll be useful to write down Jerry's breed. I'm not really a cat-lover, so I have no idea what he is. One last thing, if you have any recent photos of Jerry I could include them in the poster. I think it'd be really helpful.

 Key Expressions

next door 옆집
- I try to respect the privacy of my **next door** neighbor.
  저는 옆집 이웃의 사생활을 존중하려고 합니다.

put up ~을 붙이다, 내걸다
- I once had to **put up** 1,000 posters around the city to promote a concert.
  콘서트를 홍보하기 위해 도시 각지에 1,000개의 포스터를 붙인 적이 있습니다.

jog one's memory 기억을 되살아나게 하다
- People tend to read their journal to **jog their memory** of the past.
  사람들은 과거 기억을 되살아나게 하려고 일기를 읽습니다.

 **Idea Flow**

서론	본론	결론
본인 소개와 용건 밝힘	1. 사건 해결을 위한 제안 (포스터 부착) 2. 고양이에 대한 일반 정보 (이름 확인, 색 등) 3. 고양이의 성향과 품종에 대한 정보	고양이 사진 요청과 마무리

 **Translation**

여보세요, 지은 씨. 옆집에 사는 운정입니다. 지은 씨의 고양이를 찾아보기 전에 몇 가지를 자세히 알고 싶어서요. 포스터를 좀 만들어서 이 주변에 붙이는 것이 좋을 것 같네요. 고양이 이름이 Jerry였죠? Jerry는 무슨 색인가요? 좀 어두운색이었던 것 같은데 좀 더 설명을 자세히 해줘야 사람들이 포스터를 보고 기억을 되살리기가 쉬울 것 같아요. Jerry가 모르는 사람을 보면 무서워했나요? 아니라면 오가는 사람들에게 다가가서 잡을 수 있다고 써 놓을게요. Jerry의 품종을 써 주는 것도 좋을 것 같아요. 전 고양이 애호가가 아니라서 Jerry의 품종은 잘 모르겠네요. 마지막으로 Jerry의 최근 사진이 있다면 포스터에 넣도록 할게요. 그게 도움이 많이 될 것 같아요.

Q 12

I'm sorry, but there is a problem I need you to resolve. You find out that the cat has climbed up a tree. Call your neighbors and tell them about the situation and where the tree is. Give them two to three alternatives that will help solve the problem.

문제가 발생해서 해결해주셔야 하겠습니다. 당신은 고양이가 나무에 올라간 것을 알게 되었어요. 이웃들에게 전화하여 상황을 설명하고 나무가 어디에 있는지 말하세요. 문제 해결에 도움이 될 2~3가지 대안을 제시하세요.

Ji-eun! I've got some good news and some bad news. First, the good news is that we've found Jerry! The bad news is that he is stuck up a tree and seems unwilling to come down. We're at the park next to the subway station in front of our apartment complex, so try to get here **ASAP**. I know it's **a long shot**, but what if you bring his favorite toy and try to coax him down with that? Right now Jerry looks like he climbed up too far before he realized how high he'd gotten. He **bit off more than he could chew** and now he's a bit frightened. I think the situation might call for the help of the emergency services, and in particular a fire truck equipped with a ladder. But I think you should try to get him down first before we use that as a last resort.

🔑 Key Expressions

ASAP 가능한 한 빨리
- Due to an emergency at the office, I had to come back **ASAP** from my vacation.
  회사에 비상이 걸려 저는 휴가에서 가능한 한 빨리 돌아와야 했습니다.

a long shot 거의 승산 없는 것
- The idea that Korea will finish in the top 4 at the next World Cup seems **a long shot**.
  한국이 다음 월드컵에서 4강전에 들며 끝나는 것은 거의 승산이 없어 보입니다.

bite off more than someone can chew 욕심 내다
- I know I am **biting off more than I can chew**, but I am working three different jobs.
  욕심내고 있다는 것을 알고 있지만, 저는 일을 세 가지를 합니다.

🔍 Idea Flow

서론	본론	결론
좋은 소식과 나쁜 소식이 있음을 제시	1. 좋은 소식-Jerry를 찾음 2. 나쁜 소식-Jerry가 나무 위에 있음 3. 첫 번째 해결책 제시 (장난감) 4. 두 번째 해결책 제시 (긴급 구조 요청)	현장으로 오라는 요청으로 마무리

✏️ Translation

지은 씨, 좋은 소식과 나쁜 소식이 있어요. 먼저 좋은 소식은 Jerry를 찾았다는 거에요! 나쁜 소식은 Jerry가 나무에 올라가서 내려올 생각을 안 하고 있다는 거구요. 지금 우리 아파트 단지 앞의 지하철역 옆 공원에 있으니 가능한 한 빨리 여기로 와 주세요. 가능성은 좀 없어 보이지만 Jerry가 좋아하는 장난감을 가지고 와서 구슬려 보는 것이 어떤가요? 제가 보기에 Jerry는 의도치 않게 너무 높게 올라간 것 같아요. 너무 욕심을 부려 올라가서 좀 무서워하고 있는 것 같네요. 긴급 구조 요청을 해야 할지도 모르겠는데 사다리가 있는 소방차가 특히 좋을 것 같네요. 최후의 수단을 쓰기 전에 지은 씨가 먼저 이리로 와서 Jerry를 내려오게 해 보는 것이 좋겠어요.

Q13 That's the end of the situation. Problems can occur when you are raising pets. Talk about an incident you had with your pet. What was the nature of the problem and how did you resolve the situation?

앞의 상황은 이제 종료되었습니다. 애완동물들을 키울 때 문제들이 발생할 수 있습니다. 애완동물과 관련한 사건에 대해 말해주세요. 문제가 무엇이었으며 상황을 어떻게 해결했습니까?

I've only ever had goldfish as pets at home because I'm allergic to animal fur and hair. I sometimes **break out** in a rash if I'm around cats or dogs for too long. Goldfish are quite easy to keep as pets because they stay in their tank and don't make any mess at all. One thing to bear in mind is that you should feed them every day. The only problem I ever had with my goldfish before was when a couple of them died in quick succession. It was because the water in their tank was filthy, so I **ended up** having to wash the tank and all the stones inside it one by one. The smell was very unpleasant, but I suppose it was my own fault for not cleaning the tank earlier. This incident **taught me a lesson** that keeping pets comes with a big responsibility.

🔑 **Key Expressions**

break out 두드러기가 나다
- I try to drink lots of water to prevent my skin from **breaking out**.
  저는 피부에 두드러기가 나지 않도록 물을 많이 마시려고 합니다.

end up 결국 ~하게 되다
- I **ended up** doing all the preparations myself.
  결국, 모든 준비를 제가 다 했습니다.

teach someone a lesson ~에게 교훈을 주다
- Getting an F on my last test **taught me a lesson** that I should make studying a higher priority.
  지난 시험에서 F를 받은 것은 제가 공부에 더 높은 우선순위를 두어야 한다는 교훈을 주었습니다.

🔍 **Idea Flow**

서론	본론	결론
금붕어를 키우게 된 배경 (동물 털 알레르기)	1. 금붕어를 키우는 장점 2. 기르면서 명심해야 할 사항 3. 금붕어를 길렀던 좋지 않았던 기억	경험으로부터 얻은 교훈으로 마무리

✏️ **Translation**

전 동물 털 알레르기가 있어서 애완동물로 금붕어밖에 길러본 적이 없습니다. 때때로 고양이나 강아지와 너무 오래 있으면 두드러기가 나곤 합니다. 금붕어는 애완동물로 키우기가 쉬운 편인데 수족관 안에 있으며 절대 집을 어지럽힐 일이 없기 때문입니다. 매일 먹이를 줘야 한다는 점은 명심해야 합니다. 전에 금붕어를 키우며 가진 문제는 두 마리 정도가 연달아서 죽어버린 것이었습니다. 수족관의 물이 너무 더러워서 그랬던 것이라 결국 수족관을 닦고 안에 있는 돌까지 하나하나 씻어야 했습니다. 냄새가 지독했지만 수족관을 미리 깨끗하게 하지 않았던 제 잘못이라 생각합니다. 이 사건은 제게 애완동물을 기르는 것이 큰 책임감을 필요로 한다는 교훈을 주었습니다.

Q14

Do you prefer to play games that you play yourself or ones that you play with others? Why do you like that type of game? Give me all the details about the games you like to play.

당신은 혼자서 게임을 하는 것을 좋아하나요, 아니면 다른 사람들과 함께하는 것을 좋아합니까? 그런 게임을 좋아하는 이유는 무엇인가요? 당신이 좋아하는 게임들에 대해 자세히 말해주세요.

In my opinion games are a great way to let your hair down, get rid of stress and have a good time. Playing games by yourself can be fun sometimes, but playing them with other people is much more enjoyable. Playing with the computer alone can be fun for a certain amount of time, but it usually becomes predictable and emotionless. When you play with friends you can **team up** to beat the computer or you can go **head-to-head**. I'm very competitive, so if I'm beaten by a friend I won't give up until I win, even it if takes me all day. Sometimes this can lead to tempers flaring up and even a few arguments. Even with this in mind and the fact that technology and computer games have **come a long way**, nothing beats playing a human opponent for sheer fun and excitement.

Key Expressions

team up 한팀이 되다
- My team has decided to **team up** with the marketing department to work together.
  제 팀은 마케팅 부서와 한팀이 되어서 함께 일하기로 했습니다.

head-to-head 마주 대하고
- If you compare my sales record to Jake's record **head-to-head**, I have a slight edge at this time.
  당신이 제 판매 기록과 Jake의 기록과 마주 놓고 비교한다면 이번에는 제가 약간 우세합니다.

come a long way 크게 진보하다
- I have **come a long way** since high school. Back then, I could barely do math, but now I am the lead accountant of my company.
  저는 고등학교 이후 크게 진보했습니다. 그 당시만 해도 저는 수학을 잘 못했는데 지금은 회사의 책임 회계사입니다.

Idea Flow

서론	본론	결론
게임의 장점에 대한 의견 (휴식을 취하고 스트레스 해소)	1. 사람들과 함께 게임 하는 것이 더욱 즐거움 2. 컴퓨터 상대로 하는 게임과 사람 상대로 하는 게임의 비교 3. 게임 할 때의 나의 경쟁적 성향에 대한 설명	주요 의견을 다시 언급하며 마무리

Translation

게임을 하는 것은 휴식을 취하며 스트레스를 날리며 즐겁게 지낼 수 있는 좋은 방법이라고 생각합니다. 혼자 게임 하는 것은 가끔은 재미있겠지만 다른 사람들과 같이 하는 것이 훨씬 더 신이 납니다. 컴퓨터를 상대로 게임을 하다 보면 한동안은 재미가 있지만, 시간이 지나면서 너무 예측 가능해지고 감정도 없어지게 됩니다. 친구들과 함께 하면 팀을 짜서 컴퓨터를 상대할 수도 있고 서로 대면할 수도 있습니다. 전 굉장히 경쟁심이 강해서 친구에게 지면 종일 이길 때까지 포기하지 않을 겁니다. 어떨 때는 욱하는 마음에 싸움이 나기도 합니다. 이런 생각과 기술과 컴퓨터 게임이 크게 발전했다는 사실에도 사람을 상대로 하는 게임이 더 재미있습니다.

Q 15

Parents sometimes worry because their kids play games too much. They use various means to stop their children from playing too much, but it doesn't always work. What are some ways to prevent kids from playing games excessively?

부모님은 아이들이 게임을 너무 많이 해서 종종 걱정합니다. 그들은 아이들이 게임을 너무 많이 하지 않게 하려고 여러 가지 수단을 쓰지만, 항상 성공적이지는 않죠. 아이들이 게임을 지나치게 하는 것을 막는 방법에는 어떤 것들이 있습니까?

Doing too much of anything is no good for anyone, and playing games too often can be very bad for children. Gaming has come under the microscope in society recently after several shocking stories were reported in the news. Excessive gaming can lead to poor performance at school, bad behavior, and in the worst cases even murder. It isn't possible to **do away with** computer games completely, but parents can try several approaches. One simple method is to impose a limit on how long their children can play computer games every day. If these rules are strictly enforced, then excessive gaming can be stopped in its tracks at once, but it doesn't really solve **the root of the problem**. Kids usually play games because they are bored, so finding something else for them to do like sports or arts is a better **long-term** answer to the issue.

 Key Expressions

do away with ~을 없애다
- We voted to **do away with** company uniforms because they were too old-fashioned.
  우리는 회사 유니폼이 너무 구식이라 없애기로 투표했습니다.

the root of the problem 문제의 원인
- I believe that **the root of the** bullying **problem** in schools is poor parenting.
  학교에서 왕따 문제의 원인은 잘못된 자녀 양육이라고 믿습니다.

long-term 장기적인
- Since physical therapy didn't work on the lower back, the only **long-term** solution now is surgery.
  물리 치료가 등 아래쪽에 효과가 없었기 때문에 현재 유일한 장기 해결책은 수술입니다.

 **Idea Flow**

서론	본론	결론
어떤 활동이라도 지나친 것은 좋지 않음	1. 지나친 게임은 특히 아이들에게 악영향을 줌 2. 학교 성적 하락, 나쁜 행동 조장, 살인과 같은 범죄 3. 단기적인 해결 방법: 게임 시간제한	장기적인 해결 방법: 아이들에게 다른 관심사 제시

 **Translation**

무엇이라도 너무 많이 하는 것은 좋지 않습니다. 게임을 너무 많이 하는 것은 특히 어린이들에게 나쁜 영향을 미칩니다. 최근 몇몇 뉴스에 보도된 충격적 사실들로 게임은 사회에 화두가 되었습니다. 지나친 게임은 학교 성적을 떨어뜨리고 나쁜 행동을 조장하며 최악에는 살인을 유발하기도 합니다. 컴퓨터 게임을 완전히 없앨 수는 없지만 부모님들은 몇몇 접근법을 생각해 볼 수 있습니다. 간단한 방법 하나는 아이들이 매일 컴퓨터 게임을 하는 시간을 제한하는 것입니다. 이 규칙을 엄격하게 적용하면 그 길로 과도한 게임 시간을 줄일 수 있겠지만, 근본적인 원인은 해결해 주지 못합니다. 아이들은 주로 지루함에 못 이겨 게임을 합니다. 그러므로 운동이나 예술 같이 할만한 다른 것을 찾아주는 것이 장기적으로 볼 때 이 문제를 해결하는 더 나은 해결책이 될 것입니다.

TEST**7**

Oral Proficiency Interview-computer

Q 01

Let's start the interview. Tell me a little about yourself.

인터뷰를 시작합니다. 당신에 대해 말해주세요.

My name is Minho Kim, and I'm 23 years old. I attended university up to sophomore year, and now I'm taking 2 years off and serving mandatory military service in Inje, Kangwondo. My country has **a military draft system** for young men due to the military confrontation with North Korea. Before joining the army, I was very nervous and not quite happy with the amount of time, 21 months that I had to stay there. However, as time goes by, I'm actually enjoying my life here. Every day is the same routine. We wake up early in the morning and do physical training, which leads to an orderly life and **keep**s me **in shape**. Also the missions that are given to us are challenging and something that we cannot experience outside the army. At first, my seniors were very strict about the rules, but now I **am used to** them and we get along well. After my military duty, I'm planning to go back to school and stay focused on my studies to be ready for my future jobs.

 Key Expressions

a military draft system 군인징병제도
- All able-bodied South Korean men aged 20 and over are required to serve in the military for 24-28 months under the present **military draft system**.
  현재 군인징병제도 아래에서 20세 이상의 신체 건강한 모든 한국 남성들은 24~28개월 동안 군복무를 하도록 요구됩니다.

keep in shape 건강을 유지하다, 체력을 유지하다
- Jimmy exercises regularly to **keep in shape**. Jimmy는 건강을 유지하기 위해 규칙적으로 운동합니다.

be used to −에 익숙하다
- I think Julia **was used to** studying over 13 hours a day when she was a sophomore.
  제 생각에 Julia는 고등학교 2학년이었을 때 하루에 13시간 이상 공부하는데 익숙했었습니다.

Idea Flow

서론	본론	결론
이름과 나이	1. 대학 휴학 후 군복무중: 징병제 2. 입대 전에는 긴장 3. 군생활: 즐김 3-1 규칙저인 생활과 군사훈련 3-2 도전적인 임무 3-3 엄격한 상사들과 동료애	군 복무후 복학하여 공부에 전념할 계획

Translation

제 이름은 김민호이고 저는 23살입니다. 저는 대학 2학년까지 다니고 현재 2년동안 휴학하고 강원도 인제에서 의무 군복무를 하고 있습니다. 우리나라의 경우 북한과의 군사 대립으로 인해 청년 군인징병제도를 시행하고 있습니다. 군대에 들어오기 전에 저는 매우 긴장했고, 그곳에서 지내야 하는 21개월의 시간에 대해 썩 신나지는 않았습니다. 그러나 시간이 지남에 따라 저는 사실상 이곳에서의 삶을 즐기고 있습니다. 매일 똑같은 일상의 반복입니다. 아침 일찍 일어나 체력 훈련을 하는 것이 규칙적인 생활과 건강을 유지하게 해줍니다. 또한 군대에서 주어지는 임무는 도전적이고 군대 밖에서는 경험할 수 없는 것들입니다. 처음에 제 상사들은 규칙에 대해 매우 엄격했으나 이제는 그들에게 익숙해졌으며 우리는 좋은 관계를 유지하고 있습니다. 복무가 끝난 후에, 저는 학교에 복학해 저의 미래 취업 준비를 위해 공부에 전념할 예정입니다.

Q 02

You indicated that you take vacations overseas. Describe a country you have visited for your vacation. What was it like? What were the locals like? What was your overall impression of that country?

국외 휴가를 간다고 했습니다. 휴가로 다녀왔던 나라에 대해 묘사해보세요. 그곳은 어땠나요? 현지인들은 어땠습니까? 그 나라에 대한 전체적인 인상은 어땠습니까?

I think that everyone likes to take a vacation overseas and I've been lucky enough to go abroad many times with my family. Last summer I visited Hong Kong for the first time and really enjoyed my time there. The weather was very humid, hot and sticky, and I **worked up** a sweat in no time when I was out during the day sightseeing. But I still took advantage of all the wonderful walking tours that are available in the city, as it was the best way to **get around**. Hong Kong is a very metropolitan city and there are so many different nationalities living together. It's quite difficult to see many locals on the street because there are so many tourists and expats. Hong Kong is **a melting pot** and that's one of the things that I loved about it. Overall, I would say that it is one of my favorite places in Asia.

 **Key Expressions**

work up 땀을 내다, 북돋우다
- Walking along the park **works up** my appetite for a dinner afterwards.
  공원을 따라 걷는 것은 이후 저녁 식사를 위한 제 식욕을 나게 합니다.

get around 돌아다니다
- Walking is the best way to **get around** the small alleyways of Dongdaemoon.
  동대문의 작은 골목들을 돌아다니기 위한 최고의 방법은 걷는 것입니다.

a melting pot 용광로
- American culture is **a melting pot** of a wide variety of different subcultures.
  미국의 문화는 다양한 하위문화들의 용광로입니다.

Idea Flow

서론	본론	결론
외국여행에 대한 다른 사람의 생각과 내 생각	작년에 홍콩에 감 1. 날씨에 대한 언급 2. 도보여행의 즐거움 3. 많은 사람과 문화가 녹아있는 용광로	홍콩에 대한 내 생각으로 마무리

Translation

저는 누구나 외국여행을 좋아한다고 생각합니다. 전 운이 좋아 가족과 함께 국외로 여행을 많이 갔습니다. 작년에 홍콩에 처음 갔었는데 정말 재미있었어요. 날씨는 습하고, 덥고, 끈적해서 관광하는 낮 동안에는 땀이 많이 났습니다. 하지만 전 여전히 그 도시에서 돌아다니는 최고의 방법인 멋진 도보여행을 즐겼습니다. 홍콩은 대도시이고 많은 인종이 함께 살고 있습니다. 많은 관광객과 국외 거주자들이 살기 때문에 현지인들을 거리에서 보기가 꽤 어려워요. 홍콩은 많은 사람과 문화 등이 섞여있는 용광로이고 이것이 제가 홍콩을 좋아하는 이유 중 하나에요. 종합적으로 홍콩이 제가 아시아에서 제일 좋아하는 곳 중 하나라고 할 수 있겠군요.

Q 03

What kind of things do you like to do when you are travelling abroad? Do you like to go sightseeing or shopping? Tell me about the list of things you like to do overseas.

외국여행 시 즐겨 하는 것들은 무엇입니까? 관광하는 것을 좋아하세요, 혹은 쇼핑하는 것을 좋아하세요? 외국에서 즐겨 하는 것에 대해 말해보세요.

When I go on a vacation abroad, sightseeing is **top of my agenda**. I want to see all of the one-of-a-kind attractions and sights that are unique to that location. I usually do my homework on the destination a couple of weeks before my vacation starts and aim to **fit everything into** a tight schedule. I try to **pay a visit** to the local museums and art galleries as they can teach me a lot about the history of the place I'm in. I don't like to devote too much time to shopping when I'm away because it's something I can do any time when I'm back in Korea. The only exception I make to this rule is when I am shopping for local souvenirs. I like to buy presents for my friends and always look for something out of the ordinary wherever I go.

🔑 Key Expressions

top of one's agenda ~의 최우선 과제, 최대 현안
- Getting a full scholarship is **top of my agenda** for this semester.
  전액 장학금을 받는 것은 이번 학기 제 최우선 과제입니다.

fit everything into 모든 것을 ~에 맞추다
- I don't like it when the travel agency tries to **fit every activity into** one tight schedule.
  저는 여행사가 빡빡한 일정에 모든 활동을 맞추려고 하는 것을 좋아하지 않습니다.

pay a visit 방문하다
- I need to **pay a visit** to my stylist because my hair has been out of control.
  제 머리는 수습할 수 없는 상태라서 스타일리스트에게 가야 합니다.

🔍 Idea Flow

서론	본론	결론
외국여행 시 관광이 최우선 과제	1. 목적지에 대한 사전 공부 2. 빡빡한 일정에 모든 활동을 끼워 넣음 3. 박물관이나 화랑 방문의 장점 4. 쇼핑을 좋아하지 않는 이유	쇼핑 규칙의 예외적인 경우

✏️ Translation

외국여행을 가면 관광이 제 목록의 최우선 과제입니다. 저는 그 장소 특유의 관광명소들을 둘러보고 싶습니다. 전 주로 휴가가 시작되기 2~3주 전부터 갈 곳에 대해 알아보고, 빡빡한 일정 중에 다 보는 것을 목표로 합니다. 지역 박물관이나 화랑들을 방문하는데 그곳의 역사에 대해 많은 것들을 가르쳐주기 때문입니다. 전 밖에 나가 있을 때 쇼핑에 너무 많은 시간을 쓰는 것을 좋아하지 않아요. 왜냐하면, 쇼핑은 한국에 와서도 아무 때나 할 수 있잖아요. 제가 이 규칙에 하나의 예외를 두는 것은 기념품을 살 때에요. 전 친구들을 위해 선물 사는 것을 좋아하는데 어디를 가든지 간에 특이한 것을 찾습니다.

Q 04 There are unexpected things that can happen on a trip. Something may go wrong and you may experience some difficulties. Tell me about something that was memorable while you were on vacation. How did you deal with the situation?

여행에서 예측 못 한 일들이 일어날 수가 있습니다. 뭔가 일이 잘못되어서 어려움을 겪을지 모릅니다. 당신이 여행 중에 겪었던 기억에 남는 일에 대해 말해주세요. 어떻게 상황을 다뤘습니까?

My parents and I went to Tokyo a couple of years ago and ran into a problem when we arrived at the hotel. When we tried to check in, the receptionist informed us that our booking was not in the system at all. I had personally booked the hotel online and told them that there must have been **a mix-up somewhere along the line**. Unfortunately for us the staff member couldn't speak English very well and told us there was nothing she could do as the hotel was fully booked. Her rude manners left **a bitter taste in our mouths**, so we asked to see a manager. I explained the situation to the manager and he double-checked our booking but to **no avail**. However, luckily for us the manager took one look at my printed booking confirmation and put us up in a suite as an apology for the inconvenience.

 Key Expressions

a mix-up somewhere along the line 어디에선가 착오
- We couldn't get to our reserved seats at the restaurant because of **a mix-up somewhere along the line**. 우리는 어떤 착오로 식당에서 예약한 자리에 앉을 수 없었습니다.

a bitter taste in someone's mouth 꺼림칙한 뒷맛
- The bellboy's rude remarks about us not giving him a sufficient tip left us with **a bitter taste in our mouths**. 충분한 팁을 주지 않았다는 객실 안내원의 무례한 말에 우리는 기분이 나빴습니다.

no avail 소용이 없는, 허사인
- All Chuck's efforts were to **no avail** because the project was scrapped. 프로젝트가 폐기되어서 Chuck의 모든 노력은 소용이 없었습니다.

 **Idea Flow**

서론	본론	결론
동경 여행에서 호텔 체크인에 문제가 발생했던 경험	사건의 자세한 설명 1. 예약이 시스템상 발견되지 않음 2. 무례한 직원의 언행 3. 매니저를 부르게 됨	사건의 마무리 (예약확인증을 본 매니저가 특별실 제공)

 **Translation**

부모님과 저는 2~3년 전에 동경에 갔는데 호텔에 도착했을 때 문제에 맞닥뜨렸습니다. 우리가 체크인하려는데, 접수담당자가 우리의 예약이 시스템에 없다는 것이에요. 저는 온라인으로 호텔을 예약했고, 일이 진행되다 어디선가 착오가 생겼던 것이 틀림없다고 말했어요. 불행히도 직원은 영어를 잘 못했는데, 그녀는 호텔 방이 다 찼기 때문에 그녀가 할 수 있는 게 없다고 말했어요. 그녀의 무례한 행동에 기분이 상했고, 우리는 매니저를 요청했습니다. 전 매니저에게 상황을 설명했고 그는 우리의 예약을 다시 확인했지만 허사였어요. 하지만 다행히도 인쇄된 예약확인증을 매니저가 보고 불편에 대한 사과로서 특별실에 우리를 넣어주었답니다.

Q 05

I'll give you a situation and ask you to act it out. You want to subscribe to a newspaper. Call the company and ask three or four questions.

상황을 하나 드릴 테니 그것에 맞게 과제 수행을 해보세요. 당신은 신문을 구독하고자 합니다. 신문사에 전화를 걸어 3~4개의 질문을 해보세요.

Hello, I'm calling to subscribe to your newspaper. I saw an ad on the web that you're offering a one month **free trial period** if I subscribe for one year. What happens if I don't want to read more after the trial period finishes? Oh, that means I don't get billed if I cancel within a month. Okay. Then how much cheaper is the newspaper compared to the price that it is sold at the newspaper stand? Oh, I see. And one last question, do I get any offer **regarding** the digital access to your online site? So, that means you will give me the access code, and I can reach online articles **without charges**. That's awesome that I can read your magazines as well, for free. All right, then I want to subscribe for one year, and my address is ABC apartment 123, and the billing address is the same. And I get home delivery from tomorrow morning? Great! Thanks. Bye!

 Key Expressions

free trial period 무료체험기간
- We'd like to give you the chance to try the latest version of our database management package for a 7-day **free trial period**.
  저희는 고객님께 데이터베이스 관리 패키지 최신 버전을 7일 무료체험기간동안 사용해 보실 기회를 드리고 싶습니다.

regarding −에 관하여, −에 대하여
- Call me if Jennifer has any problems **regarding** her request.
  Jennifer의 요청과 관련하여 무슨 문제가 있으면 제게 전화를 주세요.

without charges 무료로
- We'll repair your oven **without charge** because it's still under warranty.
  보증기간 중이기 때문에 무료로 당신의 오븐을 고쳐 드리겠습니다.

Idea Flow

서론	본론	결론
전화한 용건: 신문 구독 신청	1. 무료체험기간 후 구독을 원치 않는 상황에서의 구독료 2. 가격 경쟁력 3. 인테넷상 얻을 수 있는 혜택 여부	1년 신문 구독 신청

Translation

여보세요, 귀사의 신문 구독 신청을 하려고 전화를 걸었습니다. 인터넷 광고를 통해 1년 구독신청을 할 경우 1달 무료 체험 기간을 제공한다고 보았어요. 만약 무료 체험 기간이 끝나고 더 이상 읽기 싫어지면 어떻게 되나요? 아, 그럼 1달 안에 취소하게 되면 저한테 청구되는 건 없는 거군요. 알았어요. 그렇다면 신문가판대에서 판매하는 신문과 가격을 비교했을 때 얼마나 더 싼 건가요? 아, 알겠습니다. 그리고 마지막 질문 하나, 인터넷 접속과 관련해서 제가 받게 되는 혜택은 있나요? 그러면, 귀사에서 제공하는 접속코드로 온라인상의 기사들을 무료로 읽을 수 있다는 거군요. 그리고 귀사에서 나오는 잡지 또한 무료로 읽을 수 있다는 것이 굉장히 좋네요. 괜찮네요, 그렇다면 1년 동안 구독하고 싶어요. 제 주소는 ABC 아파트 123 이고 청구지 주소도 동일합니다. 그리고 내일 아침부터 집으로 배달되는 군요. 좋아요! 감사합니다.

06

You subscribe to an online newspaper. However, you cannot access the website. Call the customer service center to explain the situation and find a solution.

당신은 인터넷 신문을 구독하고 있습니다. 그러나 웹사이트에 접속이 불가능합니다. 고객센터에 전화를 걸어 상황을 설명하고 해결책을 찾아보세요.

Hello, I'm calling due to a problem that occurred when I tried to access your website. I logged in with my ID and password, and the first screen looks fine, but when I press the headline to read further, the website opens with a new page that says I'm not a certified subscriber. I tried several times, but it keeps doing the same thing. When I **registered for** annual delivery membership, you offered me the access code for additional benefits, and I applied those numbers in my account on the website. Can you verify that I have access to online contents? Oh, you're saying that there's another **authentication** process that I should **go through with**. Let me make sure I've got this right. I need to access the website by the given link through the confirmation e-mail, and then on that page I need to get authorization with my mobile phone. All right, if I encounter any other technical difficulties, I'll contact you again. Thanks for your help.

 **Key Expressions**

register for –에 등록하다
- If you do not **register for** your visa by the specified date, you won't be able to travel the country.
  지정된 날짜까지 비자를 등록하지 않으면, 그 나라를 여행할 수 없습니다.

authentication 입증, 증명; 인증
- Multiple **authentications** failed. The server's ID and password is out of date at the domain controller.
  다중 인증을 실패했습니다. 도메인 컨트롤러에 있는 서버의 ID와 암호가 만료되었습니다.

go through with (절차상 필요한, 특히 힘들거나 불쾌한) ~을 거치다[하다]
- She decided not to **go through with** the deal. 그녀는 그 거래를 하지 않기로 결정했습니다.

Idea Flow

서론	본론	결론
전화한 용건: 인터넷 신문 웹사이트 접속에 문제 발생	1. 상황설명: 인증된 구독자가 아니라는 오류 메세지, 인증된 계정인지 확인 요구 2. 해결책: 추가적 인증 절차 필요, 인증 절차 확인	문제 발생시 다시 연락하겠으며 도와주어 고맙다고 언급하며 마무리

Translation

여보세요, 귀사 웹사이트에 접속하는데 문제가 발생하여 전화 걸었습니다. 제 아이디와 비밀번호로 로그인하면 첫 화면은 정상적으로 보이는데 더 자세히 읽으려고 헤드라인기사를 누르면 새로운 창으로 열리며 제가 인증된 구독자가 아니라는 메시지가 나옵니다. 제가 여러 번 시도를 했는데 계속 똑같은 현상이 일어나네요. 제가 연간구독 회원으로 등록했을 때, 귀사에서 추가혜택으로 제공한 접속코드를 받았고 그 번호를 홈페이지 제 계정에 반영했어요. 제 계정이 온라인 콘텐트에 허용된 것이 맞는지 확인해 주시겠어요? 아, 말씀하시는 것이 제가 추가적 인증 절차를 거쳐야 한다는 것이군요. 제가 제대로 이해하고 있는지 다시 한번 확인할게요. 확인 전자메일을 통해 전달된 링크를 통해 홈페이지에 접속해야 하고 그리고 나서 그 화면에서 제 휴대폰을 통해서 인증을 받아야 하는군요. 알겠어요, 만약 제가 또 다른 기술적인 문제를 겪게 되면 다시 연락드릴께요. 도움 주셔서 감사합니다.

Q 07

Please tell me about your experience when you subscribed to a newspaper for the first time. Why were you interested in the newspaper? What kind of newspaper was it?

당신이 처음으로 신문 구독을 했던 경험에 대해서 이야기 해주세요. 당신은 왜 신문에 관심을 가졌었나요? 신문의 종류는 무엇이었나요?

An experience I had in my senior year in university **comes to mind**. At the time, caused by the economic **recession**, the unemployment rate was higher than ever. I desperately wanted to get a job. In order to have successful job interviews, many people advised me to be prepared to answer questions about social phenomenon and current issues. My sister recommended that one of the best ways to study these topics was reading the newspaper. Then, one day, I got a phone call from "MK Business News," offering me a free bike if I bought a year subscription. I registered without any hesitation. When I got the first issue, I was shocked and could not grasp the ideas of the articles which were full of economic **jargon**. The unread papers were stacked in a pile in the corner of my room. Moreover, the bicycle had a defective pedal that led me to crash and injure my collar bone. I tried to cancel the subscription, but they refused my request.

🔑 Key Expressions

come to mind (갑자기) 생각[기억] 나다
- When discussing influential modern philosophers, three names immediately **come to mind**.
  영향력이 큰 현대 철학자들을 논하다 보니 세 명의 이름이 즉각 떠올랐습니다.

recession 경기 후퇴, 불경기, 불황
- They want to talk about the impact of the current **recession** on manufacturing.
  그들은 현재의 경기 후퇴가 제조업에 미치는 영향에 대해 이야기하고 싶어합니다.

jargon (특정 분야의 전문 · 특수) 용어
- It is hard to understand the expert's presentation because he uses too much technical **jargon**.
  그 전문가의 발표는 전문용어를 너무 많이 사용해서 이해하기가 어렵습니다.

🔍 Idea Flow

서론

대학교 4학년 시절의 경험 회상

본론

1. 취업면접 준비를 위해 신문 구독을 추천받음
2. 1년 신문 구독 신청시 무료 자전거를 준다는 전화에 경제신문 구독 신청
3. 경제 용어가 가득한 신문을 읽고 신문에 흥미를 잃음
4. 무료 자전거 페달 결함으로 부상

결론

신문 구독 신청 취소를 위해 노력하였으나 실패

✏️ Translation

제 대학교 4학년때 경험을 회상해 볼 수 있겠어요. 그 시절에 경제불황으로 인해 실업률이 어느 때보다 높았답니다. 저는 정말 간절히 취직하기를 원했고, 성공적으로 면접을 치르기 위해서는 사회현상 및 최근 이슈에 대한 질문에 대답할 수 있는 준비가 되어 있어야 한다고 많은 사람들이 조언해주셨습니다. 저희 언니는 그런 주제들을 공부하기 위해서 가장 좋은 방법은 신문을 읽는 것이라고 추천했습니다. 그리고, 어느 날, MK 경제신문에서 걸려온 전화를 받았고 제가 만약 1년 회원으로 구독하게 되면 자전거를 주겠다는 제안을 했습니다. 저는 주저함 없이 바로 가입했습니다. 신문 첫 호를 받는 순간 경제 용어가 가득한 기사에서 충격을 받았고 맥락 조차 이해할 수 없었습니다. 읽지 않은 신문은 제 방 구석에 더미로 쌓였습니다. 게다가 자전거는 페달에 결함이 있어 충돌사고를 일으켰고 그로 인해 저는 쇄골 뼈 부상을 입게 되었습니다. 저는 구독 취소를 하기 위해 최선을 다해 노력했으나 제 요청은 거절되었습니다.

Q 08

You indicated that you ski or snowboard. Where do you normally go to enjoy these sports? Describe the ski resort that you go to most often. Tell me why you keep going back to that place.

당신은 스키나 스노보드를 탄다고 했습니다. 보통 이런 스포츠를 즐기기 위해 어디로 가세요? 당신이 가장 자주 가는 스키 리조트를 묘사해보세요. 왜 그 장소에 계속 가는지 말해주세요.

Snowboarding has become my favorite winter sport, even though I was a keen skier when I was young. I have been to many different resorts, but Yeongpyeong is the one I go to most regularly. In my opinion, it is **far and away** the best all-round resort in Korea. It has lots of slopes to cater for all levels and they are laid out in a very convenient manner. As the resort is a few hours from Seoul, it doesn't get overcrowded very often, so I don't need to **weave in and out** of people as I make my way down the slopes. Some of the busier resorts near Seoul can be very dangerous when there are too many people. You have to **keep your eyes peeled** at all times. The condos at Yeongpyeong are also conveniently located next to the slopes and are reasonably priced too.

🔑 Key Expressions

far and away 단연코, 굉장히
- Jogging through the park with your special someone is **far and away** the best way.
  특별한 누군가와 공원에서 조깅하는 것은 단연코 최고의 방법입니다.

weave in and out 지그재그로 나아가다
- The kids were **weaving in and out** of the crowd gathered at the museum.
  아이들은 박물관에 모였던 군중을 지그재그로 빠져나가고 있었습니다.

keep one's eyes peeled 지켜보다, 방심하지 않다
- In my line of work as a designer, I need to constantly **keep my eyes peeled** for any shift in the customer's preferences in styles and colors.
  디자이너로서의 제 직업에서 저는 고객의 스타일이나 색상 선호 변화를 항상 지켜봐야 합니다.

🔍 Idea Flow

서론	본론	결론
스노보드가 겨울 스포츠 중 최고	용평이 최고의 리조트라는 의견과 이유 제시 1. 다양한 난이도의 슬로프 2. 서울과 거리가 있어 너무 붐비지 않음 3. 근교 리조트와의 비교	본론의 내용을 다시 언급하며 마무리

✏️ Translation

저는 젊었을 때는 열정적인 스키어였지만 지금은 스노보드를 가장 좋아합니다. 많은 리조트들을 가봤지만, 용평에 가장 정기적으로 갑니다. 그곳은 단연코 한국 최고의 종합 리조트라고 생각합니다. 다양한 난이도의 슬로프가 마련되어 있으며 편리하게 설계되어 있습니다. 리조트는 서울에서 몇 시간 떨어진 거리에 있어서 그리 혼잡하지 않은 편입니다. 그래서 슬로프에서 내려갈 때 사람들을 피해 지그재그로 내려올 필요가 없어요. 서울에서 가까워 사람들이 붐비는 리조트들은 매우 위험할 수 있어요. 항상 방심해선 안 되죠. 용평에 있는 콘도는 슬로프 옆에 편리하게 위치되어 있고, 가격 역시 합리적입니다.

Q 09

Tell me about the last time you went skiing or snowboarding. What did you do? How long did you stay there? Who did you go with? What did you eat? Give me all the details about your last trip to a ski resort.

마지막으로 스키나 스노보드를 탄 때를 말해주세요. 무엇을 하셨습니까? 얼마나 오래 머무르셨나요? 누구와 함께 갔습니까? 무엇을 먹었나요? 마지막으로 스키 리조트에 갔던 여행에 대해 자세히 말해주세요.

I went snowboarding at the start of the season, back in December. I went with some old friends to a new resort in Gangwon-do. I drove us there and they **sorted out** the accommodation. We stayed with one of my friend's brother at his condo for 3 days, but I think we **overstayed our welcome**. My friend's brother was there with his girlfriend, who was hoping for a romantic getaway, but I think we ruined that idea. We snowboarded as much as we could during the day and then cooked simple dinners at the condo consisting of ramyeon and kimchi. We also drank quite a lot of beer too, which **took its toll** on us by the last day when we were completely exhausted. As we felt a bit guilty for putting out my friend's brother, we cooked him and his girlfriend pancakes for breakfast before we left.

Key Expressions

sort out ~을 정리하다, 가려내다
- We need to **sort out** this mess to find the perfect solution for it.
  우리는 이 난장판을 정리해서 완벽한 해결책을 찾아야 합니다.

overstay one's welcome 너무 오래 있어 미움을 사다
- I was worried I might **overstay my welcome** at my aunt's.
  저는 이모 댁에 너무 오래 있어 미움을 살지도 모를까 봐 걱정되었습니다.

take one's toll 타격을 주다
- All the overnight stays and uninterrupted work **took their toll** on him.
  야근과 더불어 일을 너무 많이 해서 그는 타격을 입었습니다.

Idea Flow

서론	본론	결론
지난 12월 스노보드를 타러 간 경험	1. 내 역할과 친구들의 역할 설명 2. 머문 장소: 친구 형의 콘도 3. 머문 기간: 3일 4. 한 일: 낮에는 스노보드를 타고 저녁에는 술을 마심	친구의 형과 여자친구를 위한 팬케이크 요리

Translation

지난 12월에 시즌이 시작할 때 스노보드를 타러 갔습니다. 강원도에 있는 새로운 리조트로 오랜 친구들과 갔어요. 제가 운전하고 친구들은 숙박시설을 선택했죠. 우리는 친구 형과 그의 콘도에서 사흘 동안 묵었는데, 너무 오래 있어서 미움을 산 것 같아요. 제 친구의 형은 로맨틱한 휴가를 기대하고 있던 여자친구와 있었는데, 우리가 그 계획을 망친 것 같아요. 우리는 낮에는 할 수 있는 한 스노보드를 타고, 콘도에 와서 라면과 김치로 간단한 저녁을 먹었지요. 맥주도 꽤 많이 마셔서 마지막 날에 완전히 지쳐버렸어요. 친구 형에게 폐를 끼친 것 같아 미안한 마음에 떠나기 전에 아침으로 그와 여자친구에게 팬케이크를 만들어줬어요.

Q 10

Tell me about a memorable incident that happened at a ski resort. Someone could have gotten hurt while skiing or something good could have happened that made you remember that event. Tell me how the incident began and how it ended. Give me all the details.

스키 리조트에서 있었던 가장 기억에 남는 사건을 말해주세요. 누군가가 스키를 타다가 다쳤을 수도 있고, 이 사건을 기억하게 하는 뭔가 좋은 일이 일어났을 수도 있겠죠. 어떻게 그 사건이 일어나서 끝났는지 자세히 말해주세요.

I went to a ski resort when I was about 15 years old with my family and it was a memorable trip **for all the wrong reasons**. The slopes were empty when we started out one morning, with nobody else **as far as the eye could see**. I should have tried the advanced slope after getting a few easy runs **under my belt**. I started skiing down very hesitantly and because I was going so slowly, my legs were aching by the time I was just a quarter of the way down. On my next turn, I fell and tumbled about 20 meters down the slope and felt a terrible pain in my leg. The emergency patrol took me down to the medical center where they diagnosed me with a broken ankle.

 **Key Expressions**

for all the wrong reasons 모든 잘못된 이유 때문에
- Arguing with someone **for all the wrong reasons** is not something to brag about.
  모든 잘못된 이유 때문에 누군가와 언쟁하는 것은 자랑할 일이 아닙니다.

as far as one's eyes could see 눈이 볼 수 있는 한에는
- My grandfather promised my grandmother that she could be the lord of the all the land, which spanned **as far as her eyes could see**.
  할아버지는 할머니에게 그녀가 볼 수 있는 한 펼쳐진 모든 땅의 주인이 될 것이라고 약속했습니다.

under one's belt 경험하여
- The new project was something that I could put **under my belt** for future working reference.
  새로운 프로젝트는 미래 직업 경력에 참조로 쓸 수 있는 경험이었습니다.

Idea Flow

서론	본론	결론
15살 때 가족과 스키여행을 간 경험	1. 슬로프가 한가하여 아버지와 상급자 코스 도전 2. 주춤거리며 내려옴 3. 다리 통증으로 20미터 정도 넘어져서 구름	구급차로 이송, 발목 골절 진단받음

Translation

전 15살 때 가족과 함께 스키 리조트에 갔었는데 이것이 모든 잘못된 이유 때문에 가장 기억에 남아요. 아침에 슬로프에는 아무도 없었습니다. 애초에 상급자용 코스에 도전하기 전에 쉬운 슬로프에서 좀 타보아야 했는데 말이죠. 처음에는 주춤대면서 내려왔는데 너무 느리게 움직이다 보니 코스의 4분의 1 즈음을 지날 때 다리에 통증이 느껴졌어요. 다음 회전을 하다가 넘어져서 20m 정도를 굴렀고 끔찍한 고통을 느꼈어요. 사고 즉시 구급차로 병원으로 이송되었고 발목 골절이라는 진단을 받았습니다.

Q 11 I'd like to give you a situation and ask you to act it out. You and your friends want to throw a birthday party for your roommate. Call your roommate and ask him/her about what kind of party he/she wants. Leave a message asking three to four questions related to preparing for the party.

상황을 하나 드릴 테니 그것에 맞게 과제 수행을 해보세요. 당신과 친구들은 룸메이트를 위해 생일파티를 해주려 합니다. 룸메이트에게 전화해서 어떤 종류의 파티를 원하는지 물어보세요. 파티 준비와 관련해서 3~4가지 질문을 메시지로 남기세요.

Hello, Won-chang! A group of us would like to **throw you a birthday party** and we were wondering what kind of party you'd like. Now that you're hitting 30 we need to have a big celebration. Would you like to have your party at a restaurant or at a club? I know you like to dance, so I was going to check out a couple of clubs this weekend with Jaewon to see if they'd be suitable for your birthday venue. We're also trying to **come up with** a theme for the party and we've narrowed it down to 70's or 80's Christmas outfits. What do you think? As December the 25th **is just around the corner** I think it would be great to have a festive feel. Lastly, is there anyone outside our circle of friends that you'd like to invite? Everybody is more than welcome to join us.

 **Key Expressions**

throw someone a party ~를 위해 파티를 열다
- We're going to **throw Jane a party** to celebrate her graduation.
  우리는 Jane의 졸업을 축하하는 파티를 열 것입니다.

come up with ~을 찾아내다
- I couldn't **come up with** a good alibi for my absence from class at that time.
  저는 수업에 결석한 것에 대한 좋은 구실을 찾을 수 없었습니다.

be just around the corner 바로 코앞이다
- Sally's birthday **is just around the corner** and I'd like to hold a surprise party for her.
  Sally의 생일이 바로 코앞이라 그녀를 위해 깜짝 파티를 열어 주고 싶습니다.

Idea Flow

서론	본론	결론
전화한 용건	1. 파티 장소에 대한 질문 (레스토랑, 클럽) 2. 몇 개 클럽을 돌아보려는 의지 3. 파티 주제 제안	초대하고 싶은 사람을 물으며 마무리

Translation

안녕, 원창아. 우리가 네 생일파티를 하려고 하는데 네가 어떤 종류의 파티를 원하는지 궁금해. 네가 이제 30살이 되니까 크게 축하를 해주어야 할 것 같아. 레스토랑에서 하고 싶니, 아니면 클럽에서 하고 싶니? 네가 춤추는 걸 좋아하니까, 재원이랑 이번 주말에 네 파티장소로 클럽 두세 개를 확인해보려고 했어. 우리는 또 파티 주제를 떠올리려고 하는 중인데, 70년대 혹은 80년대 크리스마스 복장으로 좁혀봤어. 어떻게 생각해? 12월 25일이 가까워져 오니까 축제 느낌을 내보는 것도 좋을 것 같아. 마지막으로 우리 말고 네가 초대하고 싶은 사람이 있어? 누구든 환영이야!

Q 12

I'm sorry, but there is a problem I need you to resolve. You find out that your roommate will be out of town the day you are planning the birthday party. Call your roommate and give him/her two to three alternatives regarding the party.

문제가 발생해서 해결해주셔야 하겠습니다. 당신은 생일파티를 열기로 한 날에 룸메이트가 도시를 떠날 것을 알았습니다. 룸메이트에게 전화해서 파티에 관련해 2~3가지 대안을 제시하세요.

Hey, Won-chang, it's me again. I just found out that you're actually going to be out of town on the Saturday we were planning to have your party. Never mind, we'll just have to reschedule it I guess. When are you going on your trip? If you're leaving late on Saturday, then why don't we just have the party a day earlier than planned, on Friday? If you've got to **head off** early on Saturday morning, then it might not be such a good idea though. If that is the case we'll have to **keep our fingers crossed** that we can arrange your party before your actual birthday. We have to **take into account** that people have exams coming up, so it could be hard to find a date when everyone is free. If you don't mind we could throw your party after the exams as a double celebration.

🔑 Key Expressions

head off 떠나다
- I usually **head off** to the south of the city to do some market research.
  저는 시장 조사를 위해 주로 도시의 남쪽까지 떠납니다.

keep one's fingers crossed 행운을 빌다
- We need to **keep our fingers crossed** since the project still has not gotten a full approval.
  프로젝트가 여전히 전체 승인을 못 받았기 때문에 행운을 빌어야 합니다.

take into account ~을 고려하다
- I will **take** my aptitude **into account** when looking for a job.
  일을 구할 때 제 적성을 고려할 것입니다.

🔍 Idea Flow

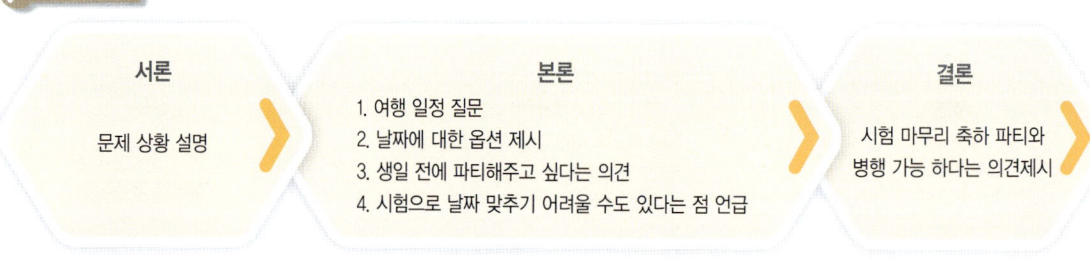

서론	본론	결론
문제 상황 설명	1. 여행 일정 질문 2. 날짜에 대한 옵션 제시 3. 생일 전에 파티해주고 싶다는 의견 4. 시험으로 날짜 맞추기 어려울 수도 있다는 점 언급	시험 마무리 축하 파티와 병행 가능 하다는 의견제시

✏️ Translation

원창아, 나야. 우리가 파티를 열려고 계획하고 있는 토요일에 네가 도시에 없다는 것을 방금 알았어. 신경 쓰지 마, 일정을 조정하면 되니까. 언제 가려고 하는데? 토요일 늦게 가는 거면, 하루 당겨서 금요일에 하는 게 어때? 토요일 아침에 가야 하는 거면 별로 좋은 생각이 아닌 것 같다. 그런 거면 네 생일 전에는 파티를 할 수 있도록 기원해야겠다. 곧 시험이 다가와서 모두가 되는 날짜를 잡기가 힘들 수도 있어. 네가 괜찮으면 겸사겸사 시험 끝난 다음 파티를 열수도 있을 것 같아.

Q 13 That's the end of the situation. Have you ever held a party with your friends in a dormitory? What was the party like? What was the occasion? How many people joined that party? Give me all the details.

앞의 상황은 이제 종료되었습니다. 기숙사에서 친구와 파티를 열어본 적이 있나요? 파티가 어땠나요? 무슨 일이었어요? 얼마나 많은 사람이 파티에 왔죠? 자세히 말해주세요.

My friend Jeongsu threw a party for my birthday in our dormitory when I was an undergraduate. It was nothing fancy, just our close **circle of friends**, some dinner and drinks. There were about 8 or 9 people all together and I think we just ordered fried chicken and pizza from local restaurants. No one came **empty-handed** though because everyone brought some kind of alcohol with them. After finishing our meal we decided to play some drinking games together. Nobody was very keen at first, but by the time we had drunk some soju everyone wanted to join in. We could always count on Jeongsu to be **the life of the party** and he had endless games ready for us. We all drank a little too much but had a great time nonetheless. I was so grateful to Jeongsu that I organized his birthday party the following month.

Key Expressions

circle of friends 가까운 친구들
- Keeping a small **circle of friends** is essential for your survival.
  소수의 가까운 친구들이 있는 것은 생존에 필수적입니다.

empty-handed 빈손인
- Is there anything I can bring to your party? I don't want to be **empty-handed**.
  당신 파티에 무엇을 가져갈까요? 빈손으로 가고 싶지 않습니다.

the life of the party 파티의 중심, 분위기를 띄우는 사람
- Mi-hyun is always **the life of the party** due to her good nature.
  미현이는 성격이 좋아 항상 파티의 중심입니다.

Idea Flow

서론	본론	결론
친구 정수가 기숙사에서 생일파티를 열어줌	1. 파티의 성격 2. 파티의 규모 3. 아무도 빈손으로 오지 않음 4. 술 게임을 함 5. 파티의 중심인 정수	파티에 대한 감상

Translation

제 친구 정수는 제가 학부생이었을 때 기숙사에서 제 생일파티를 해주었어요. 그냥 가까운 친구들과 저녁을 먹고 술을 마셨습니다. 화려한 건 아니었어요. 대략 총 8~9명 있었는데 근처 식당에서 프라이드 치킨과 피자를 시켰던 것으로 기억해요. 아무도 빈손으로 오지는 않았어요. 모두가 술을 갖고 왔죠. 식사를 마친 후에 우리는 같이 술 게임을 하기로 했어요. 처음에는 별로 하고 싶어하지 않았지만, 소주를 좀 마신 무렵, 모두가 함께 하고 싶어했어요. 정수는 분위기를 띄우는 사람인데 게임을 많이 알고 있거든요. 술을 좀 많이 마셨지만 즐거웠습니다. 정수에게 아주 고마워서 그 다음 달에는 제가 그의 생일파티를 열어주었습니다.

Q 14

What kinds of musical instruments can you play? When did you first learn how to play? Who did you learn it from? How long have you played? When do you normally play those instruments?

어떤 악기를 다룰 수 있습니까? 언제 처음 배웠어요? 누구한테 배웠죠? 얼마나 오랫동안 악기를 연주해왔나요? 보통 언제 악기를 연주합니까?

I can play both the guitar and piano quite well. They're very different instruments, but learning the piano first definitely gave me **an upper hand** when it came to reading music for the guitar. I started piano lessons when I was about 6 years old. It **just so happened** that my piano teacher was actually a neighbor of our family living on the floor above us. This helped me get ahead of my school friends in music class. Although I picked up the piano quite quickly, I couldn't **get the hang of** the guitar for about 2 years. I think it was because I started to learn when I was much older, at middle school, when it's much harder to get used to a new instrument. Luckily I got better with time and now I'm an accomplished guitarist. I don't really play that often these days, maybe once or twice a year.

🔑 Key Expressions

an upper hand 우위인 위치
- I have **an upper hand** due to my height compared to other players.
  저는 키로 다른 선수들보다 우위에 있습니다.

just so happen 우연히 일어나다
- Sarah is sad because her birthday **just so happened** to be on the same day as Christmas.
  Sarah는 그녀의 생일이 우연히 크리스마스와 같은 날이라 속상합니다.

get the hang of ~에 익숙해지다
- It is easy to **get the hang of** a smartphone once you understand how it works.
  스마트폰이 어떻게 동작하는지 이해하면 그것에 익숙해지기는 쉽습니다.

🔍 Idea Flow

서론	본론	결론
기타와 피아노를 잘 칠 수 있음	1. 피아노를 배운 것이 기타를 배우는데 도움을 줌 2. 피아노 선생님에 대한 설명 3. 피아노와 기타의 비교	현재는 기타를 잘 침

✏️ Translation

저는 기타와 피아노를 꽤 잘 칩니다. 서로 매우 다른 악기이지만, 피아노를 먼저 배운 것은 확실히 제게 기타 악보를 읽는데 도움을 주었죠. 6살쯤 피아노를 배웠는데 제 피아노 선생님은 우연히 위층에 사는 이웃이었어요. 이것으로 음악 시간에 학교친구들 보다 앞섰죠. 피아노를 꽤 빨리 익혔지만 기타는 익숙해지는데 2년 정도 걸렸어요. 새로운 악기에 익숙해지기에 훨씬 어려운 중학생 때 배웠기 때문이라고 생각해요. 다행히 시간이 지나면서 잘하게 되었고 지금은 기타를 꽤 잘 쳐요. 요즘은 아마도 일 년에 한두 번 정도로, 자주 연주하지는 않습니다.

Q 15

Tell me about a memorable incident related to playing an instrument. You may have played it in front of a lot of people or for a special person. What was it that made that moment so special? I want to know all the details.

악기 연주와 관련된 기억에 남는 사건에 대해 말해주세요. 당신은 많은 사람 앞에서, 혹은 특별한 한 사람 앞에서 연주했을 수 있습니다. 그 사건을 특별하게 만든 것은 무엇입니까? 자세히 말해주세요.

The first time I ever played the piano in front of an audience was at elementary school when I was 7 years old. It was for a recital and both of my parents came to watch. I had practiced the piece of music I was going to play hundreds of times until I could hit every key with **pinpoint** accuracy. But when it was my turn to perform, I got stage fright and made lots of errors at the beginning of my recital. Fortunately, I **pulled myself together** and kept at it until I started to hit the right notes. I still remember to this day how **nerve-wracking** it was, but I felt so pleased with myself when my parents stood up and cheered at the end of my recital. I actually went on to play many other concerts at school and in front of hundreds of people without being nervous again.

 Key Expressions

pinpoint ~을 정확히 찾아내다
- They still need to **pinpoint** the reason why the machine overheated.
  그들은 여전히 기계 과열의 이유를 정확히 찾아내야 합니다.

pull oneself together ~을 추스르다
- After I got a terrible score on the test, I **pulled myself together** to make it up for the next test.
  시험에서 형편없는 점수를 받은 후 다음 시험에서 그것을 보충하기 위해 자신을 추슬렀습니다.

nerve-wracking 초조한, 긴장된
- Singing in front of a lot of people can be **nerve-wracking** for anybody.
  많은 사람 앞에서 노래하는 것은 누구에게나 초조할 수 있습니다.

 Idea Flow

서론	본론	결론
7살 때 초등학교에서 처음 연주함	1. 관련 배경 설명: 부모님 오시고, 많이 연습함 2. 연주 시 무대 공포를 느껴 실수함 3. 마음을 추슬러 자신의 페이스를 찾음	이후 많은 사람 앞에서 긴장 없이 연주함

 **Translation**

제가 관객들 앞에서 피아노를 처음 친 것은 7살 때 초등학교에서였습니다. 독주회였고, 부모님께서 모두 보러 오셨어요. 전 한치의 오차도 없이 칠 수 있을 때까지 수백 번 연습했어요. 하지만 제가 연주할 차례가 되자 무대 공포가 생겨서 독주회의 앞부분에서 많은 실수를 했습니다. 다행히도, 추스르고 다시 맞는 음정을 누를 수 있기 시작할 때까지 견디어냈어요. 그때의 긴장을 여전히 기억하고 있습니다. 독주회 끝에 부모님께서 서서 응원해 주셔서 제 자신에게 매우 기뻤어요. 이후로 긴장하지 않고 학교에서 많은 다른 콘서트와 수백 명의 사람 앞에서 연주했습니다.

TEST**8**

Oral Proficiency Interview-computer

Q 01

Let's start the interview. Tell me a little about yourself.
인터뷰를 시작합니다. 당신에 대해서 말해주세요.

My name is Jin-hee Min and I'm 32 years old. I work in the sales department of a well-known insurance company. I got engaged 6 months ago and I will be getting married in April. For the past two months or so, all my spare time has been taken up by the wedding preparations. There seems to **be no end in sight** to the work that needs to go into a perfect wedding, and it's easy for costs to **spiral out of control**. Having said that, I think the wedding has really **brought out the best in** my organizational skills. We're doing away with any unnecessary extras and focusing only on what's important. After all, we need to save as much money as we can to start a family in the next year. Having children is something my fiancé and I are both really looking forward to.

 Key Expressions

be no end in sight 끝없이 던져져 있다
- There **is no end in sight** for this continuing crisis.
  이 위기는 계속될 것입니다.

spiral out of control 걷잡을 수 없이 증가하다
- Be careful with the credit card purchases or your debt will begin to **spiral out of control**.
  신용카드 사용에 주의하지 않으면 빚이 걷잡을 수 없이 증가할 것입니다.

bring out the best in ~에게 최고의 능력을 발휘하게 하다
- The high pressure moments **bring out the best in** me.
  강압적인 순간이 제게 최고의 능력을 발휘하게 합니다.

Idea Flow

서론	본론	결론
이름과 나이, 직장	1. 나의 결혼 계획 2. 결혼준비로 바쁨 3. 결혼준비가 운영능력을 최대로 이끎 4. 가정 준비를 위해 저축 필요	약혼자와 내가 가정을 꾸리는 것을 고대하고 있음

Translation

제 이름은 민진희고 32세입니다. 잘 알려진 보험회사의 영업부서에서 일합니다. 6개월 전에 약혼하여 4월에 결혼할 것입니다. 지난 2달 정도는, 한가한 시간은 결혼준비로 바빴습니다. 완벽한 결혼을 위해 필요한 일은 끝도 없는 것 같고, 비용도 걷잡을 수 없는 것 같습니다. 더욱이 결혼이 제 운영능력을 최대로 끌어냈습니다. 우리는 불필요한 것 말고 중요한 것에 집중하는 중입니다. 결국 우리는 내년에 가정을 꾸리기 위해 돈을 저축해야 합니다. 아이를 갖는다는 것은 약혼자와 제가 정말 고대하는 것이에요.

Q 02

Let's talk about your shopping habits. How often do you go shopping? What do you most often buy? Where do you go for your shopping? Who do you go with?

당신의 쇼핑습관에 대해 말해봅시다. 얼마나 자주 쇼핑가세요? 무엇을 가장 많이 삽니까? 어디로 쇼핑가세요? 누구랑 가세요?

I must admit that I do have **a weak spot** for shopping. I probably go once a week on average, shopping mainly for clothes and shoes. I don't buy luxury designer brands as I can't really afford them. I like to **stick to** reasonably priced clothing brands because I think they provide better value for money. The purchases do add up though, and sometimes I end up totally overshooting my budget. I'm trying to **cut back on** my spending these days but I wouldn't say that I'm a shopaholic. Underground shopping malls are the best place for a bargain, and I usually go with my mother or my sister. Occasionally we go to department stores, but they charge a premium for their goods. Because of the distance, I rarely go to outlet malls, but they are a great place to go for a day out. This is all about my shopping habits.

 **Key Expressions**

a weak spot 약점
- My friends all know my **weak spot** is chocolate. 제 친구들은 모두 제 약점이 초콜릿이라는 것을 알고 있습니다.

stick to ~을 고수하다
- Whenever I go hiking, I don't always **stick to** the recommended trail.
  제가 도보 여행을 할 때마다 항상 추천된 길을 고수하는 편은 아닙니다.

cut back on ~를 줄이다
- I know I should **cut back on** fast food if I want to lose weight.
  살을 빼고 싶으면 패스트푸드를 줄여야 하는 것을 알고 있습니다.

 **Idea Flow**

서론	본론	결론
쇼핑이 자신의 취약점임을 밝힘	1. 얼마나 자주, 무엇을 사는지 2. 명품보다는 합리적 가격의 제품 고수 3. 지출을 줄이려는 중 4. 지하상가, 백화점의 장단점 5. 아웃렛에 대한 의견	내용을 아우르는 문장으로 마무리

 **Translation**

저에게는 쇼핑에 약점이 있습니다. 평균적으로 아마 일주일에 한 번 주로 옷과 구두를 사러 가요. 가격을 충당할 수가 없어서 명품은 사지 않아요. 돈과 비교하면 더 나은 가치를 제공하는 합리적인 가격의 의류제품을 고수합니다. 하지만 많이 사서 예산보다 훨씬 더 지출하는 적도 종종 있죠. 요즘 지출을 줄이려고 노력 중이긴 하지만 제가 쇼핑중독자는 아닙니다. 저렴한 가격으로는 지하상가가 최고라서 전 엄마나 언니와 주로 갑니다. 가끔 우리는 백화점에 가지만 백화점은 상품들에 대해 더 높은 가격을 붙여요. 거리상 이유로 아웃렛은 거의 가지 않지만 하루를 즐겁게 보낼 수 있는 좋은 장소에요. 이것이 제 쇼핑습관의 모든 것입니다.

Q 03

People sometimes go through difficulties while they are shopping. What are some things people have to deal with while they are shopping? How do you personally deal with those problems?

사람들은 종종 쇼핑하는 동안 어려움을 겪습니다. 쇼핑하는 동안 사람들이 다루어야 하는 것들은 무엇이 있습니까? 당신은 개인적으로 그러한 문제들을 어떻게 다루나요?

Shopping does have its negative points as well. The biggest drawback for me is the walking. Sometimes I can spend the whole day shopping and that means I'm **on my feet** for hours. By the time I get home, my legs **are killing me** and I feel exhausted. I'm sure that you must burn a lot of calories shopping and that's what keeps me going despite the tiredness. Something else that I dislike is having to carry around lots of bags. It can be so annoying carrying bags from one shop to another and they can be quite heavy too. Last but not least, I wish that everything were cheaper. I'm not saying that shops don't provide **good value for money**, but if everything were cheaper I could buy more.

Key Expressions

on one's feet 일어서서
- My job is very tough on my body because I have to be **on my feet** all day.
  종일 서 있어야 해서 제 일은 육체적으로 매우 힘이 듭니다.

be killing someone 몹시 아프다
- Whenever my back **is killing me**, I make an appointment to get some massage therapy.
  등이 몹시 아플 때마다 저는 마사지 치료를 받으러 갑니다.

good value for one's money 가격 대비 가치 있는 것
- Outlet stores provide **good value for my money** because I can get high quality goods at reasonable prices.
  합리적인 가격에 고품질의 상품을 얻을 수 있기 때문에 아웃렛 상점은 가격 대비 가치 있습니다.

Idea Flow

서론	본론	결론
쇼핑은 부정적인 면이 있다고 환기	1. 장시간 걷기로 지침 2. 하지만 열량 소비가 가능 3. 쇼핑 후 무거운 가방을 들어야 함	가격이 더 저렴했으면 하는 바람

Translation

쇼핑은 부정적인 면도 확실히 있어요. 저에게 가장 큰 단점은 걷는 것이에요. 가끔 하루 종일 쇼핑하면서 보내는데, 그것은 몇 시간 동안이나 서서 있는 것을 의미합니다. 집으로 돌아올 때쯤에는 다리가 너무 아프고 완전히 지쳐요. 쇼핑하면서 많은 열량을 소비하는 것이 틀림없어요. 그래서 피곤하지만 계속 쇼핑을 가는 이유이기도 하죠. 제가 싫어하는 또 다른 점은 많은 가방을 들어야만 한다는 것입니다. 가게를 이동하면서 가방들을 들어야 하는 것은 너무 짜증 날 수 있고 꽤 무겁기도 합니다. 마지막이나 역시 중요한 것은 모든 것이 더 저렴했으면 하는 것입니다. 상점들이 돈에 비해서 좋은 가치를 제공하기는 하지만 더 저렴하면 더 많이 살 수 있을 테니까요.

Q 04 Tell me about a memorable incident that happened while you were shopping. What exactly happened and how did you handle the situation?

쇼핑 중에 일어난 가장 기억에 남는 사건을 말해주세요. 정확히 무슨 일이 일어났으며 그 상황을 어떻게 처리했습니까?

One of my most memorable shopping incidents happened when I was traveling through China. China has many unique and interesting outdoor markets, so I wanted to buy green tea and little souvenirs. I was fascinated by the market and all the different kinds of goods, so I started taking lots of pictures and chatting with some merchants. As I was taking pictures, I was no longer **paying attention to** my surroundings, and I think that was when a teenage boy tried to **pick my pocket** using long sticks. Fortunately, I noticed what was going on and then I yelled at him. The young boy ran away quickly, so I was unable to **make out** his face. I don't want to jump to conclusions, but I wouldn't be surprised if the young boy and some of the merchants were actually working together as a team.

🔑 Key Expressions

pay attention to ~에 주의를 기울이다
- Drivers should not be allowed to watch TV while driving because they should be **paying attention to** the road.
  운전자가 도로에 주의를 기울여야 해서 운전하면서 TV를 보는 것을 허용되지 않아야 합니다.

pick one's pocket 소매치기하다
- People should be alert on the subways not to get **their pockets picked**.
  사람들은 전철에서 소매치기당하지 않도록 경계해야 합니다.

make out 알아보다
- I witnessed a hit-and-run today, but I was unable to **make out** the car's license plate number.
  저는 오늘 접촉 사고를 목격했지만, 자동차 번호를 알아볼 수 없었습니다.

🔍 Idea Flow

서론	본론	결론
중국여행 시 경험	1. 배경설명-야외 시장에서 기념품 구매 2. 상인과 이야기하고 있는 중 한 소년이 소매치기를 시도함 3. 발견되자 도망가 버림	상인과 소매치기가 한 팀일 것 같다는 추측으로 마무리

✏️ Translation

가장 기억에 남는 쇼핑 경험은 제가 중국을 여행하던 때입니다. 중국은 독특하고 흥미로운 야외 시장들이 있는데, 저는 녹차와 작은 기념품들을 사고 싶었어요. 저는 시장과 많은 종류의 물건들에 매혹되어 사진을 많이 찍고 상인들과 대화를 나누었어요. 사진을 찍다가 주변에 신경을 쓰지 않게 되었는데 어떤 남자애가 긴 막대를 사용해서 소매치기를 하려고 했습니다. 다행히 상황을 눈치채고 그에게 소리쳤어요. 그 소년은 재빨리 달아나 전 그의 얼굴을 알아채지 못했어요. 넘겨짚고 싶지 않지만, 어린 소년과 상인들이 사실상 한 패거리라고 생각해요.

Q 05

You indicated that you like to sing. Why do you like to sing? When and where do you sing most often? Who do you normally sing with?

당신은 노래 부르는 것을 좋아한다고 했습니다. 왜 노래하는 걸 좋아하나요? 언제, 어디서 노래를 가장 자주 부릅니까? 주로 누구와 부릅니까?

I love to sing every now and then because it is a brilliant way to relieve stress. In my head I'm a fantastic singer, but my friends tell me that I get **carried away** easily. I like to copy singers down to the last detail, mimicking their hand gestures and facial expressions. I sing most often at karaoke rooms with work colleagues. In Korea it is very common for colleagues to go out for dinner together after work and visit a karaoke room. It's the perfect time to bond with your fellow workers and **let your hair down**. Everyone gets to sing one or two songs, but sometimes our manager will sing for ages by himself until he **runs out of steam**. Sometimes these nights can go on and on and finish well after midnight. I think I won't be able to attend as many of them after I'm married.

 **Key Expressions**

carry away 감동을 주다, 들뜨게 하다
- My nephew got **carried away** when I gave him a complimentary ticket to Rain's concert.
  제 조카는 비 콘서트의 공짜티켓을 받았을 때 매우 들떴습니다.

let one's hair down 편안히 하다
- I **let my hair down** at least 1 hour a day to relieve my stress.
  스트레스를 풀기 위해 저는 하루에 최소 1시간은 편안하게 있습니다.

run out of steam 지치다
- My friend was motivated to become a flight attendant, but now she has **run out of steam** and stopped her training.
  제 친구는 비행 승무원이 되기 위해 동기 부여되었지만 지쳐서 교육을 중단했습니다.

Idea Flow

서론	본론	결론
스트레스 푸는 방법으로 노래하는 것을 좋아함	1. 노래 실력에 대한 나의 견해와 친구의 견해 2. 가수를 모방하는 것을 즐김 3. 노래방 문화에 대한 설명 4. 상사의 노래방 습관	결혼 후 변화에 대한 예측으로 마무리

Translation

스트레스를 푸는 훌륭한 방법이기 때문에 이따금 노래 부르는 걸 좋아해요. 스스로는 노래를 잘한다고 생각하는데 친구들은 제가 쉽게 들뜬다고 말해요. 저는 가수들의 손동작과 표정까지 따라 하면서 아주 사소한 부분까지 모방하는 것을 좋아해요. 전 직장동료와 자주 노래방에 갑니다. 한국에서는 퇴근 후에 동료와 저녁을 먹고 노래방에 가는 것이 흔합니다. 동료 직원들과 어울리고 느긋하게 즐길 수 있는 완벽한 시간이에요. 사람들은 1~2곡을 부르지만, 가끔 제 상사는 기력이 다 할 때까지 혼자 노래를 불러요. 가끔 이런 밤들은 자정 이후에 끝나요. 결혼한 이후에는 이런 자리에 많이 참여할 수 없을 것 같습니다.

Q 06

Some people hate singing because they are bad singers. What would you say to these people to encourage them to sing more?

어떤 사람들은 노래를 못하기 때문에 노래 부르는 것을 싫어합니다. 노래 부르는 것을 격려하기 위해서 이들에게 무엇이라 말하겠습니까?

I would tell them not to **take themselves too seriously**. People who have great voices are usually professional singers. For the rest of us, singing is just a fun way to unwind. It's not about being good or bad. It's about having fun and getting rid of stress. Like I said before, my friends bring me back down to earth by always telling me I'm not as good as I think I am, but I really don't care. You should go to karaoke rooms with people that you are comfortable with, so you can relax and not worry about looking stupid and being left red-faced. Like sports and games between friends, it's the **taking part** that counts, not winning or being the best. **The bottom line** is that nobody is going to expect you to be Seung-chul Lee or Jeong-hyun Park, so just have fun and sing.

🔑 Key Expressions

take oneself too seriously 너무 심각하게 생각하다
- Don't **take yourselves too seriously**. We are just amateurs playing for a club team.
  너무 심각하게 생각하지 마세요. 우리는 동호회 팀을 위해 경기하는 아마추어에 불과하잖아요.

take part in ~에 참가하다
- I love **taking part in** community service activities such as feeding hungry children.
  저는 굶주린 아이들에게 급식을 제공하는 지역 서비스 활동에 참가하는 것을 좋아합니다.

the bottom line 핵심
- My boss always yells, "Just do your job and don't be late; that's **the bottom line**!"
  제 상사는 "일에 집중하고 지각하지 마세요. 그것이 핵심입니다."라고 항상 외치십니다.

🔍 Idea Flow

서론	본론	결론
자신을 너무 심각하게 받아들이지 말라는 조언	1. 우리는 가수가 아니라, 긴장을 풀기 위해 노래 부르는 것임 2. 친구들의 지적은 나를 현실로 돌아오게 함 3. 편안한 사람과 노래방에 가라는 조언 4. 최고가 되는 것보다 참여하는 것에 의의가 있음	본론의 아이디어를 다시 언급하며 마무리

✏️ Translation

전 너무 자신을 심각하게 받아들이지 말라고 그들에게 말하고 싶어요. 좋은 목소리를 가진 사람들은 보통 가수들이지요. 우리 같은 사람들에겐 노래 부르는 것은 그냥 긴장을 푸는 즐거운 방법입니다. 잘하고 못하고의 문제가 아니라 즐기고 스트레스를 푸는 것이 문제죠. 앞서 말했듯이 친구들은 저에게 생각하는 것만큼 노래를 잘하는 게 아니라고 말하면서 저를 꿈에서 깨어나게 하죠. 하지만 저는 신경 안 써요. 당신은 긴장을 풀고 바보처럼 보이거나 얼굴이 빨개져도 괜찮은 편안한 사람들과 노래방에 가야 해요. 친구들 간의 스포츠나 게임처럼 이것은 참여하는 게 중요한 것이지, 이기거나 최고가 되는 것이 중요한 문제가 아니거든요. 핵심은 아무도 당신이 이승철이나 박정현처럼 부를 것을 기대하지 않는다는 것입니다. 그러니까 그냥 즐기면서 부르세요.

Q 07 Tell me about a memorable incident related to singing. You may have had an embarrassing experience that made you not want to sing in front of other people. Or in contrast, you could have been praised by everyone because of your singing skills. Give me all the details about that incident.

노래와 관련한 기억에 남는 사건에 대해 말해주세요. 다른 사람들 앞에서 노래 부르고 싶지 않게 만들었던 당황스러운 기억이 있을 수도 있겠습니다. 혹은 반대로 당신의 노래실력 때문에 모두가 당신을 칭찬했을 수도 있겠네요. 그 사건에 대해 자세히 말해주세요.

Several years ago I decided to try out for a singing program on TV because I thought I was one of the best singers under the sun. I thought I would do extremely well and then eventually **take over** the whole pop music industry. Before the audition, I **felt like a million dollars** because I thought I would be given an automatic spot in the finals. However, after the audition, I felt like garbage because all the judges thought I was awful. The judges criticized every aspect of my performance from my musical tone to stage presence. After the audition, I finally realized some of my close friends were trying to **look out for** me by telling me not to go on the show. I guess I was never meant to be a professional singer.

Key Expressions

take over 인계받다
- Kelly suddenly resigned last week, so I had to **take over** as the new project manager.
  Kelly가 지난주 갑자기 사직해서 제가 새로운 프로젝트 관리자가 되었습니다.

feel like a million dollars 기분이 끝내주다
- I **feel like a million dollars** today because I got a raise. 임금 인상을 받아서 오늘 기분이 끝내줍니다.

look out for ~를 보살피다
- Ever since my baby brother was born, I always have to **look out for** him.
  제 남동생이 태어난 이후로 줄곧 저는 그를 보살펴야 합니다.

Idea Flow

서론	본론	결론
노래 프로그램에 나가기로 함	1. 굉장히 잘할 것으로 생각함 2. 모든 심사위원이 혹평함 3. 친구들이 출전을 말렸던 때가 생각이 남	나의 실력에 대한 평가로 마무리

Translation

몇 년 전에 저는 TV 노래 프로그램에 나가기로 결심했습니다. 제가 노래를 굉장히 잘한다고 생각했거든요. 저는 제가 굉장히 잘해서 결국 가요계를 접수할 거라고 생각했어요. 오디션 전에 저는 기분이 매우 좋았지요. 왜냐하면, 자동으로 결승전 자리를 주리라고 생각했으니까요. 하지만 오디션 후에 저는 형편없이 느껴졌습니다. 왜냐하면 모든 심사위원이 저를 끔찍했다고 생각했거든요. 심사위원들은 음정부터 공연 자세에 이르기까지 모든 면을 비판했어요. 오디션이 끝나고, 저는 친한 친구들이 나를 위해 그 쇼에 나가지 말라고 말을 해주었음을 깨달았어요. 저는 절대 진정 가수가 아니라고 생각해요.

Q 08

You indicated that you like baseball. Do you like playing baseball or just watching it on TV? If you play it yourself, who do you play with? If you watch it on TV, who do you watch it with?

당신은 야구를 좋아한다고 했습니다. 야구 하는 것을 좋아하나요, 아니면 그냥 TV로 보는 것을 좋아하나요? 야구를 한다면, 누구와 하세요? TV를 통해 본다면 누구와 함께 봅니까?

Although I love to watch baseball on TV or in an actual stadium, I don't take part in any games myself. I originally **got into** baseball thanks to my first boyfriend while I was at university. Up until then I was not a sports fan at all, but my first boyfriend was a baseball fanatic. He would watch baseball on TV all the time and go to the stadium as often as he could. As we **were** nearly **joined at the hip** at the time, I started to gain an interest in it. It became a **newfound** leisure pastime for me. Obviously now I watch it with my current fiancé on TV most of the time, but we have got around a bit because of baseball, visiting stadiums up and down Korea. The best thing about baseball is the food and drink that you can enjoy while watching the games. The atmosphere is fantastic too.

 **Key Expressions**

get into ~에 빠지다
- I started **getting into** basketball when I was 6 years old.
  제가 6살이었을 때 농구에 빠지기 시작했습니다.

be joined at the hip 항상 같이 붙어 다니다
- Jesse and I **are joined at the hip** because we do everything together.
  Jesse와 저는 모든 것을 함께 해서 항상 같이 붙어 다닙니다.

newfound 새로 발견된, 최근 눈에 띄는
- My friend's **newfound** attitude and courage finally allowed him to ask out his crush on a date.
  제 친구의 최근 눈에 띄는 태도와 용기는 마침내 데이트 요청을 가능하게 했습니다.

 **Idea Flow**

서론	본론	결론
야구경기에 스스로 참여하진 않지만 보는 것을 좋아함	1. 야구를 좋아하게 된 계기 2. 현재 남자친구와 경기장 방문을 하러 한국을 돌아다님	야구에 대해 좋아하는 점으로 마무리

 **Translation**

제가 TV나 경기장에서 야구를 보는 것을 좋아함에도 직접 야구를 하지는 않습니다. 대학 다닐 때 첫 번째 남자친구 때문에 야구에 빠지게 되었습니다. 그전까지는 스포츠를 전혀 좋아하지 않았지만, 첫 번째 남자친구는 야구 열광적 팬이었죠. 그는 항상 TV로 야구를 보고 가능할 때마다 야구경기장에 가곤 했어요. 우리는 당시 거의 항상 붙어 다녔기 때문에 저도 야구에 흥미가 생기기 시작했어요. 야구는 새롭게 찾아낸 놀잇거리가 되었습니다. 지금은 약혼자와 대부분 TV로 야구를 보지만 야구를 보러 국내 경기장을 여기저기 좀 다녔습니다. 야구에 대해 가장 좋은 것은 게임을 보면서 음식과 음료를 즐길 수 있죠. 분위기도 환상적입니다.

Q 09 What's your favorite baseball team? Why do you like that team? How long have you been cheering for that team? How have they been doing in recent years? Who's your favorite player on that team and why? Give me all the details about your favorite baseball team.

어떤 야구팀을 가장 좋아하세요? 왜 그 팀을 좋아하나요? 그 팀을 얼마나 오랫동안 응원해왔나요? 최근 경기실적이 어떤 가요? 그 팀에서 어떤 선수를 가장 좋아하며 이유는 무엇인가요? 당신이 가장 좋아하는 야구팀에 대해 자세히 말해주세요.

My favorite baseball team in Korea is the Samsung Lions because they are my fiancé's team. I have been a Lions fan since I started dating my fiancé 3 years ago. **In all honesty**, I've never really had a team that I love and follow with an undying passion, but this season was amazing. The Lions managed to win the Korean series and they were **on fire** against the SK Wyverns, winning 4 games to 1. The coach really brought the best out of his players to bring the championship to the Lions for the first time in 5 years. My favorite player doesn't actually play for the Lions, but he was the hero of the 2008 Korea Olympic team, Seung-yeop Lee. Although he didn't play very well in the early rounds, he really **came through** with home runs in the semifinal and final to help beat our arch rivals Japan and Cuba respectively.

🔑 Key Expressions

in all honesty 솔직히 말해서
- **In all honesty**, I think I will be unemployed in less than six months.
  솔직히 말해서 6개월 이내에 직장을 잃을 것 같습니다.

on fire 흥분 상태의
- I did not want to leave Las Vegas because I was **on fire** at the blackjack tables.
  저는 블랙잭 테이블에서 흥분 상태였기 때문에 라스베이거스를 떠나고 싶지 않았습니다.

come through 회복하다, 피하다
- Kobe Bryant **comes through** in the clutch because he relishes high-pressure situations.
  Kobe Bryant는 부담되는 상황을 즐기기 때문에 위기에서 회복합니다.

🔍 Idea Flow

서론	본론	결론
가장 좋아하는 팀은 삼성 라이언스	1. 팬이 된 계기 2. 이번 시즌에서의 삼성 라이언스의 경기 3. 가장 좋아하는 선수인 이승엽	이승엽의 활약에 대한 설명으로 마무리

✏️ Translation

제가 한국에서 가장 좋아하는 야구팀은 삼성 라이언스에요. 제 약혼자의 팀이기 때문입니다. 3년 전에 약혼자와 데이트를 시작하면서 라이언스의 팬이 되었습니다. 솔직하게 말하면 전 열정적으로 따르는 팀이 없었는데, 이번 시즌은 놀라웠어요. 라이언스는 한국시리즈에서 우승을 거머쥐었고 4승1패의 전적으로 SK 와이번즈를 꺾었죠. 코치는 선수들의 최고기량을 이끌어내어 5년만에 처음으로 라이언스에 우승의 영광을 안겨준 것이죠. 제일 좋아하는 선수는 사실 라이언스에서 경기하고 있지 않지만 2008년 한국올림픽팀의 영웅이었던 이승엽이에요. 그는 경기 초반에는 잘하지 못했지만, 준 결승전과 결승전에서 홈런을 치며 최대숙적인 일본과 쿠바를 이기는 데 도움이 되었습니다.

Q 10 Tell me about a time when you went to a baseball stadium to see a match. Who did you go there with? What was special about the match? How did the game turn out? Did your team win or lose? Give me all the details.

경기를 보러 야구장에 갔던 때를 말해주세요. 누구와 갔습니까? 그 경기에 관련해 특별한 점은 무엇이었습니까? 경기 결과는 어땠나요? 당신의 팀이 이겼나요, 졌나요? 자세히 말해주세요.

My fiancé and I were lucky enough to get two tickets for the Korean series this year. We went to the 4th game of the 7-game series, but it turned out to be the penultimate matchup. It was a special game because we won it and led the series 3-1 as a result. That put us **on the verge of** clinching the series. Like I said earlier, our team **came out on top**, getting the better of the Wyverns in the 5th game too. It was really special to be a part of our first championship in 5 years, and to do it was comprehensively satisfying as well. The look on my fiancé's face when the Lions won the final game was absolutely **priceless**. He was as happy as I've ever seen him. I just hope that he is as joyful and excited on our wedding day.

Key Expressions

on the verge of ~하기 직전에
- My company was **on the verge of** securing a multi-million dollar deal with NC.
  제 회사는 NC와 수백만 달러 거래를 확보하기 직전에 있었습니다.

come out on top 이기다
- Countries like Brazil and Germany usually **come out on top** at the World Cup.
  브라질과 독일 같은 나라들은 항상 월드컵에서 이깁니다.

priceless 값을 매길 수 없는
- I can never give up my first car because I consider it to be **priceless**.
  제 첫 번째 차는 값으로 매길 수 없어서 결코 포기할 수 없습니다.

Idea Flow

서론	본론	결론
약혼자와 올해 한국시리즈에 다녀옴	1. 일곱 번째 중 네 번째 게임 관람 2. 시리즈를 3–1로 이끌었기 때문에 의미 있는 게임 3. 5년 만에 첫 시리즈 우승	약혼자의 표정과 그에 대한 나의 감상으로 마무리

 Translation

운 좋게 제 약혼자와 전 올해 한국시리즈 표를 두 장 구했어요. 우리는 7개 게임 시리즈들 중에 4번째 게임을 갔었는데, 준결승전을 결정하는 경기였어요. 그 경기에서 우리가 이겼고, 3승 1패의 전적을 기록했기 때문에 특별했습니다. 그래서 시리즈 마무리를 앞두고 있었죠. 제가 앞서 말했다시피, 우리 팀은 와이번즈를 물리치고 5차전 역시 승리를 거두었어요. 5년 만에 첫 시리즈 우승을 하게 되어 특별하기도 했고, 전반에 걸쳐 만족스러웠던 경기였어요. 라이언즈가 결승전에서 이겼을 때 제 약혼자는 그 무엇과도 바꿀 수 없을 만한 표정을 지었어요. 그가 그렇게 행복해하는 것은 처음 봤어요. 전 그가 우리 결혼식 때도 그만큼 기뻐하고 신났으면 해요.

Q 11

I'd like to give you a situation and ask you to act it out. You would like to make reservations at a restaurant for a special event. Call the restaurant and ask three questions about its menu, opening hours, and prices.

상황을 하나 드릴 테니 그것에 맞게 과제 수행을 해보세요. 당신은 특별한 이벤트를 위해 식당 예약을 하고 싶습니다. 식당에 전화해서 메뉴, 여는 시간, 가격에 대해서 3가지 질문을 해보세요.

I'm calling to make a reservation at your restaurant for a school reunion, but I'd like to find out more about your menu first. Do you use nuts in many of your dishes? One of my friends has a severe nut allergy, so it is vital that some dishes do not contain even traces of any nut. Also, it can be quite a hassle to work out how many dishes to order and what **goes well with** what. Do you have any set menus that could solve this problem? I think around fifteen people will be coming, and if you could **cater for** our needs that would be most appreciated. Can you let me know a rough **ballpark figure** for the total cost? Oh, and what time do you close? Most of us haven't seen each other for years, so I anticipate we'll have a lot of catching up to do.

🔑 **Key Expressions**

go well with ~와 잘 어울리다
- Beer definitely **goes well with** salty snacks like chips.
  맥주는 칩 같은 짠 스낵과 잘 어울립니다.

cater for ~에 맞추다, 부응하다
- The hotel **caters for** individuals as well as groups.
  그 호텔은 단체뿐 아니라 개인도 흡족하게 해줍니다.

ballpark figure 추정치, 대략적인 수치
- The **ballpark figure** for the art pieces in the museum was about 10,000.
  박물관에 있는 예술 작품들의 대략적인 수치는 약 10,000점이었습니다.

🔍 **Idea Flow**

서론	본론	결론
전화한 용건 제시	1. 땅콩을 사용하는지 여부 2. 세트메뉴 여부 3. 인원수와 가격	닫는 시간문의와 모임의 성질 연결

✏️ **Translation**

학교 동창회를 위해 당신의 레스토랑에 예약을 하러 전화했는데, 먼저 메뉴에 대해 좀더 알아보고 싶어요. 많은 요리에 땅콩을 사용하나요? 제 친구 중 하나가 심한 땅콩 알레르기가 있어서 땅콩 종류가 들어가면 안 된다는 점을 확실히 해야 해요. 또한, 얼마나 많은 요리를 주문할지, 어떤 요리가 서로 잘 어울리는지 기획하는 과정에서 언쟁이 있을 수도 있어요. 이 문제를 해결할 수 있는 세트메뉴가 있으세요? 15명 정도가 올 것 같은데, 우리의 요구에 따라 음식과 서비스를 제공할 수 있다면 무척 감사하겠습니다. 대략 얼마 정도가 나올지 알려주실 수 있을까요? 아, 몇 시에 닫아요? 오랫동안 못 봐서 서로 그동안 어떻게 지냈는지 주고받을 것이 많을 것으로 예상하거든요.

Q 12

I'm sorry, but there is a problem I need you to resolve. You find out that some people you wanted to invite to the restaurant cannot make it. You want to change the date so that more people can come. Call the restaurant, explain the situation and give them some alternatives to solve the problem.

문제가 발생해서 해결해주셔야 하겠습니다. 당신은 초대하고자 했던 사람 중 몇 명이 오지 못한다는 것을 알았습니다. 당신은 더 많은 사람이 올 수 있도록 날짜를 바꾸고 싶어요. 레스토랑에 전화해서 상황을 설명하고 문제 해결을 위해 몇 가지 대안을 주세요.

I'm calling about the reservation I made yesterday under the name Jin-hee Min. I think I'm going to have to change the date because there are several people who can't make it on the 15th. I'm sorry for any inconvenience this may cause. Just **off the top of my head** I think I recall you saying a reservation on the 18th was also possible. If you could rearrange the dinner for then it would really help me get out of **a tight spot**. I promised my old classmates I would make sure everyone could attend, so I feel obliged to do my best. If the evening of the 18th has been booked up already, then what about lunch time on Saturday the 20th? I'm sure that everyone has a little more **room to maneuver** in their weekend schedules, rather than during the week. Please give me a call back.

Key Expressions

off the top of one's head 지금 당장 떠오르는 생각으로는
• **Off the top of my head**, I think there were about 200 people at last night's convention.
지금 당장 떠오르는 생각으로는 지난밤 컨벤션에 약 200명의 사람이 있었다고 생각합니다.

a tight spot 난처한 처지
• I was really in **a tight spot** when I accidently left my wallet at home.
우연히 지갑을 집에 두고 나왔을 때 정말 난처했습니다.

room to maneuver 움직일 수 있는 여지나 여유
• Due to budget cuts, my team has very little **room to maneuver** regarding new projects.
예산 삭감으로 제 팀은 새로운 프로젝트에 관해 움직일 수 있는 여유가 거의 없습니다.

Idea Flow

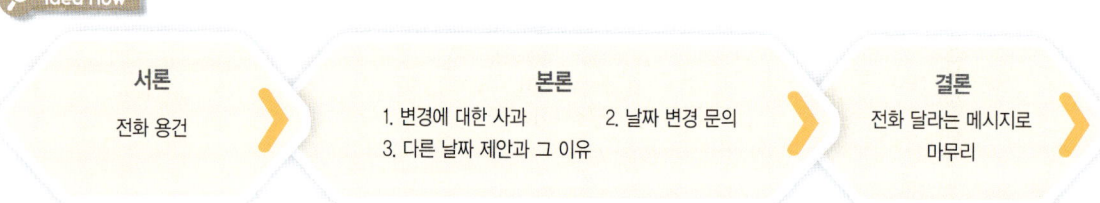

서론	본론	결론
전화 용건	1. 변경에 대한 사과 2. 날짜 변경 문의 3. 다른 날짜 제안과 그 이유	전화 달라는 메시지로 마무리

Translation

민진희라는 이름으로 어제 잡았던 예약에 대해서 전화 드립니다. 15일에 못 오는 분들이 몇 분 있어서 날짜를 바꿔야 할 것 같아요. 불편을 끼쳐 죄송합니다. 당신이 18일 역시 예약이 가능하다고 한 것이 막 기억나는데요. 그때로 바꿔줄 수 있으면 제가 이 난처함에서 벗어나는데 정말 도움이 될 것 같습니다. 학우들에게 모든 이가 참석할 수 있을 것이라고 약속해서 온 힘을 다해야 하는 의무감이 듭니다. 18일 저녁이 이미 차였으면 20일 토요일 점심은 어때요? 주말 일정은 주중보다는 좀 더 움직일 수 있는 여지가 있으니까요. 전화 주세요.

Q 13

That's the end of the situation. Some things can go wrong while you are making reservations at a restaurant. The restaurant can be fully booked or it may be closed for that day. Tell me about an incident when you had some difficulty in making reservations at a restaurant.

앞의 상황은 이제 종료되었습니다. 식당예약을 할 때 무언가가 잘못될 수 있습니다. 이미 예약이 꽉 찼거나 그날 문을 닫을 수도 있지요. 식당예약 시 겪었던 어려움에 대해 말해주세요.

There are not many restaurants in Korea that you really need to make a reservation for most of the time. **The exception to this rule** is at the end of the year. Companies tend to throw year-end parties for their staff, and friends all try to meet one last time before the New Year. Restaurants quickly **get booked up** and this was the problem I found last year. I was trying to plan a romantic meal with my fiancé at a favorite restaurant of ours, but the place was fully booked. We checked out several other eateries with good reviews, but the prices for their Christmas menu were **out of hand**. Most places charged nearly twice as much as they normally would, so we decided to have a dinner party at home with friends instead. It worked out a lot cheaper and everyone had a good time too.

 Key Expressions

an exception to the rule 규칙의 예외
- Men must wear a tie every day in my office; there is no **exception to this rule**.
  우리 회사에서 남자는 매일 넥타이를 매야 합니다. 이 규칙에 예외는 없습니다.

get booked up 예약이 끝나다
- All the flights to Dallas **were** already **booked up** for the holidays.
  휴일에 달라스로 가는 모든 비행기가 이미 예약이 끝났습니다.

out of hand 통제할 수 없는
- Bullying has really begun to get **out of hand** in recent months in schools.
  최근 몇 달간 학교 왕따 문제는 통제할 수 없게 되었습니다.

Idea Flow

서론	본론	결론
한국에서의 예약문화	1. 한국의 연말에 대한 설명 2. 작년 약혼자와 로맨틱한 식사를 계획함 3. 예약이 차서 다른 곳에 문의하니 가격이 두 배 4. 결국 집에 친구들을 초대하기로 함	집에서 했던 저녁파티에 대한 감상으로 마무리

 **Translation**

대부분은 한국에서 예약을 꼭 해야 하는 레스토랑은 많지 않아요. 연말은 예외입니다. 회사들은 직원들을 위해 송년회를 보통 하려 하고 친구들은 새해 전에 마지막으로 한번 보려고 하죠. 레스토랑은 빨리 예약이 차고, 이것이 작년에 제가 겪었던 문제에요. 저는 우리가 가장 좋아하는 레스토랑에서 약혼자와 로맨틱한 식사를 하려고 했는데, 예약이 찼더라고요. 우리는 평이 좋은 다른 식당들을 확인해봤지만, 크리스마스 메뉴 가격은 감당할 수 없었어요. 대부분의 곳이 평소보다 거의 두 배가량 가격을 올려서 우리는 집에서 친구들과 대신 저녁파티를 하기로 했습니다. 비용은 훨씬 싸게 들었고 모두가 좋은 시간을 보냈죠.

Q14 You indicated that you take domestic trips. Tell me about a trip you recently went on. Where did you go and who did you go with? What did you do there and what did you eat? How did you get to your destination? Was the trip enjoyable overall? Give me all the details.

당신은 국내여행을 한다고 했어요. 최근에 다녀온 여행에 대해 말해주세요. 어디에 누구와 갔었나요? 거기서 무엇을 했고, 무엇을 먹었습니까? 어떻게 갔나요? 대부분에서 재미있었나요? 자세히 말해주세요.

In recent years, I have travelled abroad to Japan, Singapore, Taiwan, and Vietnam, so I decided to go to Nam-Hae, on the southern coast of Korea, for my most recent vacation. I had very high hopes because all my friends considered Nam-Hae to be a fun and beautiful destination. The scenery and atmosphere turned out to be great, but the quality of the beach didn't **live up to my expectations** because it was too crowded and polluted. The only cool thing about the beach that really **jumped out at me** was the jet skis, but they were much too expensive to rent. Regardless, **the silver lining** from this trip was that I got to try Nam-Hae style "ssam-bap" and rice liquor for the first time.

live up to one's expectations ~의 기대에 부응하다
- I am worried that I won't be able to **live up to my parents' expectations**.
  저는 제 부모님의 기대에 부응할 수 없을까 봐 걱정됩니다.

jump out at someone ~에게 금방 눈에 띄다
- When you come into my office, the first thing that really **jumps out at you** is the brightly painted walls. 당신이 제 사무실에 올 때 금방 눈에 띄는 것은 밝게 칠해진 벽입니다.

a silver lining 긍정적인 면, 즐거움
- Even though I am sad to be laid off, **the silver lining** is that I can finally take some time off and travel. 실직되어 슬프지만, 긍정적인 면은 마침내 쉬면서 여행할 수 있다는 것입니다.

 **Idea Flow**

서론	본론	결론
남해에 다녀온 경험	1. 친구들의 평으로 남해에 대한 기대가 높았음 2. 풍경과 분위기는 좋았지만, 해변은 기대에 못 미침 3. 제트스키가 좋았으나 대여 비용이 비쌈	남해 스타일 쌈밥과 술을 처음 먹은 것은 좋았음

Translation

최근에 저는 일본, 싱가포르, 대만, 베트남에 다녀와서 가장 최근의 휴가로는 한국 남쪽 해안가에 있는 남해에 다녀오기로 결정했어요. 저는 친구들이 남해가 정말 재미있고 아름답다고 해서 기대를 많이 했어요. 풍경과 분위기는 좋았는데 해변은 제 기대수준에 미치지 못했습니다. 너무 붐비고 오염되었거든요. 그나마 한 가지 멋진 점은 제트 스키였지만, 빌리기에 너무 비쌌어요. 그럼에도 불구하고 이 여행의 긍정적인 면은 남해 스타일 쌈밥과 쌀로 만든 술을 처음 먹어봤다는 거에요.

Q 15 How are domestic trips different from trips that you take overseas? What are some good and bad things about domestic trips? How can you overcome some bad aspects of domestic trips?

국내여행은 국외여행과 어떻게 다릅니까? 국내여행의 장단점에는 무엇이 있나요? 국내여행의 단점을 어떻게 극복할 수 있습니까?

Domestic trips require a lot less preparation than trips overseas. You don't need to worry about taking your passport or currency exchange, and you usually pack a lot less because most domestic trips are short. They're great because you can decide to go **at the drop of a hat** and they're cheaper on the whole. **On the flipside**, some people might not find them as exciting as trips overseas, like the saying goes the grass is always greener on the other side. But if you look hard enough, I think that every Korean city has some hidden treasures that are worth visiting. It can be surprising just what you'll find **off the beaten track**, so it's a good idea to do some research on tourist destinations that are not very well known. It's easy to have as much fun and excitement in Korea as you can by travelling abroad.

 Key Expressions

at the drop of a hat 주저하지 않고
- My friends are all willing to help me **at the drop of a hat**.
  친구들은 모두 주저하지 않고 저를 기꺼이 도와주려 합니다.

on the flipside 반면에
- I would be willing to transfer to the Ulsan office, but **on the flipside**, I love the nightlife of Seoul.
  기꺼이 울산 사무실로 옮길 것이지만 저는 서울의 밤 문화를 좋아합니다.

off the beaten track 사람의 발길이 닿지 않는 곳
- To make your travel experience more special, you should not be afraid to go **off the beaten track**.
  여행 경험을 더 특별하게 만들기 위해 당신은 사람의 발길이 닿지 않는 곳까지 가야 합니다.

 **Idea Flow**

서론	본론	결론
국내여행의 장점	1. 국내여행의 단점 2. 모든 한국 도시가 방문 가치 있음 3. 잘 알려지지 않은 여행지를 권함	국내여행도 좋을 수 있다는 의견으로 마무리

 **Translation**

국내여행은 국외여행보다 훨씬 준비가 적게 듭니다. 여권이나 환전할 필요가 없고 대부분 국내여행이 짧아서 짐도 적습니다. 즉각 가는 걸 결정할 수도 있고 전체적으로 더 저렴합니다. 반면에 어떤 사람들은 아마도 국외여행만큼 신 나지 않다고 생각합니다. 남의 떡이 더 커 보인다는 말처럼요. 하지만 열심히 살펴본다면 한국의 모든 도시가 방문할 가치가 있다고 생각해요. 사람의발길이 닿지 않는 무엇을 발견했을 때 놀라울 수 있어요. 그래서 잘 알려지지 않은 여행지를 찾아보는 것은 좋은 생각입니다. 국외여행에서 만큼 한국에서도 재미와 즐거움을 쉽게 얻을 수 있어요.

TEST**9**

Oral Proficiency Interview-computer

Q 01

Let's start the interview. Tell me a little about yourself.

인터뷰를 시작합니다. 당신에 대해서 말해주세요.

My name is Dong-joo Kim and I'm in my mid-40s. I have worked for the same construction company my whole life. I'm married and have two boys. Se-jin is 15 and Chang-woo is 13. They both live with their mother in New York, where they attend a local school. It is quite common for a father to work at his company in Korea to **make money** for his wife and kids to live and study abroad. We are known as "goose fathers." Living alone again after 20 years of marriage **started out** great. I felt free to do whatever I wanted in my spare time, but now I just feel very lonely. My family and I try to have a video chat over the Internet at least once a week and this really cheers me up. It helps me **snap out of** a negative mindset and remember the reason I'm working so hard.

Key Expressions

make money 돈을 벌다
- It is common for both the husband and the wife to have jobs to **make** enough **money** to support their family.
  가족을 부양할 돈을 벌기 위해 남편과 부인 모두 직업을 갖는 일이 흔합니다.

start out 시작하다
- The rally **started out** peacefully at first, but it turned violent.
  집회는 처음에는 평화롭게 시작했지만, 폭력적으로 변했습니다.

snap out of ~에서 재빨리 벗어나다
- You have to **snap out of** the break-up quickly because you still have a child to support.
  아이가 아직 있으니까 이별에서 재빨리 벗어나야 합니다.

Idea Flow

서론	본론	결론
이름과 나이, 회사	1. 가족에 관해 소개 2. 아이가 뉴욕에서 학교에 다님 3. 기러기 아빠로서의 심경의 변화	가족과 화상 채팅하며 자신을 격려함

Translation

제 이름은 김동주이고 40대 중반입니다. 평생 같은 건설회사에서 일해오고 있습니다. 기혼이며 아들이 두 명 있어요. 세진이는 15살이고 창우는 13살입니다. 둘 다 뉴욕에서 학교에 다니며 엄마와 살고 있습니다. 외국에서 유학하는 아내와 아이들을 위해 남편이 한국에 남아 돈을 버는 것은 꽤 흔합니다. 기러기 아빠로 알려졌지요. 20년 동안의 결혼생활 후에 혼자 사는 것은 시작은 좋았습니다. 한가한 시간에 무엇이든 할 수 있었지만 지금은 매우 외로워요. 가족과 저는 최소한 한 주에 한번은 인터넷으로 화상채팅을 하려고 하고 이것은 절 매우 기운 나게 합니다. 부정적인 마음에서 벗어나 제가 열심히 일하고 있는 이유를 상기시켜 줍니다.

Q 02

What kinds of things do you do on the Internet? Do you find out about new things or do you shop for stuff online? Tell me about the most typical things that you do on the Internet.

인터넷으로 무엇을 합니까? 새로운 것을 찾아보거나 온라인으로 물건을 삽니까? 인터넷에서 가장 일반적으로 하는 일들에 대해 말해보세요.

I use the Internet for many different things, both at work and at home. I often need to look for new suppliers at work using the Internet. It helps me **explore all avenues**, so I can get an overall idea about the companies in that particular field. As well as being quick and convenient, the Internet is a great place to **hit on** new ideas because there is so much information and inspiration out there. I also do a lot of online shopping, especially for books. There are some great websites where you can read reviews of the books before you buy them. I try to limit myself to a maximum of 3 books a month, but I often give in to my urges to buy one or two more after I read a great review. After I've finished browsing for books, I can **carry on** my work again seamlessly. These are things that I usually do on the Internet.

 **Key Expressions**

explore all avenues 모든 수단을 동원하다. 모든 방안을 살펴보다
- A product developer has to **explore all avenues** to be familiar with the customer trends.
  제품 개발자는 고객 동향에 친숙해지기 위해 모든 수단을 동원해야 합니다.

hit on 문득 떠오르다
- From time to time, I **hit on** an idea that would change my life while doing household chores.
  때때로 저는 집안일을 하면서 일생을 변화시킬 생각이 문득 떠오릅니다.

carry on 계속하다
- The weather was not good, but we still had to **carry on** with the field trip plans.
  날씨가 좋지 않았지만 우리는 여전히 체험학습 계획을 계속 진행해야 했습니다.

 **Idea Flow**

서론	본론	결론
다양한 장소에서 다양한 일을 위해 인터넷 사용함	1. 회사-새로운 공급자 물색 2. 특정 분야의 회사에 대한 전반적인 정보를 얻음 3. 새로운 아이디어 획득 4. 온라인상에서 본인의 책 구매 패턴 설명	본문내용을 아우르는 문장으로 마무리

 **Translation**

저는 회사와 집에서 다양한 일들을 위해 인터넷을 사용합니다. 회사에서 인터넷을 사용하여 종종 새로운 공급자들을 찾을 필요가 있어요. 모든 방안을 살펴보고 특정 분야의 회사들에 대한 전반적인 아이디어를 얻을 수 있습니다. 빠르고 쉽게 정보를 얻을 수 있을 뿐 아니라 새로운 아이디어를 떠올리는데 인터넷이 아주 좋은 수단인데 이는 인터넷에 방대한 정보와 영감이 자리하고 있기 때문입니다. 전 또한 특별히 책을 사기 위해 온라인 쇼핑을 많이 합니다. 책을 사기 전에 서평들을 읽을 수 있는 좋은 웹사이트들이 있어요. 저는 한 달에 3권 이상 사지 않으려고 하지만 좋은 감상평을 보고 충동적으로 한 두 권을 더 사곤 합니다. 책 둘러보기를 끝내고 나면 다시 매끄럽게 일을 해 나갈 수 있습니다. 이것들이 제가 보통 인터넷으로 하는 일들입니다.

People can experience some unpleasant things on the Internet. Tell me about a personal experience that sticks out in your memory. What was the problem and how hard was it to solve the problem? What happened in the end?

사람들은 인터넷상에서 불쾌한 경험을 합니다. 기억에 각인된 개인적인 경험에 대해 말해보세요. 무엇이 문제였고, 그것을 해결하는 것이 얼마나 어려웠습니까? 마지막에는 어떻게 되었죠?

There are often stories on the news about computer viruses, but people never really **take any notice**. I was one of these people until I personally experienced the damage a virus can do. The virus that my PC was attacked by actually came from an e-mail supposedly from my friend. I did find the message odd because it only had a link to a website in it, but I didn't suspect that anything **was awry** because my friend had never sent me junk e-mail before. I **jumped the gun** by clicking on the link before I confirmed what it was with my friend and that's when all hell broke loose. Before I knew it, programs were being downloaded onto my hard drive and deleting all my files. I couldn't stop it, so I just unplugged the machine and took it straight to a repair shop, but it was too late. My drive had been wiped.

🔑 Key Expressions

take any notice 신경 쓰다
- I tried very hard to impress her, but she didn't **take any notice** of me.
  저는 그녀에게 감동을 주기 위해 아주 열심히 노력했지만, 그녀는 저를 신경 쓰지 않았습니다.

go(be) awry 이상하다, 엉망이 되다
- Some leaders worry that everything will **go awry** when they let their employees do the work their own way. 어떤 지도자들은 그들의 직원이 그들 자신의 방식대로 일하게 하면 모든 것이 엉망이 될까봐 걱정합니다.

jump the gun 경솔하게 행동하다
- She yelled at me before I had time to explain, but later she apologized for **jumping the gun**.
  그녀는 내가 설명하기도 전에 소리 질렀지만, 나중에 경솔하게 행동했던 것에 대해 사과했습니다.

🔍 Idea Flow

서론	본론	결론
주의환기 문장	1. 컴퓨터 바이러스에 관심 두게 된 계기 2. 친구에게서 이메일을 받음 3. 링크로 연결하자, 하드드라이브에 파일들이 다운되며, 내 파일이 지워짐	하드가 모두 날아갔음

✏️ Translation

뉴스에 컴퓨터 바이러스에 관한 이야기들이 자주 나오지만, 사람들은 별로 관심을 두지 않습니다. 저도 바이러스 피해를 직접 경험해 보기 전까지는 그러했습니다. 제 컴퓨터를 공격한 바이러스는 친구에게서 온 것 같은 이메일에서 나왔습니다. 어떤 웹사이트로의 링크만 있어서 좀 이상하다고 생각했지만 제 친구는 정크 메일을 보낸 적이 없어 무언가 잘못됐다는 의심을 하지 않았습니다. 경솔하게도 친구와 용건을 확인하기 전에 링크를 클릭했고 지옥이 시작되었습니다. 알아차리기도 전에 하드드라이브로 프로그램들이 다운되고 있었고 파일들은 지워지고 있었습니다. 멈출 수가 없어 기계의 전원을 뽑고 수리점으로 바로 가져갔지만, 너무 늦었습니다. 하드가 모두 날아갔거든요.

How has the Internet changed our lives? How was life before the Internet different from life now? What is the biggest change that has had an impact on our lives? Give me specific examples.

인터넷이 우리의 삶을 어떻게 바꾸어왔습니까? 인터넷 전과 후의 삶이 어떻게 다릅니까? 우리 삶에 영향을 준 가장 큰 변화는 무엇입니까? 세부적인 예시들을 주세요.

The Internet has completely **revolutionized** our lives. Some people reminisce about **the good old days** before computers, but I am so glad that we live in a time where the Internet exists. It makes so many things much more convenient and a lot quicker. It's very difficult to break down all the good points that have stemmed from the Internet, but the way we keep in touch has changed dramatically. Thanks to the Internet, millions of people use e-mail now instead of writing letters, and make video calls instead of using landline telephones. Social networking websites have also had a big impact on our lives because we can find long-lost friends at the click of a button when it was almost impossible to **track** them **down** before. Social networking sites have made it simple for us to tell all our friends about our lives. I feel that the Internet has brought people closer together.

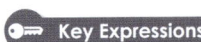

revolutionize 혁신을 일으키다
- LT Corp has **revolutionized** the way people use mobile phones by adding many new features to their units. LT 주식회사는 휴대전화 장치에 많은 새로운 기능을 추가하여 사람들이 휴대전화를 사용하는 방식에 혁신을 일으켰습니다.

the good old days 좋았던 옛 시절
- Being an adult is stressful, which makes me want to go back to **the good old days** of my youth. 어른이 되는 것은 스트레스를 줘서 어린 시절의 좋았던 옛 시절로 돌아가고 싶게 만듭니다.

track down 찾아내다
- Smartphones enable parents to **track** their children **down**. 스마트폰으로 부모들은 아이를 찾아낼 수 있습니다.

서론	본론	결론
삶을 혁신시킨 인터넷	1. 연락을 취하는 방법의 변화 – 편지 대신 이메일, 전화 대신 화상 전화 2. 소셜 네트워킹 사이트의 장점 – 오랜 친구 찾기, 서로 일상을 아는 것이 쉬워짐	사람들간 더 가까워지도록 하는 인터넷

인터넷은 우리의 삶을 완전히 혁신시켰습니다. 어떤 사람들은 컴퓨터가 없던 좋았던 과거를 추억하곤 하지만 저는 인터넷이 존재하는 세상에 살고 있다는 사실이 좋습니다. 인터넷은 많은 일을 더 편하고 빠르게 처리해줍니다. 인터넷으로부터 비롯되는 좋은 점들을 모두 다 집어내기는 어렵지만 연락을 취하는 방법은 확연히 달라졌습니다. 인터넷 덕분에 수많은 사람이 편지를 쓰는 대신 이메일을 사용하고 일반전화 대신 화상 전화를 하게 됐습니다. 오랫동안 연락을 하지 못했던 친구들을 찾아내는 것이 예전에는 거의 불가능했던 반면 이제는 소셜 네트워킹 사이트들을 통해 클릭 한 번으로 찾아낼 수 있게 되어 우리 삶에 많은 영향을 줬습니다. 소셜 네트워킹 사이트들을 통해 친구들에게 자신의 생활에 대해 쉽게 말할 수 있습니다. 인터넷은 사람들을 서로 가까워지도록 하는 것 같습니다.

Q 05

The handling of recyclables now is different from the past. How has collecting recyclables evolved?

재활용품 처리방법이 과거에 비해 현재는 다릅니다. 재활용품 수거방법이 어떻게 변화되었는지요?

Today, we are dealing with many types of pollution and fearing that our ecosystem is going to be imbalanced. In order to protect the Earth, people are becoming more conscious of recycling. To be honest, I was indifferent to recycling issues until I got married. My wife and I divided the household chores, and I'm **in charge of** recycling and taking the trash out. When I first got married, we lived in an old apartment that had bins for each type of recyclable such as plastics, cans, bottles, etc. Food wastes were thrown into a box, and a collecting truck came to take them. We also had to throw away other types of trash in **standard plastic garbage bags**. At the time, it was convenient because I could do the recycling and take the trash out any day of the week. The only problem was less space in the parking lots and the smell in the summer. We moved to a new complex in an urban area which has a totally different **disposal** system. I can only recycle certain things on designated days and hours. Also they use the RFID method for food waste, which calculates the weight and imposes fees based on the data. It's cleaner, but it's stressful for me to make time on specific days.

🔑 Key Expressions

in charge of –를 맡아서, –를 담당해서
- Production has improved greatly under the guidance of the new vice-president **in charge of** Importing and Exporting. 수출입부 담당 신임 부사장의 지도 하에 생산성이 눈에 띄게 향상되었습니다.

standard plastic garbage bags 종량제 봉투
- Recently, people have begun to use innovative materials to make a new type of **standard plastic garbage bag**. 최근에, 사람들은 새로운 형태의 종량제 봉투를 만드는데 획기적인 재료를 사용하기 시작했습니다.

disposal (무엇을 없애기 위한) 처리
- Don't they have reliable sewage **disposal** systems for toxic waste? 그들은 유독성 폐기물을 처리할 믿을 만한 하수 처리 시스템을 갖추고 있지 않은가요?

🔍 Idea Flow

서론
1. 지구보호를 위해 재활용에 대한 인식 확산
2. 결혼 후 재활용에 관심 갖고 분리수거 담당

본론
1. 예전 아파트
 1-1 분리수거 품목별 통 구비
 1-2 음식물 쓰레기통 존재
 1-3 기타 스레기는 종량제 봉투에 처리
2. 현재 아파트
 2-1 지정된 요일과 시간에만 분리수거 가능
 2-2 음식물 쓰레기 처리는 RFID방식

결론
현재 방식으로 환경이 더 깔끔하기는 하나, 지정된 요일에만 분리수거 하는 것이 스트레스

✏️ Translation

오늘날 우리는 다양한 종류의 공해와 시달리고 있으며 우리의 생태계가 불균형상태가 될 것을 두려워하고 있습니다. 지구를 보호하기 위해서 사람들의 재활용에 대한 의식이 확산 되고 있습니다. 솔직히 말하자면 전 사실 재활용 문제에 대해서 결혼하기 전에는 관심조차 없었습니다. 제 아내와 저는 가사분담을 하고 있으며 저는 쓰레기를 갖다 버리고 분리수 거 하는 일을 담당하고 있습니다. 결혼하자 마자 살았던 오래된 아파트에는 플라스틱, 캔, 병 등을 위한 각각의 종류의 재활용품을 넣을 수 있는 통이 있었습니다. 음식물 쓰레기의 경우 박스에 넣으면 트럭이 수거해 가곤 했습니다. 또한 기타 다른 쓰레기는 종량제 봉투에 넣어서 버렸어야 했습니다. 그때는 제가 항상 원할 때 분리수거를 할 수 있었고 쓰레기 를 버릴 수 있어서 편했습니다. 문제점은 주차장의 공간을 차지하는 것과 여름철의 쓰레기 냄새였습니다. 우리는 도심의 새로운 건물로 이사를 왔고, 여기는 전혀 다른 쓰레기 처 리 체계가 운영되고 있습니다. 지정된 요일과 시간에만 분리수거가 가능하며 음식물 쓰레기에 대해서는 무게를 계산해 그 것에 비례한 금액이 부과되는 RFID 방식을 사용하고 있 습니다. 훨씬 더 깔끔하기는 하나 지정된 날에 시간을 비워야 한다는 것이 저에게는 스트레스가 됩니다.

Q 06

You might have heard stories or news about recycling. What were they about specifically? Please tell me one of your stories regarding recycling.

당신은 재활용 관련 이야기나 뉴스를 들어봤을 것입니다. 그것은 무슨 내용이었나요? 재활용과 관련된 당신의 이야기를 말해보세요.

As people are becoming more aware and concerned about environmental issues, reports in the news tell behavioral changes with regard to recycling and community initiatives to reduce wastes. One of the news stories that I can recall is that people now avoid buying products with too much packaging. Also, communities are opening up **flea markets** to let local people give away things that are no longer wanted or donate them to a charitable organization. I have an unforgettable recycling experience that I want to share. One time, I threw away an old chair that I had used for 10 years. Since it was made of wood, I thought it was classified as wood. However, when I went down to the recycling area, I could not find any bins to put wood in. So I just left it beside the other bins. A few days later, when I got in the elevator, I found a picture of me taken by CCTV, and on the poster it read "Illegal Trash **Dumper**". From that incident, I realized when recycling furniture, I have to bring it to the local recycling center or be issued a disposal sticker from the local community office. The sticker should be placed on the **pertinent** item and then left for the collectors to pick up. From then on, I always try to follow the recycling policies carefully.

 Key Expressions

a flea market 벼룩시장
- I bought an antique vase made in ancient China at the **flea market**.
  벼룩시장에서 고대 중국에서 만든 골동품 화병 하나를 샀습니다.

dumper 유독 물질 무단 투기꾼
- The people we want to control are illegal **dumpers**. 우리가 제어하고자 하는 사람들은 불법으로 쓰레기를 버리는 사람들입니다.

pertinent (특정한 상황에) 적절한[관련 있는]
- The topic is entirely **pertinent** to today's discussion. 그 주제는 전적으로 오늘의 토론에 적합합니다.

 **Idea Flow**

서론	본론	결론
재활용 관련 뉴스: 과다 포장 상품 구입 자제, 알뜰시장 개최	1. 분리수거와 관련된 나의 경험 1-1 낡은 나무 의자를 분리수거하려 하였으나 실패하여 수거함 옆에 둠 1-2 며칠 뒤 쓰레기 무단자로 지목 1-3 가구를 폐기하는 방법을 알게 됨	분리수거 규정을 따르려고 항상 노력

 Translation

사람들이 환경 이슈에 대해 더 관심을 갖게 됨에 따라 뉴스에서는 재활용 관련 사람들의 행동변화 및 쓰레기를 줄이는 지역사회의 활동에 대한 보도를 합니다. 제가 기억하는 뉴스 이야기 중 하나는 요즘 사람들은 포장재가 너무 많은 제품을 사는 것을 피하려고 한다는 것입니다. 또한 지역사회들은 알뜰시장을 개최하여 지역 사람들로 하여금 더 이상 사용하지 않는 물건들을 처리하게 하거나 또는 자선단체에 기부할 수 있도록 합니다. 저는 분리수거 관련하여 공유하고 싶은 잊지 못할 경험이 있습니다. 언제가 저는 10년 사용했던 오래된 의자를 버렸습니다. 의자가 나무로 만들어진 것임으로 저는 나무로 분류해야 한다고 생각했습니다. 그러나 분리수거 장소로 내려갔을 때 나무를 넣을 수 있는 분리 수거함을 찾을 수가 없었습니다. 그리하여 다른 수거함 옆에 그냥 놔두었습니다. 며칠 뒤, 제가 엘리베이터에 올라탔을 때, 전 CCTV에 찍힌 제 사진과 "불법 쓰레기 무단 투기자"라고 적혀 있는 포스터를 발견했습니다. 그 사건을 통해 저는 가구를 분리수거 할 때는 지역 내 재활용 센터에 가져가거나 동사무소에서 폐기물스티커를 발급받아야 한다는 것을 알게 되었습니다. 그 스티커는 해당 물건에 붙인 후에 수거인이 가져갈 수 있도록 둬야 한다는 것을 알게 되었습니다. 그 이후에 저는 분리수거 규정을 주의 깊게 따르려고 항상 노력합니다.

Q 07 I'll give you a situation and ask you to act it out. You want to recycle, but you don't know what to do. Please ask an apartment building manager several questions about the recycling.

상황을 하나 드릴 테니 그것에 맞게 과제 수행을 해보세요. 당신은 쓰레기 분리수거를 하고 싶으나 어떻게 해야 할지 잘 모릅니다. 분리수거에 대해 아파트 관리인에게 몇 가지 질문을 해보세요.

Excuse me, I just moved into this apartment, and there are a few things that I want to inquire about recycling. I don't see any recycling bins around this apartment. Where is the recycling area? So, there will be different baskets for plastic, glass, cans, and paper in front of the complex on Saturday, and I can only recycle from 9 to 5. That's why I didn't see any **recyclables** outside! It looks much cleaner, but it's horrible that I have to keep everything for 1 week for recycling day. And where can I buy the standard trash bags? I have some **leftover** ones from my former residence, can I use them? No, I'm from another city. Oh, then I need to buy the ones specific to this city from the corner stores or any supermarkets. Okay, you're saying the white one is for food waste and the pink one is for general trash. Right? How do I handle big-sized trash? Oh, that sounds a little complicated. I guess I'll get back to you when I have to deal with that. And is there any brochure or handbook about the recycling guidelines? I want to keep it with me to **look up** questions when I have some confusion with the recyclables. Thanks for patiently answering all my questions.

 **Key Expressions**

recyclable 재활용품
- We also have an increasing number of people looking for **recyclables** to buy.
재활용품을 구매하려고 찾는 사람들이 점점 늘고 있습니다.

leftover 쓰고 남은
- When my father was young, **leftover** food used to be kept and used later.
아버지께서 젊으셨을 때, 남은 음식을 보관해서 나중에 사용하고는 하셨습니다.

look up (사전 · 참고 자료 · 컴퓨터 등에서 정보를) 찾아보다
- I **looked up** what I needed in the dictionary. 나는 내가 필요한 것을 사전에서 찾아보았습니다.

 **Idea Flow**

서론	본론	결론
전입자라 분리수거에 대해 질문 하고자 함	1. 분리수거 장소 2. 쓰레기봉투 구입처와 사용 가능한 쓰레기봉투 3. 쓰레기봉투별 용도 4. 분리수거 안내 책자나 편람 존재 여부	답변에 감사함

Translation

죄송합니다만, 저는 이 아파트로 방금 전에 이사 왔는데 분리수거 관련 몇 가지 여쭤보고 싶은 것이 있습니다. 이 아파트에서 분리 수거함을 찾아볼 수가 없네요. 분리수거 장소가 어디인가요? 그러므로 토요일에 건물 앞에 플라스틱, 유리, 캔, 종이를 위한 각각 다른 분리함이 있을 것이라는 거군요. 그리고 9시부터 5시까지만 분리수거가 가능하구요. 그래서 재활용품들을 밖에서 볼 수가 없는 거였군요. 훨씬 깔끔해 보이기는 하는데 해당일에 분리수거를 하기 위해서는 1주일 동안 보관해야 한다는 것이 끔찍하네요. 그리고 어디서 쓰레기봉투를 살 수 있죠? 제가 예전 동네에서 쓰던 것 중 남은 것이 몇 장 있는데 그거를 사용해도 되나요? 아뇨, 전 다른 도시에서 왔어요. 아, 그러면 이 도시에서 지정된 것으로 동네상점이나 슈퍼마켓에서 구입하면 되는군요. 알겠어요, 그리고 하얀색이 음식물 쓰레기용이고 핑크색이 일반 쓰레기용인 거 맞죠? 대용량 쓰레기는 어떻게 처리해야 하나요? 아, 그건 좀 복잡한데요. 처리해야 할 일이 생기면 다시 여쭤보도록 할게요. 그리고 분리수거 지침 관련해 안내책자나 편람 같은 것이 있나요? 재활용품 관련해 헷갈릴 때 찾아보기 위해 보관하고 싶네요. 제 질문들에 끝까지 친절히 답변해주셔서 감사해요.

Q 08

How does the countryside look in your country? How is it different from what cities look like? When was the last time you visited the countryside? Give me a detailed description of the countryside.

당신 나라의 시골은 어떻습니까? 도시와 어떻게 다른가요? 마지막으로 언제 시골에 갔습니까? 시골에 대해 자세히 묘사해주세요.

The countryside in Korea is breathtaking. There are numerous mountains and rivers creating scenery that is stunning, but at the same time, very peaceful. A lot of the countryside is used for farming and in some places there are **rows upon rows** of rice paddies. This is thanks to rice being **the** main **staple food** in Korea, so the demand is huge. The countryside is also where farmers grow delicious fruit. There are countless orchards growing apples, pears, peaches, and grapes. Many farms also raise **livestock**, including pigs, cows, goats, chickens, and ducks. Any buildings that you see in the countryside are nothing like the skyscrapers in the city. They are mostly small and quite old. The last time I visited the countryside was in the summer when I went to Gangwon province for a construction project. It was beautiful but there wasn't much to do.

🔑 Key Expressions

rows upon rows 줄지어 있는
- I saw **rows upon rows** of trees from the side of the road up to the tip of the mountains.
  도로 옆에서 산꼭대기까지 줄지어 있는 나무들을 보았습니다.

a staple food 주요 식품
- Kimchi is **a staple food** in Korea. 김치는 한국의 주요 식품입니다.

livestock 가축
- I want to build a farm and raise some **livestock** after I retire. 은퇴하면 농장을 지어 가축을 기르고 싶습니다.

🔍 Idea Flow

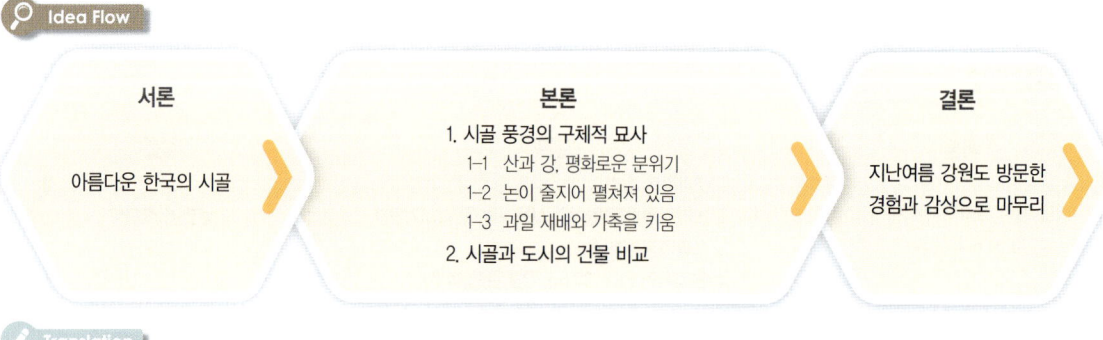

서론	본론	결론
아름다운 한국의 시골	1. 시골 풍경의 구체적 묘사 　1-1 산과 강, 평화로운 분위기 　1-2 논이 줄지어 펼쳐져 있음 　1-3 과일 재배와 가축을 키움 2. 시골과 도시의 건물 비교	지난여름 강원도 방문한 경험과 감상으로 마무리

✏️ Translation

한국의 시골은 숨이 멎을 만큼 아름답습니다. 아름답고 평화로운 경치를 만드는 수많은 산과 강이 있습니다. 시골 대부분이 농사를 하는 데 쓰이고 어떤 곳에서는 논이 줄지어 펼쳐져 있기도 합니다. 한국의 주식이 쌀이라 수요가 많기 때문입니다. 사과, 배, 복숭아, 포도를 재배하는 과수원도 많습니다. 많은 농장들이 돼지, 소, 염소, 닭, 오리 등 가축을 기르기도 합니다. 시골에서 볼 수 있는 건물들은 도시의 고층빌딩과는 전혀 다릅니다. 대부분 작고 상당히 낡았습니다. 마지막으로 시골을 방문했을 때는 여름이었고 강원도에 건축 프로젝트를 하러 갔던 적입니다. 아름다웠지만 할 거리가 많지는 않았습니다.

Q 09

Tell me about people who live in the countryside. What do they look like and how do they dress? How are they different from people who live in the cities? Do you know anyone that lives in the countryside personally?

시골에 사는 사람들에 대해 말해주세요. 생김새와 옷차림은 어떻습니까? 도시에 사는 사람들과 어떻게 다른가요? 개인적으로 시골에 사는 사람을 알고 있나요?

It's never really **crossed my mind**, but I guess that Korean farmers from the countryside look similar to farmers all over the world. Usually their clothing is more functional than it is fashionable. **First and foremost**, they need to be comfortable because farmers have to work hard in the field. I don't think that you'll find anyone wearing a suit and tie when they're working on a farm. It's not **set in stone**, but I think that city dwellers wear more fashionable, expensive clothes than people who live in the countryside. It takes a while for trends from the city to catch on in the countryside, but I don't think you can judge who dresses better or worse. In fact my mother-in-law lives hours away from the nearest city but dresses very elegantly whenever I see her for family gatherings.

 Key Expressions

cross one's mind 생각이 떠오르다
- I was so busy with my work that eating dinner didn't even **cross my mind**.
  저는 일하느라 너무 바빠서 저녁 먹는 일이 떠오르지도 않았습니다.

first and foremost 다른 무엇보다 더
- The **first and foremost** thing that we have to do is to segregate the things that are still working from those that have already malfunctioned.
  우리가 다른 무엇보다도 해야 하는 일은 이미 고장 난 것들로부터 아직 작동하고 있는 것들을 분리하는 것입니다.

set in stone 결정된, 확정된
- The time to meet for lunch is not **set in stone**. 점심을 위해 만날 시간은 결정되지 않았습니다.

Idea Flow

서론	본론	결론
한국 농부들의 옷에 대한 추측	1. 패션보다는 기능성 2. 편안한 옷차림 3. 도시에 사는 사람의 옷차림과 비교	개인적 경험상의 예외에 대한 설명으로 마무리

Translation

딱히 떠오르지는 않지만, 한국 시골 농부들도 세계 전역의 농부들과 비슷하게 보일 것 같습니다. 농부들의 옷차림은 패션보다는 기능성을 따지는 경우가 많습니다. 무엇보다도 농부들이 밭에서 열심히 일해야 하기 때문에 옷이 편해야 합니다. 농장에서 일 하는 사람이 정장을 입고 넥타이를 맨 것은 본 적이 없을 것입니다. 정해진 것은 아니지만 제 생각에 시골에 사는 사람들보다 도시에 사는 사람들이 더 유행을 따르고 비싼 옷을 입는 것 같습니다. 도시의 유행이 시골까지 퍼져가는데 시간이 걸리기 때문입니다. 하지만 누가 더 옷을 잘 입고 못 입는지를 판단할 수는 없다고 생각합니다. 사실 제 장모님께서 도시에서 몇 시간 떨어진 곳에 살고 계시는데 가족 모임에서 볼 때마다 우아한 옷을 입고 오십니다.

Q 10

Tell me about a memorable incident you had when you visited the countryside. Give me the background of the incident and talk about what happened in detail. What made that incident so special?

시골에 방문했을 때 겪었던 가장 기억에 남는 사건에 대해 말해주세요. 그 사건의 배경을 설명하고, 자세하게 무슨 일이 있었는지 말해보십시오. 왜 그 사건이 특별한가요?

The incident that I'm going to tell you about happened the first time I met my wife's parents. I wanted to do my best to impress them and **win** them **over**, so I wore my best suit and we set off extra early from Seoul. One of the roads leading up to my in-laws' house was very narrow, and as we were driving up, a chicken suddenly flew into the road. I swerved to avoid it and ended up in a ditch. There was no major damage to the car, but I had to push it while my wife stepped on the gas. She thought the whole situation was hilarious, but showing up late for my first dinner with her parents was **no laughing matter** for me. **To top it all off**, I slipped and fell in the mud. Luckily her parents laughed about it and the rest is history.

 **Key Expressions**

win over 자기편으로 끌어들이다
- He tried everything he could to **win over** my parents.
  그는 우리 부모님을 자기의 편으로 끌어들이기 위해 최신을 다했습니다.

no laughing matter 웃을 일이 아닌 문제
- The students suddenly became serious when they realized that the test was **no laughing matter**.
  학생들은 시험이 웃을 일이 아닌 문제라는 것을 깨달았을 때 갑자기 심각해졌습니다.

to top it all off 게다가, 설상가상으로
- I was late for class. **To top it all off**, I got soaked when it started pouring rain on the way.
  저는 학교에 지각했습니다. 설상가상으로 가는 길에 비가 퍼부어 흠뻑 젖었습니다.

 **Idea Flow**

서론	본론	결론
장인, 장모님과 첫 대면의 날	1. 좋은 인상을 주기 위해 노력함 2. 운전 중 닭이 날아들어 도랑에 빠짐 3. 약속시각에 늦고 진흙탕에 빠짐	장인, 장모님이 웃어넘겨 주시고 아내와 결혼함

 **Translation**

제가 말씀드릴 일은 처음으로 장인, 장모님을 만날 때 생긴 사건입니다. 장인, 장모님께 좋은 인상을 남기고 제 편으로 만들고 싶어서 잘 차려입고 일찍 서울을 떠났습니다. 처가로 가는 길 중 하나가 굉장히 좁았는데 운전 중 갑자기 닭 한 마리가 길로 날아들었습니다. 닭을 피하려고 방향을 틀었고 도랑에 빠져버렸습니다. 차에는 큰 피해가 없었지만, 아내가 액셀을 밟는 동안 전 뒤에서 차를 밀어야 했습니다. 아내는 그 상황이 굉장히 우습다고 여겼지만, 장인, 장모님과의 첫 저녁 식사 자리에 늦은 것은 제게 웃을 일이 아니었습니다. 게다가 제가 진흙탕에 빠졌습니다. 다행히도 장인, 장모님께서는 웃어넘겨 주셨고 나머지는 다 알고 있는 그대로입니다.

11

I'd like to give you a situation and ask you to act it out. You are planning to go to the movies. Call the movie theater and ask about a film you want to watch. Ask when it is shown and what the movie is about. Also, ask about other services such as parking or food.

상황을 하나 드릴 테니 그것에 맞게 과제 수행을 해보세요. 당신은 영화를 보러 가기로 계획하는 중입니다. 영화관에 전화해서 보고 싶은 영화에 대해 물어보세요. 언제 상영되는지, 무엇에 대한 영화인지 물어보세요. 또한, 주차나 음식 같은 다른 서비스들에 대해서도 물어보세요.

Hi, I've seen some advertisements for the new Men in Black 3 movie starring Will Smith, and I'd like to know if it's been released yet. I haven't heard of any cinemas showing it here yet, but I was **under the impression** that it would be coming out this weekend. If so, could you let me know what times it will be showing? I think I'd prefer a late afternoon or early evening showing if one is available. One of the reviews I read said there were some scenes that **raised eyebrows**, and I'd like to know if the story is suitable for a middle school student. I'm planning on taking my niece with me, but I don't want her to see anything inappropriate. Can I also ask if you provide free parking? Last of all, are there any restaurants in the complex, or at least somewhere to buy snacks? That's all for now. Thank you for your time.

 **Key Expressions**

under the impression ~라는 인상을 받고
- I was **under the impression** that she liked me since she always complimented me.
  그녀가 항상 절 칭찬해줘서 그녀가 절 좋아한다는 인상을 받았습니다.

raise eyebrows 눈살을 찌푸리게 하다, 놀라게 하다
- The initial plan of combining the two teams **raised** some **eyebrows**.
  두 개 팀을 합치는 처음의 계획은 일부 사람들을 놀라게 했습니다.

Idea Flow

서론	본론	결론
맨 인 블랙 3의 개봉 여부	1. 상영 시간 문의 및 본인의 가능한 시간 제시 2. 영화 장면에 대한 문의 3. 문의 이유에 대한 부연(중학생 조카 동반) 4. 주차 비용 문의 5. 식당이나 간식거리 문의	감사인사로 마무리

Translation

안녕하세요, Will Smith가 나오는 새 영화인 맨 인 블랙 3편의 광고를 봤는데 지금 개봉했는지 알고 싶습니다. 이쪽에서는 이 영화를 상영하고 있는 영화관이 있다는 소리를 듣지 못했지만, 이번 주에 나올 것 같습니다. 만약 그렇다면 상영 시간이 어떻게 되는지 알려주실 수 있으신가요? 늦은 오후나 이른 저녁 시간이 가능하다면 그때가 좋겠습니다. 제가 읽은 논평 중 하나에 영화 중 눈살을 찌푸리게 하는 장면이 있다고 나와있는데 이야기가 중학생에게 알맞은지 알고 싶네요. 제 여자 조카를 데리고 갈 생각인데 부적절한 내용은 보여주고 싶지 않아서요. 그리고 주차가 무료인가요? 마지막으로 건물 내에 식당이 있거나 아니면 간식거리라도 살 곳이 있나요? 현재로선 그게 다예요. 시간 내줘서 고맙습니다.

Q 12 I'm sorry, but there is a problem I need you to resolve. You were planning to see a movie with a friend but found out that the movie you were planning to watch is sold out. Call your friend and offer two to three alternatives to deal with the situation.

문제가 발생해서 해결해주셔야 하겠습니다. 당신은 친구와 영화를 보러 가기로 계획했는데 당신이 보려는 영화가 매진되었다는 것을 알았습니다. 친구에게 전화해서 이 상황을 다루기 위한 2~3가지 대안을 제안하세요.

Hi, Keon-hee. I just called the movie theater, but unfortunately The Avengers is completely sold out today and tomorrow. I just can't **get my head around** how popular it is. Why don't we watch something else instead? It's not like we were dead set on that particular movie anyway. We can watch it when all the hype around it has died down in a couple of weeks. Are there any other movies that have **caught your eye** recently? The one with Dong-gun Jang looked interesting. Or we could always do something else, like play screen golf. We haven't done that in ages and I need to practice my swing with the golf season coming up soon. Anyway, feel free to put forward anything that you feel like doing too. If worse comes to worst, you can always come round to my place and watch a movie.

Key Expressions

get one's head around 이해하다
- I cannot **get my head around** why she acted like that the other night.
  그녀가 그 날밤에 왜 그렇게 행동을 했는지 이해할 수 없습니다.

catch one's eye ~의 눈길을 끌다
- Something strange **caught my eye** when I was doing my rounds last night.
  지난밤 순찰을 하고 있을 때 어떤 이상한 것이 제 눈길을 끌었습니다.

Idea Flow

서론	본론	결론
상황 보고 (어벤저스의 표가 매진)	1. 다른 영화 제안 　1-1 어벤저스는 2주 후 열기가 식으면 보자는 제안 　1-2 장동건 주연의 영화 제안 2. 다른 활동 제안 　2-1 스크린 골프 제안과 이유 부연 설명	집에서 영화를 봐도 된다는 제안으로 마무리

Translation

안녕하세요, 건희 씨. 방금 영화관에 전화해봤는데 어벤저스 표가 오늘과 내일 분은 다 팔렸다고 합니다. 얼마나 인기가 많은지 상상도 못하겠네요. 다른 영화를 보는 것이 어떨까요? 그 영화만 봐야 하는 건 아니었으니까 말이죠. 그 영화는 2주쯤 후 열기가 다 가라앉았을 때 볼 수 있으니까요. 최근 눈에 띄는 영화가 있나요? 장동건이 나오는 영화에 눈길이 가던데요. 아니면 다른 걸 할 수도 있어요. 스크린 골프 같은 거요. 스크린 골프 안 한 지도 오래됐고 골프 시즌이 다가오고 있으니 스윙 연습을 좀 해야 하거든요. 어쨌거나 하고 싶은 것이 있으면 주저하지 말고 말해주세요. 최악에는 우리 집에서 영화를 봐도 괜찮고요.

Q13 That's the end of the situation. Movie theaters have changed a lot these days. Talk about how theaters are different from the ones in the past.

앞의 상황은 이제 종료되었습니다. 영화관은 요즘 많이 바뀌었습니다. 과거와 현재의 영화관이 어떻게 다른지 말해주세요.

Movie theaters these days have a lot of different features integrated into the viewing experience. 3D is just **the tip of the iceberg**. There are 4D theaters, which offer vibrating seats and smells, and even spray water at you. It makes you feel like you are not just watching the movie, but like you're part of it yourself. **A case in point** is the film Avatar. I watched this at an IMAX cinema and afterwards I felt like I'd been to Pandora and back myself. I couldn't get over how real everything seemed. Movie theaters have also gotten a lot bigger and more comfortable than before. There is more legroom and the seats themselves are better made too. The complexes that they're found in now have everything you need, from restaurants to shopping malls. It's hard to **take everything in** during a single visit because some of these places are huge.

the tip of the iceberg 빙산의 일각
- The secretary's ability to speak four different languages fluently is only **the tip of the iceberg** in regard to her overall skills.
  4개의 다른 언어를 유창하게 말하는 비서의 능력은 그녀의 전반적인 능력에 비하면 빙산의 일각입니다.

a case in point 예를 들어
- I can cook Italian dishes. As **a case in point**, I made lasagna last night.
  저는 이탈리아 음식을 요리할 수 있습니다. 예를 들어, 저는 지난밤에 라자냐를 만들었습니다.

take something in ~을 흡수, 섭취하다
- You should watch the calories you **take in**. 당신은 섭취하는 열량을 신경 써야 합니다.

🔍 **Idea Flow**

서론	본론	결론
최근의 영화관은 보는 경험 이상의 특색이 있음	1. 3D영화와 4D영화 2. 아바타를 예로 들며 감상 부연 3. 더 커지고 편안해진 영화관 4. 쇼핑몰까지 갖춰진 영화관	본론을 아우르는 문장으로 마무리

 **Translation**

최근의 영화관들은 보는 경험에 많은 특징들을 입혀 놓았습니다. 3D영화는 그저 빙산의 일각일 뿐입니다. 의자가 흔들리고 냄새가 나며 물까지 뿌려지는 4D영화도 있습니다. 이런 영화는 그저 영화를 본다는 느낌뿐이 아닌 그 영화의 일부가 된 것 같다는 느낌을 줍니다. 한 예로 아바타라는 영화가 있습니다. 저는 이 영화를 IMAX 영화관에서 보았는데 영화를 본 후에 저 자신이 직접 판도라에 다녀온 듯한 느낌을 받았습니다. 그 영화가 얼마나 진짜같이 보였는지 모릅니다. 그리고 영화관들은 크기가 더 커졌고 더 편안해지기도 했습니다. 다리를 뻗을만한 공간이 늘고 의자 자체도 더 잘 만들어 졌습니다. 영화관이 있는 건물 내에는 식당에서 쇼핑몰까지 필요한 모든 것들이 갖춰져 있기도 합니다. 이러한 곳은 매우 넓어서 한 번 방문으로는 다 볼 수가 없습니다.

Q14 What do you do for traditional family holidays? Do you get together with family? What do family members do together? What do you talk about? What kind of food is eaten? Tell me everything about family holiday traditions.

전통적인 명절에 무엇을 합니까? 가족들과 모입니까? 가족들이 함께 무엇을 합니까? 무엇을 이야기하나요? 어떤 종류의 음식을 먹습니까? 명절 전통에 대해 모두 말해주세요.

Twice a year my family gets together for Chuseok and Seolnal. Chuseok is the Korean equivalent of Thanksgiving and Seolnal is Lunar New Year. My grandmother asks all our family members over every year. Chuseok is three days long, so we usually **stay over** for one night. We carry out a small memorial service for our ancestors in the morning. It's only really the men that take part in this, with the women traditionally preparing the food. This is the highlight for me. There are so many dishes, from traditional Korean pancakes to taro soup, but **the icing on the cake** is the galbi jjim. This is stewed beef and it's my favorite dish. After the meal, anyone who needs to take off can leave and the rest of the family catches up with one another. Sometimes we'll **touch on** current issues, but most of the time we just talk about our own lives.

 **Key Expressions**

stay over 머무르다, 자고 가다
- We needed to **stay over** for the night at the ranch because the buses had stopped running.
버스가 운행을 멈춰서 우리는 목장에서 밤을 지새워야 했습니다.

the icing on the cake 최고봉, 금상첨화
- Watching my favorite band in concert was **the icing on the cake** for that day.
그 날 콘서트에서 제가 좋아하는 밴드를 본 것이 최고였습니다.

touch on 간단히 말하다
- You should know better than to **touch on** issues that happened in the past.
과거에 일어났던 문제들을 단지 간단히 말하는 것보다 더 깊숙이 알아야 합니다.

 **Idea Flow**

서론	본론	결론
추석과 설날 가족 모임	1. 추석과 설날에 대한 설명 2. 아침에 지내는 제사와 여자와 남자 역할 설명 3. 명절에 먹는 음식 설명	가족과 나누는 이야기로 마무리

 **Translation**

우리 가족은 추석과 설날, 일 년에 두 번 모입니다. 추석은 한국의 추수감사절과 같고 설날은 음력으로 쇠는 새해입니다. 할머니께서 가족들을 매년 부르십니다. 추석은 3일간이라 보통 하룻밤을 머무릅니다. 아침에는 조상님들께 차례를 지내는데 여기에 참여하는 것은 남자들뿐이고 여자들은 전통적으로 음식을 준비하게 됩니다. 이게 저에게 가장 중요합니다. 떡국에서부터 토란국까지 음식이 너무나도 많거든요. 하지만 최고는 갈비찜입니다. 갈비찜은 소고기 스튜인데 제가 가장 좋아하는 음식입니다. 식사 후 가야 할 사람은 가고 남은 사람들은 서로의 소식을 나눕니다. 가끔은 요즘 실태에 대해 이야기를 나눌 때도 있지만, 대부분은 서로의 생활에 대해 간단히 이야기합니다.

Q 15

Tell me about a memorable thing that happened during a family holiday. What is it that makes you remember that incident to this day? Give me all the details.

명절에 일어난 일 중 기억나는 것을 말해주세요. 그 일을 기억하는 이유는 무엇입니까? 자세히 말해주세요.

I remember one Seolnal many years ago that ended in disaster. Everything was the same as usual; we had the morning memorial ceremony to remember our ancestors and then ate the feast that awaited us. But just a couple of hours later, my cousin **came down with** a terrible stomachache and started vomiting. Then one after the other, almost everyone became sick. We couldn't **put our finger on** it at first, but eventually we realized that the fish my auntie had brought with her had gone bad. The image of everyone huddled around the bathroom clutching their stomachs will stay with me forever. Everyone went to the hospital that night, but the diagnosis was nothing more than a mild case of food poisoning. It's **water under the bridge** now, but at the time everyone held my auntie responsible for the catastrophe. I felt so sorry for her.

 Key Expressions

come down with ~에 걸리다
- I **came down with** a fever after coming back from my business trip to Ethiopia.
  저는 에티오피아에 출장을 다녀온 후 열병에 걸렸습니다.

put one's finger on ~을 생각해내다
- I cannot **put my finger on** what exactly happened after I blacked out.
  필름이 끊긴 이후로 정확히 무슨 일이 일어났는지 생각해낼 수 없습니다.

water under the bridge 지나간 일
- We had a major disagreement 5 years ago, but it's all **water under the bridge**.
  우리는 5년 전에 중대한 의견 충돌이 있었지만, 그것은 모두 지나간 일입니다.

 **Idea Flow**

서론	본론	결론
재앙이었던 수년 전 설날의 경험	1. 아침 제사 후에 사촌이 복통을 일으킴 2. 가족들이 차례로 아픔 3. 이모가 가져온 상한 생선이 원인 4. 병원에서 식중독 진단	사건에 대한 감상으로 마무리

 **Translation**

저는 재앙으로 끝난 수년 전의 한 설날을 기억합니다. 모든 것은 평소와 같았어요. 우리는 조상님들을 기리기 위해서 아침 제사를 드린 후 식사를 했습니다. 하지만 몇 시간 후에 사촌이 심한 위통으로 드러눕더니 토하기 시작했어요. 그런 다음 차례로 거의 모두 아파진 것이에요. 처음에는 생각해내지 못했는데 결국 이모가 가져온 생선이 상했다는 것을 알게 되었습니다. 모두가 화장실 앞에 모여 배를 움켜쥐고 있는 모습은 제 기억 속에 영원히 남을 것입니다. 다들 그날 밤에 병원에 갔지만 가벼운 식중독이라는 진단을 받았습니다. 이제는 다 지난 추억일 뿐이지만 그 당시에는 모두가 그 재앙이 이모 책임이라고 했었습니다. 이모가 불쌍했습니다.

TEST 10

Oral Proficiency Interview-computer

Q 01 Let's start the interview. Tell me a little about yourself.

인터뷰를 시작합니다. 당신에 대해서 말해주세요.

My name is Jeong-hee Park and I'm 24 years old. I have just started working at an advertisement company in a junior position. This is my first real job since I graduated from university earlier in the year. I had applied to more than 25 companies and was turned down by every single one. When I finally received the call to say I'd got the job from my current firm, it felt like it was **a long time coming**. As the newest employee at the company I sometimes feel like I'm **lagging behind** a little, but I'm making every effort to get up to speed as quickly as possible. To this end, I'm voluntarily dropping by the office on weekends to **get better acquainted** with the computer programs we use. I have to say that all my coworkers have been really nice in helping me settle in.

 **Key Expressions**

a long time coming 오랜 시간이 걸렸던 일
- Peter's confession to Nancy was **a long time coming**.
  Peter의 Nancy를 향한 고백은 오랜 시간이 걸렸습니다.

lag behind 뒤처지다
- My company went bankrupt because our products were **lagging behind** our competitors.
  제품이 경쟁 업체들에 뒤처지게 되어 회사는 파산했습니다.

get better acquainted 더 잘 알다, 친해지다
- I should stick around the party more to **get better acquainted** with the new employees.
  신입 직원들을 더 잘 알기 위해 파티에 더 있어야 합니다.

Idea Flow

시론	본론	결론
이름과 나이	1. 광고회사에서 신입으로 일하게 되었음 2. 회사 입사 전의 과정 묘사 3. 적응을 위한 노력의 구체적 설명	회사 동료에 대한 언급으로 마무리

Translation

제 이름은 박정희이고 24살입니다. 얼마 전 광고회사에 사원으로 입사했습니다. 올해 초 대학을 졸업한 이후로 처음 갖는 제대로 된 직장입니다. 25군데 이상의 회사에 지원했고 모두 떨어졌습니다. 마침내 지금 회사로부터 취직되었다는 전화를 받았을 때 정말 긴 시간을 지나왔다는 기분이 들었습니다. 새내기라 조금은 뒤처진다는 느낌이 가끔 들지만 빨리 속도를 맞출 수 있도록 모든 노력을 다하고 있습니다. 그러기 위해 저는 자발적으로 주말에도 회사에 나와 사용하는 컴퓨터 프로그램에 익숙해지려고 노력하고 있습니다. 제 동료는 다들 친절하고 제가 자리를 잡는 데 많은 도움을 주고 있습니다.

Q 02

You indicated that you like to go to concerts. What kinds of concerts do you like to go to? Why do you like these types of performances? Who do you typically go with?

콘서트에 가는 것을 좋아한다고 했습니다. 어떤 종류의 콘서트를 좋아합니까? 왜 이런 종류의 공연을 좋아합니까? 보통 누구와 함께 갑니까?

Rain is my favorite singer and I have been to see four of his concerts. I think **it's safe to say** that Rain is one of the most famous Korean male solo singers globally. Before he came along, I wasn't interested enough in any artists to search out their concert times and go to them. I love his concerts because they are not just about the singing but about the whole performance. As a dancer, singer and performer **all in one** he's streets ahead of any other Korean solo singer. I usually go to concerts with my high school friends, who are big K-pop fans. These days there are so many idol groups that pop up suddenly and then disappear just as quickly. In that sense, Rain really has **longevity** and his concerts are a big reason for this. I can't wait until he finishes his military service so I can see his comeback concert.

🔑 Key Expressions

it's safe to say ~라고 해도 과언이 아니다
- **It is safe to say** that today is a busy day for me since I am not even able to get up from my desk.
  책상에서 일어설 수도 없어서 오늘이 제게 바쁜 날이라고 해도 과언이 아닙니다.

all-in-one 일체형
- Rose gave me an **all-in-one** deal for my camera and lenses.
  Rose는 제게 카메라와 렌즈에 대해 일체형 거래를 제공했습니다.

longevity 장수, 긴 수명
- Taking organic medicines would ensure our **longevity**.
  유기농 약을 먹는 것은 우리 삶의 장수를 보장할 것입니다.

🔍 Idea Flow

서론	본론	결론
비를 좋아함	1. 비의 콘서트를 특별히 좋아함 2. 비의 콘서트를 좋아하는 이유 3. 고등학교 친구들과 콘서트를 감 4. 비의 긴 수명의 이유	비의 컴백 콘서트를 고대하고 있음

✏️ Translation

제가 가장 좋아하는 가수는 비이고 비의 콘서트에는 네 번 다녀왔습니다. 세계적으로 가장 유명한 한국 남자 솔로 가수 중 하나가 비라고 해도 과언이 아닐 것입니다. 비가 나오기 전에는 콘서트를 찾아서 보러 갈 정도로 관심 있는 가수들이 없었습니다. 비의 콘서트를 좋아하는 이유는 노래만 있는 것이 아니라 완성된 공연이기 때문입니다. 댄서, 가수, 연기자로 활동하는 비는 다른 한국 솔로 가수들보다 훨씬 앞서 있습니다. 비의 콘서트에는 한국가요를 좋아하는 고등학교 친구들과 함께 갑니다. 요즘은 금방 나왔다가 사라지는 아이돌 가수들이 많습니다. 그런 면에서 불 때 비는 정말 오래가는 것이고, 그의 콘서트가 장수의 큰 이유인 것 같습니다. 저는 비가 군대를 제대하여 다시 콘서트를 하기를 고대하고 있습니다.

Q 03

Talk about the concert you went to most recently. When and where was the concert held? Did you enjoy it? What was the most memorable thing about that concert?

가장 최근에 다녀온 콘서트에 대해 말해주세요. 언제, 어디서 콘서트가 열렸습니까? 즐겼나요? 그 콘서트에 대해서 가장 기억에 남는 것은 무엇입니까?

The last concert I went to was Rain's final farewell concert, his last before he entered into military service. It was unbelievable. The concert was held in the Samsung area of Seoul on a huge road in front of the Coex. It was amazing because it was the last opportunity to see him, and best of all, it was free. Thousands of fans flocked to the area for the performance. Although it **didn't compare to** the World Cup crowds in 2010, security staff still found it challenging to hold back the hoards of female fans trying to push their way to the front. For **a pin-up guy** like Rain, it's not necessary to try to drum up extra interest in his shows, but reality TV show stars Twogaewol made a surprise appearance. This added to the crowd's enthusiasm and pushed the noise levels **through the roof**.

 Key Expressions

don't compare to ~와 비교가 안 되다
- Stephen Ambrose's new book *The Pacific* **doesn't compare to** the popularity of *The Band of Brothers*. Stephen Ambrose의 새 책 '태평양'은 '밴드 오브 브라더스'의 인기와 비교가 안 됩니다.

a pin-up guy 꽃미남
- Thanks to his good looks Herbert has become **the pin-up guy** of his company. 그의 훌륭한 외모 덕분에 Herbert는 회사의 꽃미남이 되었습니다.

through the roof 급증하는
- My stress went **through the roof** when my boss gave me unexpected work. 상사가 예상치 못한 일을 주었을 때 제 스트레스는 급상승했습니다.

 **Idea Flow**

서론	본론	결론
비가 군대 가기 전 열었던 고별 콘서트	1. 콘서트 장소 2. 많은 관객 수 3. 특별출연 가수의 출연	관객들의 반응으로 마무리

Translation

제가 마지막으로 다녀온 콘서트는 비가 군대에 가기 전 마지막으로 가졌던 고별 콘서트입니다. 정말 멋진 콘서트였습니다. 서울의 삼성동 쪽 코엑스 앞에서 콘서트가 열렸는데 그게 마지막으로 비를 볼 기회라 멋졌고 무엇보다도 공짜였습니다. 수천명의 팬들이 왔습니다. 2010년 월드컵 때의 관중 보다는 못했지만 그래도 안전요원들은 앞으로 헤쳐나가려는 여성 팬 무리를 제지하는 것을 힘들어했습니다. 비와 같이 외모가 수려한 남성들은 지지를 얻으려 더 애쓸 필요가 없지만 리얼리티 프로그램 스타인 투개월이 나와 놀라움을 줬습니다. 이 등장이 관객들을 더 열광하게 했고 함성이 하늘을 찔렀습니다.

Q 04 You need to buy tickets if you want to go to concerts. Sometimes, the tickets can get sold out very quickly. How do you get your tickets for concerts? Do you buy them at the ticket booth or do you buy them online in advance? What do you do if the tickets for a concert you really want to go to are already sold out?

콘서트에 가려면 표를 사야 합니다. 가끔 표는 매우 빨리 매진이 됩니다. 어떻게 콘서트 표를 구매하십니까? 매표소에서 삽니까, 아니면 미리 온라인으로 구매하나요? 정말 가고 싶은 콘서트가 이미 매진이면 어떻게 하십니까?

Tickets for concerts held by the biggest stars in the business can sell out in a flash. I always make sure I buy my tickets the instant they **go on sale**. I never buy them in person from the box office because number one, it's a hassle and number two, you can buy them more quickly online or over the phone. I set the ticket hotline number to speed dial on my phone and start calling 5 minutes before lines officially open. I simultaneously fill out my details on the Internet and apply for tickets this way too. I really **leave nothing to chance**. However, there have been times when my efforts have failed. If I must go to that concert, I try to **root out** any tickets being offered for sale on Internet cafés. Unfortunately, I have to pay extortionate prices.

go on sale 판매되다
- The new model **goes on sale** next week. 새 모델은 다음 주에 판매에 들어갑니다.

leave nothing to chance 무슨 일이든 운에 맡기지 않다
- I am **leaving nothing to chance**. I have made sure that even the tiniest details are as organized as the biggest issues in my presentation.
  저는 무슨 일이든 운에 맡기지 않습니다. 저는 제 발표의 가장 작은 세부 설명도 큰 문제만큼 구성되었는지 확인합니다.

root out 찾아내다, 캐내다
- I was **rooted out** of the game due to misbehavior. 잘못된 행동으로 저는 게임에서 적출되었습니다.

서론	본론	결론
스타들의 콘서트는 조기 마감됨	본인이 표를 사는 방법에 대한 자세한 설명 1. 표 판매가 시작하는 동시에 구매 2. 인터넷이나 전화 구매를 이용함 3. 인터넷이나 전화 구매의 구체적인 과정 설명	노력이 실패하면 인터넷 카페에서 구매

업계의 큰 스타들의 콘서트 표는 순식간에 매진됩니다. 저는 항상 표 판매가 시작되는 즉시 구매하려 합니다. 매표소에서 직접 사는 일은 없는데 첫째 이유는 번거롭기 때문이고 두 번째는 인터넷이나 전화로 구매 하는 것이 더 빠르기 때문입니다. 매표 전화번호를 단축번호로 지정해 놓고 매표가 공식적으로 시작되기 5분 전부터 전화를 합니다. 동시에 인터넷으로 상세정보를 입력하며 표를 구매합니다. 운에 맡기는 법은 없습니다. 하지만 제 모든 노력이 실패한 적도 있습니다. 그 콘서트에 꼭 가야 한다면 인터넷 카페에 판매 중인 표를 찾아내려 합니다. 안타깝게도 터무니없이 높은 가격을 지급해야 합니다.

Q 05

When was the last time you went to see a doctor? Were you feeling sick? What kind of treatment did you get? Did you feel better after the visit?

마지막으로 병원에 간 것이 언제였습니까? 아팠어요? 어떤 처방을 받았습니까? 방문 후로 회복되었나요?

Unfortunately for me, I had to visit the hospital twice last month. Autumn has **come around** in Korea, but the daytime temperatures are still fairly high. It's the early mornings and nights that are the problem, because the temperature difference is quite severe. I caught the flu because of this, so I had to go to the hospital to get an injection. I felt good as new the next day and went back to work. The other reason I had to go was for a sprained ankle, which I suffered after falling down some stairs. I put off going to see the doctor for a week because I thought it would heal by itself. Instead the pain got worse and worse. Fortunately my doctor said that nothing was broken, but he did advise me to **lay off** any jogging for 3 weeks. My doctor is like my **knight in shining armor**, always making me better.

 Key Expressions

come around 돌아오다
- We were relieved when Reese **came around** from the surgery.
  Reese가 수술에서 의식이 돌아왔을 때 우리는 안심했습니다.

lay off 멈추다, 해고하다
- I think you should **lay off** alcohol.
  당신은 금주해야 합니다.

knight in shining armor 갑옷 입은 기사, 구세주
- Tommy seems to be everybody's **knight in shining armor** since he always has all the right answers to the boss' questions.
  Tommy는 항상 상사의 질문에 옳은 대답을 해서 모두의 구세주입니다.

 **Idea Flow**

서론	본론	결론
지난달 두 번 병원에 다녀옴	사건이 발생한 이유에 대한 추측과 자세한 전개 1. 가을이지만 낮에 아직 더움 2. 일교차가 커 감기에 걸림 3. 계단에서 넘어져 발목을 다침	의사선생님에 대한 감상

 **Translation**

불행히도 저는 저번 달 두 번이나 병원에 가야 했습니다. 한국에 가을이 돌아 왔지만, 낮은 여전히 덥습니다. 일교차가 심해 이른 아침과 밤이 문제입니다. 이 때문에 독감에 걸렸고 주사를 맞으러 병원에 가야 했습니다. 다음날 몸이 괜찮아져 출근했습니다. 병원에 가야 했던 또 다른 이유는 계단에서 넘어져 발목을 삐었기 때문입니다. 저절로 나을 것 같아 병원 가는 것을 일주일 동안 미루고 있었는데 고통은 점점 심해져만 갔습니다. 다행히도 병원에 갔더니 부러진 것은 아니라고 했으나 조깅을 3주간 쉬는 것을 권장하였습니다. 제 의사선생님은 구세주 같습니다. 절 언제나 낫게 해 주시니까요.

Visits to the doctor may not be enjoyable. Talk about how you feel when you have to go to the doctor. Then, tell me how you feel when you leave the clinic or the hospital.

병원에 가는 것은 즐거운 일이 아니겠죠. 병원에 가야 할 때 어떻게 느끼는지 말해주세요. 그런 다음 병원을 떠날 때 어떻게 느끼는지 말해주세요.

Going to the doctor is **no big deal** for me, but I do dread going to see the dentist. I'll try to delay seeing my dentist for as long as possible, even when I have a toothache. I think 2 years is the longest period of time that I've gone without visiting my dentist. Whenever I finally make an appointment, I'm nervous and tense from the day before I go. I have bad memories of having countless fillings when I was a teenager. Sometimes I would convince myself that the dentist was out to hurt me, although I now realize he always **had my best interests at heart**. Nowadays when I need a new filling, I'm not angry or upset. I just **bite the bullet**. But this doesn't stop the pain and the numbness, which lingers for a couple of hours afterwards. I don't think I'll ever enjoy having my teeth examined.

🔑 Key Expressions

no big deal 별일 아닌, 대수롭지 않은
- The minor office gossip is **no big deal**.
  사소한 회사 잡담은 대수롭지 않습니다.

have one's best interest at heart ~에게 가장 이익이 되는 것을 생각하다
- Listen to them as they **have your best interest at heart**.
  그들이 당신에게 가장 이익이 되는 것을 생각하니, 그들의 말에 귀를 기울이세요.

bite the bullet 이를 악물다
- Many fathers have to **bite the bullet** in order to earn money for their families.
  많은 아버지가 가족을 위해 돈을 벌기 위해 이를 악물어야 합니다.

🔍 Idea Flow

서론
치과에 가는 것이 무서움

본론
1. 2년간 치과를 가지 않고 버팀
2. 치과에 갈 때의 기분
3. 십 대일 때와 현재 치아를 때워야 할 때 기분 비교

결론
치과 치료는 계속 좋지 않을 것 같다고 예측

✏️ Translation

병원에 가는 것은 제게 큰 문제가 아니지만 치과에 가는 것은 무섭습니다. 치통이 있을 때도 치과에 가는 것은 가능한 한 미루려고 합니다. 2년간 치과에 한번도 가지 않고 버틴 적도 있습니다. 결국, 치과 예약을 잡게 되면 그 날부터 긴장되고 떨리기 시작합니다. 십 대일 때 치아를 수도 없이 때웠던 안 좋은 기억이 있습니다. 치과 의사들이 저한테 좋으라고 그런다는 것을 이제는 알지만, 가끔은 치과가 저를 아프게 하려고 있는 것이 아닌가 생각하기도 했습니다. 요즘은 새로 이를 때우게 되면 화가 나거나 하진 않습니다. 그저 이를 악물 뿐입니다. 하지만 그렇다고 아프지 않거나 무감각한 느낌이 사라지지는 않습니다. 치료를 받고 2시간은 가죠. 치아 검사받는 것을 즐기게 될 일은 없을 것 같습니다.

Q 07 A person you know may have been hospitalized. Tell me about a time when you had to visit someone at the hospital. Why did that person have to stay in the hospital? What did you bring them? What did you say to them when you went there?

당신이 아는 누군가가 입원했을 수 있습니다. 당신이 입원 중인 누군가를 문병 갔을 때를 말해주세요. 왜 그 사람이 입원해야 했습니까? 무엇을 가지고 갔나요? 갔을 때 그들에게 무엇이라 말했습니까?

I don't enjoy visiting the hospital, especially when I'm visiting someone close to me. I remember visiting my uncle one time after he had a big operation on his stomach. I would say that I'm a **happy-go-lucky** kind of person who **sees things through rose-tinted glasses** most of the time. But when I went into my uncle's hospital room after his operation, I couldn't hide my shock and dismay. The fit and healthy uncle that I had seen just a few days beforehand was **a shadow of himself**. He had lots of tubes stuck in his arms and body, and the spark in his eyes had gone. I brought him some fruit to cheer him up, but he wasn't allowed to eat it. It was difficult to know what to say, but I just assured him that he would get better and that he was in my thoughts and prayers.

🔑 Key Expressions

happy-go-lucky 낙천적인
- Alex is generally a **happy-go-lucky** type of guy. However he sometimes explodes like a volcano.
  Alex는 보통 낙천적인 유형의 남자이지만 가끔 화산처럼 폭발합니다.

see things through rose-tinted glasses 모든 것을 장밋빛으로 보다, 낙관적으로 문제를 보다
- **Seeing things through rose-tinted glasses** would give us a different opinion about them.
  낙관적으로 문제를 보는 것은 우리에게 그에 대한 다른 의견을 줄 것입니다.

a shadow of oneself 기력과 권위가 떨어진 약한 모습
- After his knee surgery, the basketball player was only **a shadow of his former self**.
  무릎 수술 후에 그 농구 선수에게서 옛 모습을 찾아볼 수 없었습니다.

🔍 Idea Flow

서론	본론	결론
병원에 가는 것을 좋아하지 않음	1. 병원에 있는 삼촌을 방문한 경험 2. 삼촌의 약한 모습에 충격을 받음 3. 삼촌의 모습을 자세히 묘사	삼촌에게 내가 전했던 말로 마무리

 **Translation**

저는 병원에 가는 것을 좋아하지 않습니다. 특히 저와 가까운 사람이 병원에 있을 때는요. 삼촌이 한 번은 큰 위 수술을 받아 병원에 갔던 적이 있습니다. 대부분은 저는 모든 것을 장밋빛으로 보는 낙천적인 사람입니다. 하지만 수술 후 삼촌의 병실에 들어갔을 때는 정말 충격과 경악을 금치 못했습니다. 며칠 전 만에도 건강했던 삼촌은 기력이 떨어진 약한 모습을 보이고 있었습니다. 수많은 튜브가 삼촌의 팔과 몸에 끼워져 있었고 눈의 빛이 사라져 있었습니다. 제가 기운을 북돋으려 과일을 좀 가져갔지만, 음식 섭취가 금지되어 있었습니다. 뭐라고 말해야 할지 몰랐지만 금방 나을 것이며 제가 항상 생각하며 기도해 주겠다고 하였습니다.

Q 08

Tell me about police officers in your country. What color are their uniforms? Do they wear hats? Are they friendly? Tell me everything you know about police officers.

당신 나라의 경찰관에 대해서 말해주세요. 복장은 무슨 색입니까? 모자를 씁니까? 친근한가요? 당신이 경찰관에 대해 알고 있는 모든 것을 말해주세요.

Police officers in Korea wear a grey jacket, navy blue trousers, and a navy hat. They look much less intimidating than police officers I've seen from the U.S. On the whole I would say that they are quite friendly and approachable, despite the fact that they sometimes have to **put up with** some disrespect from the public. But if you talk back to police officers it only makes your life more difficult. As with anyone in a position of authority, you should be polite to them and they will treat you the same way too. The main incidents that the police are mainly called on to deal with in Korea are traffic accidents and domestic disturbances. It may not seem like much, but their presence gives **peace of mind** to citizens. I respect them because there are some situations when they have to **put their lives on the line** to protect the public.

🔑 Key Expressions

put up with ~을 참다
- Isaac is **putting up with** his annoying co-worker.
  Issac은 성가신 동료를 참아내고 있습니다.

peace of mind 마음의 평안
- Self meditation is essential to having **peace of mind**.
  자기 명상은 마음의 평안을 갖는 데 필수입니다.

put one's life on the line 목숨을 걸고 하다
- I will **put my life on the line** for the country.
  저는 나라를 위해 목숨을 바칠 것입니다.

🔍 Idea Flow

서론

한국 경찰 복장

본론

1. 경찰들의 친근한 모습
2. 예의 바르게 대해야 함
3. 경찰의 주요 업무-교통사고, 가정불화
4. 시민에게 평안을 제공함

결론

경찰에 대한 존경심으로 마무리

✏️ Translation

한국 경찰들은 회색 재킷, 남색 바지를 입고 남색 모자를 씁니다. 이들은 제가 미국에서 봤던 경찰들보다 덜 무섭게 생겼습니다. 전반에 걸쳐 한국 경찰들은 가끔 공공의 무례함을 참아내야 하지만 굉장히 친절하고 말 붙이기가 쉽습니다. 하지만 경찰에게 말대꾸를 하면 인생이 힘들어지게 됩니다. 권력을 가진 사람을 대할 때와 마찬가지로 예의 바르게 대해야지 그들도 똑같은 대접을 해줄 것입니다. 한국에서 경찰들이 주로 다루는 일은 교통사고와 가정불화입니다. 별것 아닌 것으로 보이지만 경찰의 존재는 시민들에게 평안을 줍니다. 저는 경찰들이 공공을 보호하기 위해 자신의 목숨을 내놓아야 할 때도 있기 때문에 그들을 존경합니다.

Q 09

I'd like to know about a time when you were pulled over by a police officer. What did you do wrong? What did the officer say to you? How was the situation resolved?

경찰에 의해 차를 세워야 했던 경우를 알고 싶습니다. 어떤 일이었어요? 경찰관이 당신에게 무엇이라고 말했나요? 어떻게 상황이 해결되었습니까?

I'm not proud to admit it, but I have been pulled over by the police before. I usually stick to the rules of the road very well, but on this one occasion I was in a rush to meet my friends. I was waiting at the traffic lights for the signal to turn green, but it was taking an eternity. So after checking that there were no cars coming, I **jumped the lights**. As soon as I'd crossed the intersection I saw a police car in my rear-view mirror. I stopped immediately and tried my best to **sweet talk** the officer, but he didn't let me off. He told me how irresponsible it was to go through a red light and gave me a lecture on the reason we all should obey traffic rules. He gave me a 50,000 won ticket and **went on his way**. I've never **jumped the lights** since that day.

 Key Expressions

jump the lights 신호를 무시하다
- I've never **jumped the lights** since I am afraid of the consequences that it might have.
  신호를 무시하는 일이 가져올 결과가 무서워 한 번도 신호를 무시한 적이 없습니다.

sweet talk 감언으로 꾀다
- We wondered how Ted was able to **sweet talk** Lisa into going on a date with him.
  우리는 Ted가 어떻게 Lisa를 꾀어 데이트했는지 궁금했습니다.

go on one's way 출발하다
- The man just turned to the door to **go on his way** after giving a statement to the police.
  그 남자는 경찰에게 진술을 제공한 뒤 출발하기 위해 바로 문으로 향했습니다.

 **Idea Flow**

서론	본론	결론
경험에 대해 운을 띄움	1. 친구를 만나러 급히 감 2. 교통 신호가 바뀌는데 오래 걸려 신호를 무시하기로 함 3. 경찰관에게 아첨하려 했으나 통하지 않음 4. 경찰관의 일장연설과 벌금고지서	이 사건이 나에게 미친 영향으로 마무리

Translation

자랑스러운 일은 아니지만, 경찰이 불러 세워진 적이 있습니다. 보통 교통법규를 잘 지키지만 이날은 친구를 만나러 급히 가고 있었습니다. 녹색 불로 바뀌기를 기다리고 있었지만 시간이 가지 않는 것 같았습니다. 그래서 차가 다니지 않는 것을 살피고는 신호를 무시하고 달렸습니다. 교차로를 지나자 마자 백미러로 경찰차를 보았고 곧바로 차를 세워 경찰관을 감언으로 꾀려 했습니다. 하지만 그 경찰관은 저를 보내주지 않았습니다. 빨간 불에 지나가는 것이 얼마나 무책임한 짓인지 아느냐며 왜 교통법규를 지켜야 하는지에 대해서 일장연설을 했습니다. 그리고 50,000원짜리 벌금고지서를 주고 가버렸습니다. 그날 이후로는 절대 신호를 무시하지 않습니다.

Q 10

Have you ever had to go to the police station? Why did you have to go there? What was it like at the police station? Give me all the details.

경찰서에 가야 했던 적이 있습니까? 왜 거기 가야만 했어요? 경찰서는 어땠습니까? 모든 자세한 사항들을 말해주세요.

The only time I have been to a police station was because of a traffic accident that I was involved in. Well, I say involved in, but I was actually just a passenger in a taxi that hit a motorcycle. The police arrived **on the scene** in a matter of minutes and wanted to get statements from all eye-witnesses because the motorcyclist was badly injured. The officers were very polite and asked us to **bear with** them while they arranged the paperwork for the statements at the station. The police station looked very similar to an office inside, with desks and computers everywhere. The atmosphere was not what I imagined it to be; it wasn't frightening at all. I gave them my statement as concisely as I could because it looked like they **had their work cut out** for them, dealing with 3 or 4 cases simultaneously.

Key Expressions

on the scene 현장에
- The officers scrambled to be **on the scene** of the crime before the police superintendent arrived.
  경찰관들은 경찰서장이 범죄 현장에 도착하기 전에 범죄 현장에 가기 위해 재빨리 움직였습니다.

bear with ~을 참다
- We have to **bear with** the heavy traffic jam caused by an accident.
  사고 때문에 심각한 교통 체증을 참아야 합니다.

have one's work cut out 힘에 겨운 일을 맡다, 아주 바쁘다
- Laura really **had her work cut out** for her yesterday at work.
  Laura는 어제 직장에서 매우 바빴습니다.

Idea Flow

서론	본론	결론
교통사고에 휘말려 경찰서 방문	1. 사건의 배경 설명 2. 교통사고 목격자로 진술하러 경찰서 방문 3. 예의 발랐던 경찰관 4. 경찰관 내부 묘사	내 느낌으로 마무리

Translation

교통사고에 휘말려 딱 한 번 경찰서에 가본 적이 있습니다. 휘말렸다고는 하지만 타고 있던 택시가 오토바이를 쳐서 갔던 경우죠. 사고 현장에 경찰이 몇 분 만에 나타났고 오토바이 운전자가 굉장히 심하게 다쳐서 주변 목격자들의 진술을 모두 받으려 했습니다. 경찰관들은 모두 예의 발랐고 진술서를 서에서 작성하는 동안 참아달라고 부탁했습니다. 경찰서 내부는 사무실과 비슷했습니다. 책상과 컴퓨터가 이곳저곳에 있었습니다. 분위기는 제가 상상했던 것과 달랐습니다. 무섭지가 않았거든요. 3~4개의 사건을 동시에 다루는 것이 무척 바빠 보여서 간결히 진술했습니다.

Q 11

I'd like to give you a situation and ask you to act it out. You are at the airport on a business trip. You have found out that your flight has been delayed due to bad weather conditions. You have an important meeting with your client the following morning. Call your client and leave a message explaining the situation.

상황을 하나 드릴 테니 그것에 맞게 과제 수행을 해보세요. 당신은 지금 출장으로 공항에 있습니다. 날씨가 좋지 않아 비행이 지연되었다는 것을 알게 되었습니다. 당신은 다음 날 아침 고객과 중요한 회의가 있습니다. 고객에게 전화해서 상황을 설명하는 메시지를 남기세요.

Hello, Mr. Yamamoto, this is Jeong-hee Park from Lee Associates. I'm at Incheon airport right now, but I've just been informed that my flight has been delayed due to the heavy snow. They have put all flights on hold indefinitely as the airport isn't sure when the runway will be safe to use. I'm still hopeful that I'll be able to depart tonight, but I just wanted to give you **a heads up**. There could be a slight possibility that we'll have to push our appointment back until the afternoon if this snow storm doesn't **blow over** tonight. Would that be okay or do you have other appointments in the afternoon? If you let me know when you're free, I will **work around** your schedule and make sure we have this meeting before the weekend. I apologize for the possible inconvenience, but I've got my fingers crossed that my flight will depart soon.

🔑 Key Expressions

a heads up 귀띔, 미리 알려 줌
- The management didn't give the employees **a heads up** about the new rule.
  경영자들이 직원들에게 새 규율에 대해 미리 알려주지 않았습니다.

blow over 지나가다
- The scandal about the famous actor will eventually **blow over**.
  그 유명한 남자배우의 물의는 결국엔 지나갈 것입니다.

work around 착수하다
- I have to **work around** the project as soon as possible. 저는 그 프로젝트에 최대한 빨리 착수해야 합니다.

🔍 Idea Flow

서론	본론	결론
누구인지 밝히고 용건 제시	1. 폭설로 항공편의 무기한 연기 2. 상황에 따른 변경 사항 3. 상대방의 일정에 맞추어 일을 진행하겠다는 대안 제시	불편에 대한 사과와 마무리

✏️ Translation

안녕하세요, Yamamoto 씨. '리'사의 박정희입니다. 지금 인천공항에 있는데 비행기가 폭설로 지연된다고 연락 받았습니다. 공항에서 언제 활주로를 안전하게 이용할 수 있게 될지 모르고 있어 모든 항공편을 무기한 지연시킨 상황입니다. 오늘 밤 이륙할 수 있기를 기대하고 있지만 우선 알려드리고 싶었습니다. 만약 폭설이 오늘 밤 안으로 지나가지 않으면 약속을 오후로 미뤄야 할 가능성도 있습니다. 그렇게 해도 괜찮을까요? 오후에 다른 선약이 있으십니까? 언제 시간이 괜찮으신지 알려 주시면 제가 당신의 일정에 맞춰 일을 착수하고, 주말 전에 회의를 할 수 있도록 하겠습니다. 불편을 겪게 해 드려 죄송하고 저는 항공편이 어서 이륙하도록 기원하고 있겠습니다.

I'm sorry, but there is a problem I need you to resolve. You have arrived at the airport and found out that one of your bags is missing. Call the airline and ask them what has happened.

문제가 발생해서 해결해주셔야 하겠습니다. 당신이 공항에 도착했는데 가방 중 하나가 분실된 것을 알았습니다. 항공사에 전화하여 무슨 일이 일어났는지 물어보세요.

Good morning. I was on your flight from Seoul to Tokyo this morning and it seems that one of my bags has gone missing. My name is Jeong-hee Park and the flight number was PB316. After the delay yesterday, this further inconvenience has really **gotten on my nerves**. The bag **in question** has all my work files and laptop inside that I require for a business meeting later today. It's going to be a disaster if I can't get it back in time. Can you please locate my bag promptly and deliver it to me at the Hardy Hotel? I'm very disappointed that this has happened. What kind of compensation do you offer in these cases? I'll be looking to make a formal complaint when I arrive back in Seoul. In the meantime I expect to receive a call in the next half hour with the **whereabouts** of my bag.

🔑 Key Expressions

get on one's nerves ~의 신경을 건드리다
- The pile of work is finally **getting on my nerves**.
  많은 양의 업무가 마침내 제 신경을 건드리고 있습니다.

in question 의문인, 문제의
- The policeman sometimes goes undercover to watch the man **in question**.
  경찰은 가끔 의심이 가는 사람을 지켜보려 잠복근무합니다.

whereabouts 행방
- The **whereabouts** of the criminal are yet unknown.
  그 범죄자의 행방은 아직 알려지지 않고 있습니다.

🔍 Idea Flow

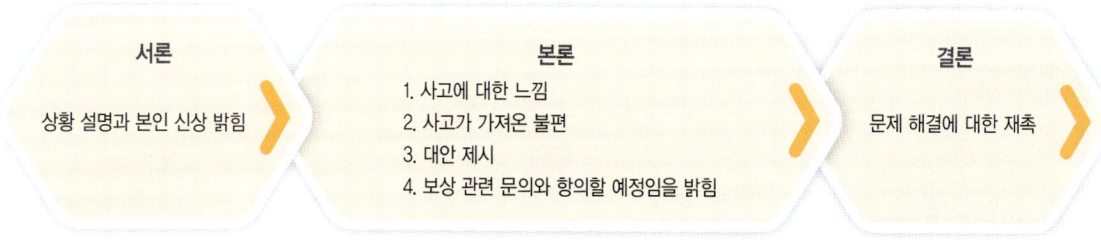

서론	본론	결론
상황 설명과 본인 신상 밝힘	1. 사고에 대한 느낌 2. 사고가 가져온 불편 3. 대안 제시 4. 보상 관련 문의와 항의할 예정임을 밝힘	문제 해결에 대한 재촉

✏️ Translation

안녕하세요. 오늘 아침 귀사의 서울발 동경행 항공편을 탔는데 제 가방 중 하나가 없어진 것 같습니다. 제 이름은 박정희이고 편명은 PB316입니다. 어제 지연과 더불어 가방 분실은 정말 짜증 나네요. 없어진 가방에는 제 업무 파일과 노트북이 들어 있어 오늘 회의에 필요합니다. 시간 내로 찾지 못하면 정말 큰일입니다. 신속히 가방을 찾아 Hardy 호텔로 보내주시겠습니까? 이런 일이 일어났다는 것이 정말 실망이군요. 이런 때 어떤 보상을 해주십니까? 다시 서울에 가면 정식으로 항의하려 하고 있습니다. 제 가방이 어디 있는지 30분 이내에 전화로 알게 됐으면 좋겠네요.

Q 13 That's the end of the situation. Unexpected things can happen at the airport. Tell me about a memorable incident you had at the airport. What exactly happened and how did you handle the problem? How did you feel when that incident occurred? Give me all the details.

앞의 상황은 이제 종료되었습니다. 공항에서는 예상치 못한 일들이 생길 수 있습니다. 공항에서 있었던 가장 기억에 남는 사건에 대해서 말해주세요. 정확히 어떤 일이 있었으며 문제를 어떻게 다루었습니까? 사건이 일어났을 때 어떻게 느끼셨나요? 자세히 말해주세요.

When I was returning to Korea from a holiday to Canada, there was an unexpected problem at Vancouver airport. I had bought a lot of souvenirs and clothes from the city, but I didn't think it was enough to push my case over the weight limit. Unfortunately I was wrong. My check-in baggage **weighed in** at a massive 38kg. It was 13kg over the limit and the excess baggage cost was hundreds of dollars. I was completely **flustered** when I was told by the airline worker. There was no way I could afford the excess baggage charge, so I thought I would have to kiss all my purchases goodbye and leave them in Canada with my friend. Then suddenly it occurred to me that I hadn't shown my gold membership card that entitled me to an extra baggage allowance. The staff member quickly **backed down** and tried her best to apologize for the inconvenience.

 **Key Expressions**

weigh in 무게를 측정하다
- Cars **weighing in** over ten tons cannot cross the bridge. 10톤 이상의 차는 다리를 건널 수 없습니다.

flustered 당황한
- I was **flustered** not knowing what to do. 저는 무슨 행동을 해야 할지 몰라 당황했습니다.

back down 양보하다
- I never **back down** when I know that I didn't do anything wrong.
  잘못한 일을 하지 않았다는 것을 알면 절대 양보하지 않습니다.

Idea Flow

서론	본론	결론
캐나다 밴쿠버 공항에서 있었던 일	1. 체크인한 짐이 무게 초과하였음 2. 초과비용이 많이 들었음 3. 당시 나의 상태와 해결방안을 찾음 4. 골드 회원증 제시	직원이 태도를 바꾸고 사과함으로 상황 종료

Translation

캐나다에서 휴일을 보내고 한국으로 돌아가는 길에 밴쿠버 공항에서 예상치 못한 문제를 겪었습니다. 밴쿠버에서 기념품과 옷을 많이 구매했지만, 무게 제한에 걸릴 만큼은 아니라고 생각했습니다. 불행히도 제가 틀렸습니다. 체크인할 짐은 38kg이나 나갔습니다. 13kg이나 초과였고 초과 무게에는 몇 백 불의 비용이 들었습니다. 직원으로부터 그 말을 듣고는 완전히 당황했습니다. 초과 비용을 감당할 수 없어 구매한 것들을 캐나다에 있는 친구에게 맡기려고 했습니다. 그러다가 갑자기 제가 초과 수화물 제한을 허용하는 골드 회원증을 제시하지 않았다는 사실이 기억났습니다. 직원은 재빨리 태도를 바꾸고 불편에 대해 사과했습니다.

Q 14

Tell me about a technology that has brought about a big change at the office. How do you personally make use of that technology? How does it help you? Give me all the details.

회사에 큰 변화를 가져온 기술에 대해 말해주세요. 그 기술을 개인적으로 어떻게 이용합니까? 그 기술이 어떻게 당신을 도와주나요? 자세히 말해주세요.

The biggest change that has come about in the office recently is in the way we make presentations. The company has really leaped on the tablet PC **bandwagon**. They seem to be the must-have item in the advertising industry and our company was adamant that it would not be left behind. For presentations, I now simultaneously design a tablet PC presentation and separate Power Point one to be shown on a big screen using our beam projector. I also print out some high quality images using our **in-house** printers. That way I have **all bases** covered and the audience is usually left very impressed by my thorough preparation. Tablet PCs are always improving and they add an extra dimension to our work. We can show clients exactly how Internet advertising campaigns will look. They have quickly become indispensible and I don't think I'd be comfortable without them now.

🔑 Key Expressions

bandwagon 시류, 유행
- After the release of the Galaxy S, many mobile phone makers leaped into the **bandwagon**.
  갤럭시 S 출시 후, 많은 휴대전화 제작사가 시류에 올라탔습니다.

in house 조직 내의, 사내의
- The information from this meeting must be kept **in house**.
  이 회의에서 나온 정보는 밖으로 유출되어서는 안 됩니다.

all bases 모든 것
- In making a presentation, it is essential to cover **all bases** in terms of possible questions that the people might ask. 발표하는 데 있어, 사람들이 물어볼지도 모르는 가능한 질문에 대해 모든 것을 고려하는 것은 필수적입니다.

🔍 Idea Flow

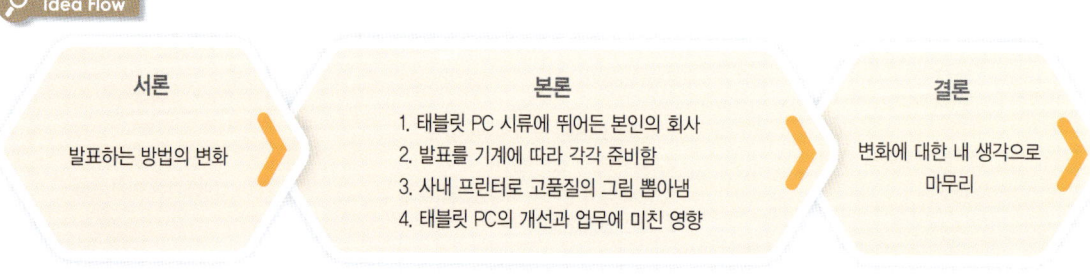

서론	본론	결론
발표하는 방법의 변화	1. 태블릿 PC 시류에 뛰어든 본인의 회사 2. 발표를 기계에 따라 각각 준비함 3. 사내 프린터로 고품질의 그림 뽑아냄 4. 태블릿 PC의 개선과 업무에 미친 영향	변화에 대한 내 생각으로 마무리

✏️ Translation

최근 사무실에 생긴 가장 큰 변화는 발표 하는 방법입니다. 회사가 태블릿 PC 시류에 제대로 뛰어들었습니다. 광고업계에서 꼭 가져야 하는 아이템 같아 보여 뒤처지면 안되겠다는 단호한 태도를 보였습니다. 발표를 위해 이제는 태블릿 PC 프레젠테이션과 프로젝터로 큰 스크린에 쏠 파워포인트를 따로 만듭니다. 또 사내 프린터를 이용하여 고품질의 그림들을 뽑아냅니다. 이런 방식으로 전 모든 방면을 지원할 수 있고 청자들은 제 꼼꼼한 발표에 감명받곤 합니다. 태블릿 PC는 계속해서 개선되고 있고 업무에 새로운 면을 더해줍니다. 고객들에게는 인터넷 광고 활동이 어떤 식으로 이루어질지 확실히 보여줄 수가 있고요. 태블릿 PC는 빠른 속도로 필수 불가결한 존재가 되었고 이제는 없으면 불편할 것 같습니다.

Q 15

How did you learn how to use a certain technology for work? Did you learn by yourself or did someone help you? How long did it take you to get used to it? What were some difficulties you experienced in the process?

업무에서 특정 기술을 사용하는 법을 어떻게 배웠나요? 혼자 배웠나요, 아니면 누가 도와줬습니까? 그것에 익숙해지는데 얼마나 걸렸습니까? 이 과정에서 어떤 문제들을 겪었나요?

I first came across a tablet PC at work. I had actually wanted to buy one personally but couldn't afford it. In some ways I think that technology is getting easier to use nowadays, with tablet PCs being a prime example. There are no big manuals to **sift through**, just a one- or two-page quick-start guide. I learned how to use the tablet PC on my own by trial and error. Honestly, the device is quite straightforward and self explanatory. Everything is touch screen and installing programs is **as easy as ABC**. I think it took me just a couple of hours to get familiar with the basic functions. However, learning to make full use of the potential of a tablet PC is much more time consuming. I had difficulties in using the presentation programs, especially when it came to **touching up** a document, as opposed to starting from scratch.

🔑 Key Expressions

sift through ~을 꼼꼼하게 살피다
- I **sifted through** a thick recipe book to find out what I can cook.
  무엇을 요리할지 찾으려 두꺼운 요리책을 꼼꼼하게 살폈습니다.

as easy as ABC 아주 쉬운
- Baking a pie is **as easy as ABC**. 파이 굽기는 아주 쉽습니다.

touch up 수정하다
- I **touched** the report **up** a bit to make it more interesting. 저는 보고서를 좀 더 흥미롭게 수정하였습니다.

🔍 Idea Flow

서론	본론	결론
직장에서 태블릿 PC 도입	1. 태블릿 PC의 장점 　1-1　배우기 쉬움 　1-2　작동이 쉬움 2. 태블릿 PC를 배우는 데 걸린 시간	태블릿 PC를 사용할 때 어려움을 겪은 점

✏️ Translation

직장에서 처음으로 태블릿 PC를 쓰게 되었습니다. 개인적으로 한 대를 사고 싶었으나 가격을 감당할 수 없었습니다. 어떤 면에서 보면 요즘은 기술이 사용하기 편리해진 것 같습니다. 태블릿 PC를 가장 좋은 예로 들 수 있죠. 꼼꼼하게 살펴야 할 설명서도 없이 한 두 페이지의 빠른 사용자 설명만 있으면 됩니다. 전 시행착오를 거쳐 어떻게 태블릿 PC를 쓰는지 배웠습니다. 솔직히 이 기계는 굉장히 간단하고 따로 설명이 필요 없습니다. 모든 것이 터치 스크린으로 작동하고 프로그램 설치도 아주 쉽습니다. 기본 기능에 익숙해지는데 두 시간 정도 걸린 것 같네요. 하지만 태블릿 PC가 가지고 있는 잠재적인 기능까지 완전히 활용하는 것은 시간이 훨씬 많이 소요됩니다. 프레젠테이션 프로그램을 사용하는데 어려움을 겪었는데 특히 처음부터 시작하는 것과는 대조적으로 문서를 수정하는데 어려움을 겪었습니다.

MEMO